21世纪经济管理新形态教材·会计学系列

水运企业财务会计

郑卫茂　巫珊玲 ◎ 主　编
顾春霞　张　中　刘海鹤 ◎ 副主编

清華大学出版社
北　京

内 容 简 介

本书以《企业会计准则》(2022 年版)为依据，以完整的财务会计核算体系为主线，介绍水运企业主要经济业务的会计核算。共 15 章。第 1 章总论介绍水运企业的经济业务和核算对象特点及其核算规范，第 2 章到第 8 章分别对水运企业的货币资金和应收款项、存货、固定资产和投资性房地产、船舶租赁、无形资产、金融资产和长期股权投资进行介绍；第 9 章到第 11 章对水运企业的应付及应交款项、银行借款与应付债券、所有者权益进行介绍；第 12 章到第 13 章对水运企业的主要经济业务的营运收入和营运费用进行介绍；第 14 章到第 15 章介绍利润和财务报表列报的主要内容。

本书主要适用于具有运输行业特色高校的财务会计和财务管理专业学生的学习，也适用于财务会计人员的学习培训。

图书在版编目(CIP)数据

水运企业财务会计/郑卫茂，巫珊玲主编. —北京：清华大学出版社，2022.10
21 世纪经济管理新形态教材. 会计学系列
ISBN 978-7-302-62016-7

Ⅰ. ①水… Ⅱ. ①郑… ②巫… Ⅲ. ①水路运输企业－财务会计－高等学校－教材
Ⅳ. ①F550.66

中国版本图书馆 CIP 数据核字(2022)第 187336 号

责任编辑：高晓蔚
封面设计：汉风唐韵
责任校对：宋玉莲
责任印制：刘海龙

出版发行：清华大学出版社
网　址：http://www.tup.com.cn，http://www.wqbook.com
地　址：北京清华大学学研大厦 A 座　**邮　编**：100084
社 总 机：010-83470000　**邮　购**：010-62786544
投稿与读者服务：010-62776969，c-service@tup.tsinghua.edu.cn
质量反馈：010-62772015，zhiliang@tup.tsinghua.edu.cn
印 装 者：三河市少明印务有限公司
经　销：全国新华书店
开　本：185mm×260mm　**印　张**：17.75　**字　数**：394 千字
版　次：2022 年 12 月第 1 版　**印　次**：2022 年 12 月第1 次印刷
定　价：58.00 元

产品编号：096465-01

前言

会计规范的统一是我国市场经济发展的必然要求，对企业财务会计进行统一的规范，是我国会计改革的方向。行业会计不等于行业会计规范，即使完全取消了行业会计规范，作为共性的会计准则在不同行业企业中个性表现的行业会计，依然具有存在的必要。

为了适应新的环境，我们在邵瑞庆、巫珊玲编著的校内自编教材的基础上，根据多年的教学经验结合水运企业会计实践编写了《水运企业财务会计》这部教材。本教材着眼于我国新颁布的《企业会计准则》，在体现通用性的《企业会计准则》和体现水运业务特点的《水运企业会计核算办法》等法规的基础上编写，对体现水运行业特色的相关内容进行了深入阐述，力求符合水运行业业务的特点，使学生能够掌握水运企业财务会计的核算方法，培养具有海事特色的会计人才。

为了方便教学，本教材配备了 PPT 电子教学课件，并为章后习题提供参考答案。

本教材由上海海事大学经济管理学院郑卫茂、巫珊玲主编，上海海事大学经济管理学院顾春霞、中日国际轮渡有限公司张中、上海中硕国际物流有限公司刘海鹤担任副主编。第 1 章总论、第 4 章固定资产和投资性房地产、第 9 章应付及应交款项由巫珊玲编写；第 2 章货币资金和应收款项、第 6 章无形资产、第 7 章金融资产、第 8 章长期股权投资、第 10 章银行借款与应付债券由郑卫茂编写；第 3 章存货、第 13 章营运费用由张中编写；第 5 章船舶租赁、第 12 章营运收入由刘海鹤编写；第 11 章所有者权益、第 14 章利润、第 15 章财务报表列报由顾春霞编写。郑卫茂、巫珊玲负责总纂，对教材进行了总体梳理、补充、衔接和完善。

在本书编写过程中，得到中国远洋海运集团有限公司、上海国际港务(集团)股份有限公司等企业财务会计专家的大力支持，中国远洋海运集团有限公司财务部副总经理李琳、上海国际港务(集团)股份有限公司财务部部长杨海丰、中联运通控股集团有限公司财务总监张巧莲及单位同事、上海港技术劳务有限公司财务经理陆叶等对教材初稿提出很多有益的建议，在此表示衷心的感谢！

本书为“上海市属高校应用型本科试点专业”建设教材，得到上海海事大学应用型本科试点专业建设资金的资助，教材在编写过程中得到了上海海事大学经济管理学院各位领导、各位老师的帮助和大力支持，在此表示衷心感谢！

由于我们水平所限，加之水运行业业务的特殊性，书中的错误在所难免，恳请各位读者多提意见，以便于再版时修订，使我们的教材能够更好地为财务会计教学及水运企业会计实践提供服务。

编　者

2022年8月

目录

第 1 章

总　　论

学习目标

- 掌握水运行业及生产经营特征
- 掌握水运企业经济业务的分类
- 掌握水运企业会计核算对象
- 掌握水运企业会计核算特点
- 了解水运企业会计核算规范发展历程

1.1　水运行业及其经济业务类型

作为国民经济中的基础性行业和先导性行业,交通运输业是经济社会发展的重要支撑和强力保障。交通运输处于社会生产和消费的中间环节,利用各种运输工具把货物和旅客从一个地方运到另一个地方,使货物和旅客产生位置的变化,是生产过程在流通领域的延伸。交通运输业按运输方式分为铁路运输业、水上运输业、公路运输业、航空运输业与管道运输业。

1.1.1　水运行业的性质

水上运输是利用船舶、排筏和其他浮运工具,在江、河、湖泊、水库以及海洋上运送旅客和货物的一种运输方式,它是我国综合运输体系中的重要组成部分。水上运输业包括水上旅客运输、水上货物运输和水上运输辅助活动,其中水上旅客运输包括海洋旅客运输、内河旅客运输和客运轮渡运输,水上货物运输包括远洋货物运输、沿海货物运输和内河货物运输,水上运输辅助活动包括客运港口、货运港口和其他水上运输辅助活动。我国有漫长的海岸线和众多的河流、湖泊,充分利用海岸、江河、湖泊,大力发展水上运输业是国家发展交通运输的重要方针。

显然,水上运输业就其活动的性质来说,是指利用船舶等浮运工具在水上从事旅客与货物运输,以及利用码头泊位为水上客、货运输而进行旅客接送与货物装卸等营运生产活动的行业。

1.1.2 水运行业的分类

根据在水运生产活动中的职能，水运业又可分为航运业与港口业两个组成部分，水运企业可分为航运企业与港口企业两大类。

航运企业是指直接从事水上旅客、货物运输活动的生产部门。航运业务按服务对象划分，分为旅客运输与货物运输。按航行区域划分，分为内河运输、沿海运输和远洋运输，其中：内河运输是指在江、河、湖泊、水库的水上从事旅客和货物的运输，沿海运输是指在沿海区域各港之间的海上从事旅客和货物的运输，远洋运输是指除沿海运输以外的所有从事海上旅客和货物的运输。

港口企业是指为水上运输而进行旅客接送与货物装卸的生产部门。港口生产按服务对象划分，分为旅客接送、货物装卸和货物堆存，主要经营活动还包括为装卸和堆存服务的港务管理和港口设施安保。

随着航运和港口业务的快速发展，我国既有从事航运业务、港口业务以及相关辅助水上运输的代理业务、理货业务、船舶管理业务为一体的综合性水运企业，也有专业化从事航运业务、港口业务的企业，以及专门服务于航运和港口业务的从事外轮代理、外轮理货、货运代理和船舶管理的企业。

1.1.3 水运行业的生产经营特征

水运业作为一个特殊的生产部门，无论是在国民经济中所起的作用，还是它的产品形态、生产过程、经营管理方式等，都具有区别于其他物质生产的特征。认识这些特征对于掌握水运企业会计工作的规律性具有重要的意义。

第一，水运是我国综合运输体系中的重要组成部分，水运业作为社会的基础结构之一，为全社会和国民经济部门提供经常性服务，它对整个社会和国民经济所产生的社会经济效益是难以估量与直接计算的。并且，作为先行性的社会基础结构部门，在国家和地区经济发展中需要超前发展，要有一定的运力储备，其经济效益要待一个较长时期才能充分发挥出来。

第二，水运业为社会提供的不是实物形态的产品，而是一种“位移”产品，即货物和旅客在空间位置上的移动。水运业务的生产过程只是使劳动对象发生位置的变化，并不改变货物和旅客的属性和形态，不创造新的物质产品。其产品数量的大小取决于两个因素，即运量(货物以吨为单位，旅客以人为单位)与运距(以公里、海里为单位)，它们的综合反映是周转量(货物以吨公里、吨海里，旅客以人公里、人海里为单位)。而且，实现两地之间的运输可以经由不同的航线，同一运量有各种不同的确定方法，等等。为此，水运业的生产经营具有区别于其他行业的产品计算方法与计量单位。

第三，水运业的生产和消费是同时发生的，一般不生产有形产品，不储存产品，也不转让产品，其生产过程就是产品消费过程。为使货物和旅客在方向上和时间上得到运输保证，水运业必须保持必要的港口通过能力、船舶运输能力。并且，水运业的产品都是通过码头泊位、装卸机械以及运输船舶等完成的，港口码头泊位、装卸机械以及运输船舶的数量、质量和运用效率直接对水运企业的经济效益产生影响。

第四，水运业从其基本业务来说，包括了航运业与港口业两大组成部分，其中港口业又包括装卸、堆存、港务管理等环节的业务，它们的生产过程不同，组织上或是完全独立，或是相对独立，但它们的经济职能是同一的，即实现客货的位移，并且提供劳务的客户是相同的，因而在生产经营上要求高度协调配合。

水运行业生产经营的上述特征也就决定了水运会计的特点，说明了水运会计不同于其他行业会计。在水运企业会计工作中，必须运用相适应的会计理论与方法来对水运企业所发生的经济业务进行确认、计量与报告，为水运企业会计信息的使用者提供有助于决策的会计信息。

1.1.4　水运企业经济业务类型

水运企业可分为航运企业与港口企业两大类，主要的业务类型包括航运业务、港口业务、代理业务和船舶管理业务等。

1. 航运业务

航运业务是指航运企业从事的以运输船舶为载体，从事水上旅客运输和水上货物运输的业务活动，包括集装箱运输、旅客运输、散货运输、油品运输、液化天然气运输、杂货运输以及特种货物运输等。按照航运不同的管理方式，航运的主要业务可以分为 班轮运输业务和非班轮运输业务。

班轮运输业务是指航运企业按照固定的航线、停靠固定的港口，按照固定船期、固定的运费所进行的船舶运输业务；非班轮运输业务是指不固定航线、没有规定航行时间表的，可以按照客户的要求定制航行时间并确定始发港和目的港的船舶运输业务。

从船舶所有权角度看，班轮运输业务和非班轮运输业务，包含了航运企业自有船舶的运输活动和租入船舶所从事的程租、期租等运输活动。

此外，航运企业也从事光船租赁和船舶融资等船舶租赁活动。

航运业务通常也根据航运企业所经营的航线进行细分，如国际航线及支线业务、沿海航线业务、珠江三角洲和长江支线业务等。某条航线的航运业务，也存在不同的运营方式，如航运企业单独运营以及多家航运企业各自配置若干船舶，相互租用合作方船舶一定数量的箱位进行航线运输合作经营等。

2. 港口业务

港口业务是指港口企业从事水上运输辅助活动的客运和货运业务活动。按照港口业务的具体内容，港口的主要业务可以分为装卸业务、堆存业务、港务管理业务、港口设施保安业务和其他业务等。

装卸业务，指港口企业对到港的集装箱、散杂货等其他各类货物进行的各种装卸搬运及其相关的作业活动；堆存业务，是港口对集装箱、散杂货等进行存放、仓储、保管等服务活动，包括堆存保管服务、超期堆存服务、库场使用服务、危险品堆存监控服务等；港务管理业务，指港口企业从事的货物港务管理、船舶停泊管理等业务；港口设施保安业务，指港口企业为履行国际公约需要进行的港口保安设施的建设、维护和管理活动。

3. 代理业务

水运企业的代理业务主要分为船舶代理业务和货运代理业务。船舶代理业务，是指船舶代理企业接受船舶所有人(船东)、船舶经营人、承租人或货主的委托，在授权范围内代表委托人(或被代理人)办理与在港船舶有关的业务、提供有关服务业务或进行与在港船舶有关的其他法律行为的代理行为等业务。货运代理业务，是指企业接受客户的委托办理进出口报关、仓储、运输等，以及接受客户订舱委托，并向客户确定运价和舱位，还涵盖接货、报关、报检、装箱、贴签、交运、缮制运输单证、货物跟踪查询、信息咨询、费用结算及与前述业务关联的其他业务。

4. 船舶管理业务

船舶管理业务，是指航运企业从事的各项航运服务业务，主要包括海事培训服务、船员劳务派遣以及船舶试航、引航等海事技术服务等。

1.2 水运企业财务会计的对象与任务

水运企业具有水上运输的生产经营特征，企业的资金运动因此不同于其他行业。对于工业企业来说，随着供、产、销过程的不断进行，资金不断地改变形态而形成循环与周转；而在水运企业，由于生产和消费发生的同时性，没有脱离生产过程而存在的实物产品，资金的循环与周转包含供应与营运两个过程。从资金运动的动态来看，水运企业的资金从货币资金出发，依次经过供应和营运过程，分别表现为储备资金、生产资金、结算资金等不同形态，最后又回到货币资金形态。水运企业资金的周转，就是这一资金周而复始的连续循环。也有一部分资金按规定而退出水运企业的生产经营过程，不再进入资金的周转，例如，由于按规定交纳税金、向投资者分配利润、偿还债务等而使部分资金退出企业。

水运企业的资金运动如图 1-1 所示。

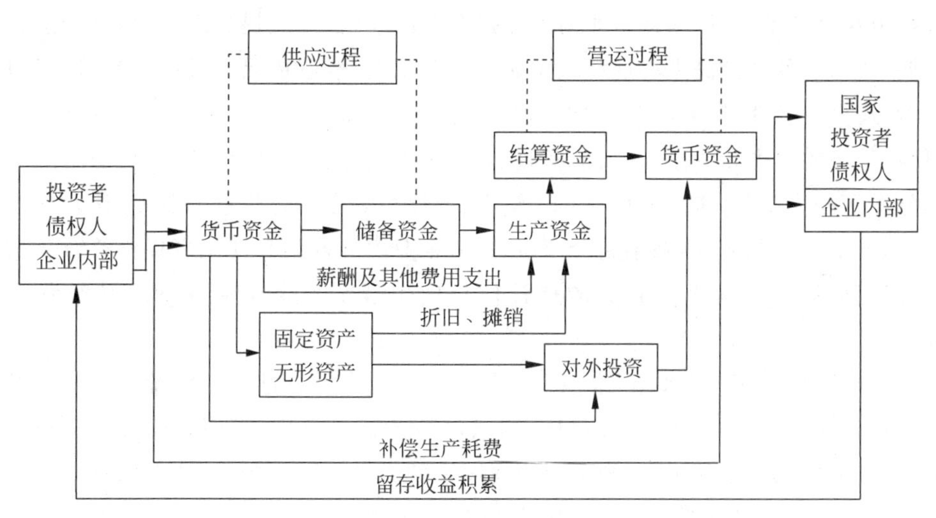

图1-1 水运企业的资金运动

1.2.1 水运企业财务会计的对象

水运企业财务会计，是以货币作为计量尺度，运用其特有的方法和程序，通过其核算和监督的基本职能，对水运企业生产经营过程中的资金运动进行管理，以提高企业的经济效益。因此，水运企业财务会计的对象就是水运企业的资金运动，静态表现为水运企业在某一特定时点的资产、负债与所有者权益；其动态表现为水运企业资金的循环与周转。具体说来，水运企业财务会计的对象包括以下三个方面的内容。

(1) 水运企业筹措资金、运用资金以及资金退出企业等经济活动所发生的资产、负债和所有者权益的增减变化的过程及其结果；

(2) 水运企业生产经营过程中水上运输业务成本、费用的形成、补偿的过程及其结果；

(3) 水运企业生产经营过程中水上运输业务收入的取得、利润的实现与分配的过程及其结果。

1.2.2 水运企业财务会计的任务

水运企业财务会计的任务应该反映对水运企业财务会计的内容进行核算、监督和分析所应达到的目的和要求，它服从于水运企业的生产经营目的和企业管理的客观要求，并受水运企业财务会计对象的制约。一般说来，水运企业财务会计的任务主要有如下几个方面。

(1) 有效地进行会计核算,为企业内外部信息使用者提供符合质量要求的会计信息

在市场经济条件下,水运企业为了加强企业的经营管理、提高经济效益,增加积累求得发展,要求财务会计提供客观反映企业的财务状况、经营成果和现金流量等会计信息。为此,水运企业会计必须正确、及时、完整地记录和反映企业的各项财产物资的增减变动、债权债务的发生和清偿、收入的实现、费用的发生、成本的计算以及利润的形成和利润的分配等经济业务,建立搜集、加工、整理、传递和储存会计信息的制度,认真编制和审核凭证,如实登记账簿,准确编制会计报表,为企业内外部信息使用者提供符合质量要求的会计信息,以满足与企业相关的会计信息使用者了解企业财务状况和经营成果的需要。

(2) 有效地实行会计监督,维护企业各项生产经营活动的合法性、合理性和有效性

水运企业的生产经营过程,不仅是追求经济效益的再生产过程,而且也是执行国家方针、政策、制度、法令的过程,即企业要在国家的方针、政策、制度、法令的规范下从事生产经营活动。企业只有严格地执行国家的方针、政策、制度、法令,才能正确处理企业与各方面的关系,才得以健康发展。水运企业会计监督表现在:在与国家的关系上,企业要遵守国家对运输市场管理的有关法规,遵守国家有关成本开支范围和费用开支标准的规定,按照税法及时缴纳税金;在与其他企业或单位的关系上,企业要信守合同,遵守结算规定,及时做好各种款项的结算工作;在与企业投资者的关系上,企业必须遵守国家的法规,实现企业资本金的保全与增值,正确计算分配利润,保护投资者的正当权益;在与企业内部职工的关系上,企业必须贯彻执行国家有关薪酬福利的政策规定,维护企业职工的合法利益。

(3) 有效地参与企业决策,使财务会计工作发挥更大的作用

企业在加强内部管理的过程中逐渐形成的管理会计,服从水运企业管理人员制定正确决策的需要以及成本效益关系的约束,其作用表现为能直接对企业的生产经营活动做出预测、决策与规划。水运企业的财务会计在按法定企业会计准则对外提供会计信息的同时,应配合企业管理会计工作的需要,参与对企业日常生产经营活动的控制、评价与考核活动。

1.3 水运企业财务会计的特点

与其他行业相比较,水运企业财务会计在资产的分布及资金的构成、成本费用的组成及其成本的计算、结算的程序与内外结算关系等方面,存在着鲜明的行业特点。

(1) 资产和资金构成有特殊性

在资产的分布方面,水运企业的固定资产所占比重大,并且相当数量的固定资产具有移动性。

在水运企业的固定资产中，按生产经营的功能，又可划分为移动性固定资产与固定性固定资产两类。运输船舶、非固定装卸机械、车辆、集装箱等作为水运的工具，随着生产经营活动的进行而发生移动；码头泊位、仓库、房屋建筑物作为水运生产经营的必要设施，则是固定的，通常这类固定性的固定资产的使用年限长于移动性的固定资产。水运企业，尤其是航运企业，掌握移动性固定资产的动态，将构成固定资产管理的一项重要内容。水运企业在保证安全生产的前提下，充分地利用固定资产，提高固定资产的运用效率，是增加水运生产能力、降低水运成本，提高水运生产经营经济效益的关键。

在资金的构成方面，水运生产过程是借助运输工具，包括运输船舶、码头泊位设施以及装卸机械等来完成的，生产用流动资金主要是为保证水运生产的正常进行而占用在储存的燃料、材料和备品配件等上的资金，旅客、货物作为水运企业的劳动对象，无须水运企业垫支流动资金。因此，水运企业的资金总量中，固定资金占的比重较大，而流动资金占的比重较小。

(2) 固定性成本费用比例大

从成本费用的构成来考察，水运企业设备性费用多，固定性费用大。

水运企业生产经营的产品的非储存性与非调拨性，决定了水运企业必须保持必要的港口通过能力与船舶运载能力，使货物和旅客在方向上和时间上得到运输保证。为此，在水运企业的成本费用中，固定资产折旧费、修理费、保险费，以及其他为保持船舶与装卸机械正常营运状态而发生的设备性费用相当多。这些设备性费用以及船员、装卸人员和管理人员的工资薪酬等，都属于与生产量没有直接关系的固定性费用。即使营运过程中的燃材料消耗，也不是与生产量直接相关的变动性费用。这与工业产品的制造成本费用中，与产品产量直接相关的原材料和人工费占较大比重这一成本费用结构具有较大差别。

由于水运企业的设备性费用多，固定性费用大，充分利用现有水运设备、设施，增加水运产量，控制燃材料消耗和各项费用支出，成了水运企业降低成本、提高效益的主要途径。在水运会计中，对折旧费、修理费、燃料消耗、港口费以及安全措施和事故损失费用的反映和监督，对固定费用与变动费用的正确划分，及其影响的相关因素的确定，对新增投资的效果分析及其决策等，比一般企业更为重要。

(3) 收入核算要求高

根据企业会计准则核算要求，企业在履行合同中的履约义务，即客户取得相关商品(或服务)控制权时确认收入。水运企业提供的水上运输业务，只有在企业营运过程结束，有关的营运进款才能确认为收入。但就某一项水运业务来说，可能营运进款计算在先，营运成本计算在后，进款的环节多而复杂，营运收入则从实际情况出发与营运成本配比而进行确认。为此，如何确认水上运输业务收入，保证产量、成本、收入三者的核算口径一致，成了水运企业财务会计中的重要核算问题之一。

(4) 资金结算复杂

从资金的结算来考察,水运企业营运地点流动分散,线长点多,由此而产生大量复杂的资金结算工作。

水运企业的营运区域相当广阔,其运输工具始终在一个广阔的空间内不断流动,并且往往会出现跨地区、跨国家的流动,水运企业除了营运进款的结算工作之外,其他资金结算工作的内容也很复杂。例如,在水运企业内部,在营运区域的有关点线上,会设有相对独立的单位,相互协作提供服务、供应燃材料等,会发生各种结算关系;在水运企业外部,航港之间要发生结算关系,远洋运输企业与国内外代理行之间不仅要发生一般的结算关系,而且要发生外汇收支的结算关系;航运和港口企业和船舶代理、货运代理、船员管理企业之间发生运输费用和港口使费、船员费用等多种结算关系等。为此,在水运企业财务会计中必须用特定的核算方法来处理这些复杂的结算关系。

(5) 成本计算多样化

从成本计算来考察,水运企业需要制定多种成本计算方法来适应不同的成本计算对象的核算要求。

水运企业所提供的是一种位移产品,可以以所完成的旅客周转量、货物周转量、港口装卸量等作为统一的计算对象,归结收入与成本、确定营运利润。但水运生产是在广大的空间进行,受自然影响比较显著,不同业务的工作条件与要求各不相同,差异很大。对于不同的运输对象,运输方式、运输手段、航行线路、运输距离、港口位置等,完成同一生产量的耗费是不同的,存在着很大差别,为此企业必须根据成本控制的需要,根据为运价、费率的制定提供依据的需要出发来确定成本计算对象。除计算旅客周转量成本、货物周转量成本、港口装卸量成本之外,尚需计算货种运输成本、航线运输成本、航次运输成本、单船运输成本、分货种分操作过程装卸成本,等等。因此,水运企业需要制定相应的成本计算方法,包括成本项目、直接费用与间接费用的划分、费用的归集和分配办法、成本核算程序等,来适应不同的成本计算对象的需要。

1.4 水运企业会计核算规范以及会计科目的设置

1.4.1 水运企业会计核算规范

水运企业财务会计是特定行业会计,是以货币为主要计量单位,运用专业的方法,对水上运输活动以及水上运输辅助活动进行全面的、连续的、系统的核算和监督的经济管理活动。财政部于1993年针对运输企业制定并颁布了四个会计制度,包括《运输(交通)企业会计制度》《运输(铁路)企业会计制度》《运输(民航)企业会计制度》和《运输(邮电)企业会计制度》,其中,水运企业适用的是《运输(交通)企业会计制度》;2001年财政部颁布了统一的《企业会计制度》；2004年财政部根据国家有关法律法规，结合实际情况，先后颁布了《民航企业会计核算办法》《铁路运输企业会计核算办法》和《水运企业会计核算办法》，并要求在保证执行国家有关制度的前提下，企业制定适合本企业的具体制度和实施办法。

财政部2006年颁布了《企业会计准则》，开启了和国际趋同的会计核算规范之路。本着国际趋同的原则，企业会计准则在2014年和2016—2019年进行了两次大的新增和修订，截止到2020年12月31日，我国的企业会计准则体系包含有一项基本会计准则、42项具体会计准则、13项企业会计准则解释公告和若干特殊会计处理相关规定。企业会计准则体系的制定颁布、修订和实施，规范了中国会计实务的核算，大大改善了中国上市公司的会计信息质量和企业财务状况的透明度，为企业经营机制的转换和证券市场的发展、国际经济技术交流起到了积极的推动作用。

水运企业的财务会计应执行《企业会计准则》，按照企业会计准则要求进行会计核算与会计监督。由于水运行业生产经营的特殊性，水运企业财务会计的内容和核算方法，应根据行业生产经营活动的特点，满足特殊经济业务对会计核算的具体要求。

1.4.2 水运企业的会计科目设置

会计科目表是会计科目的综合，是会计对象的细分化，通过会计科目表，可以更加规范、更加具体地反映出水运企业经济活动的全部内容。《企业会计准则》中规定的会计科目表，将全部会计科目划分为资产、负债、所有者权益、共同、成本和损益六大类，并对会计科目进行了统一编号，以便于编制会计凭证、登记账簿、查阅账目，实行会计电算化。水运企业应按《企业会计准则》规定的会计科目表，结合本企业营运业务的具体需要，设置和使用会计科目。在不影响会计核算要求和会计报表指标汇总，以及对外提供统一会计报表的前提下，可以根据实际情况自行增设、减少或合并某些会计科目。例如：

(1) 航运企业由于业务需要，备用金可以单独核算，可以增设“船舶业务备用金”“伙食备用金”等科目。

(2) 航运和港口企业的材料类科目，可以细分“材料”“燃料”“船用物料”“润料”“备品配件”等科目。

(3) 对航运业务的期末已完航次账单未达的应计收入和应计费用支出，以及未完航次已达收入的收入和费用结转，可以在“应收账款”“应付账款”和“预付账款”下单列“已完航次未达收入”“已完航次未达支出”和“未完航次成本预估”等明细科目。

(4) 统一核算的专业公司或有独立核算的附属企业的企业，可以增设“拨付所属资金”科目；附属企业可以相应增设“上级拨入资金”科目。

(5) 有外购商品，并采用实际成本法核算商品成本的企业，可以增设“在途物资”科目；采用计划成本法核算商品成本的企业，可以增设“物资采购”科目，并设置“材料成本差异"科目。

(6) 低值易耗品较少的企业,可以将其并入"材料"科目核算。

(7) 水运企业在进行成本核算时,可以根据业务需要设置相应的成本科目。如航运业务按航次核算成本时,可以分别设置"运输成本""船舶固定费用""船舶共同费用""集装箱固定费用""辅助营运费用""营运间接费用"等科目。

(8) 对其他业务中经营规模较大、收入较多的经营性业务,企业可以参照相应业务需要,增设有关资产、收入、成本、费用、税金等科目,单独核算。

(9) 其他未包括在会计科目表范围内的其他资产、其他负债的企业,可根据具体情况,增设有关会计科目进行核算。

根据《企业会计准则应用指南》所列示的统一会计科目,以及《水运企业会计核算办法(2004)》所列示的水运企业特殊会计科目,适用于水运企业的会计科目,既有等同于其他行业的公共性的会计科目,也有体现水运企业特殊业务特点的会计科目。一般水运企业常用的会计科目表如表 1-1 所示。

表 1-1 水运企业会计科目表

顺序号	编号	科目名称	顺序号	编号	科目名称
		(一) 资产类	24	1471	存货跌价准备
1	1001	库存现金	25	1473	合同资产
2	1002	银行存款	26	1474	合同资产减值准备
3	1009	其他货币资金	27	1475	合同履约成本
4	1010	备用金	28	1476	合同履约成本减值准备
5	1101	交易性金融资产	29	1477	合同取得成本
6	1121	应收票据	30	1478	合同取得成本减值准备
7	1122	应收账款	31	1481	持有待售资产
8	1123	预付账款	32	1482	持有待售资产减值准备
9	1131	应收股利	33	1501	债权投资
10	1132	应收利息	34	1502	债权投资减值准备
11	1221	其他应收款	35	1503	其他债权投资
12	1231	坏账准备	36	1504	其他权益工具投资
13	1401	材料采购	37	1511	长期股权投资
14	1402	在途物资	38	1512	长期股权投资减值准备
15	1403	材料	39	1521	投资性房地产
16	1404	材料成本差异	40	1531	长期应收款
17	1405	库存商品	41	1532	未实现融资收益
18	1406	燃料	42	1601	固定资产
19	1407	船用物料	43	1602	累计折旧
20	1408	润料	44	1603	固定资产减值准备
21	1409	备品配件	45	1604	在建工程
22	1411	低值易耗品	46	1605	工程物资
23	1412	委托加工物资	47	1606	固定资产清理

续表

顺序号	编号	科目名称	顺序号	编号	科目名称
48	1701	无形资产	82	4104	利润分配
49	1702	累计摊销	83	4201	库存股
50	1703	无形资产减值准备	84	4401	其他权益工具
51	1711	商誉			
52	1801	长期待摊费用			（五）成本类
53	1811	递延所得税资产	85	5001	运输成本
54	1901	待处理财产损溢	86	5002	装卸业务成本
			87	5003	堆存业务成本
		（二）负债类	88	5004	港务管理业务成本
55	2001	短期借款	89	5211	船舶固定费用
56	2101	交易性金融负债	90	5212	船舶共同费用
57	2201	应付票据	91	5213	船舶维护费用
58	2202	应付账款	92	5214	集装箱固定费用
59	2203	预收账款	93	5215	辅助营运费用
60	2205	合同负债	94	5221	营运间接费用
61	2211	应付职工薪酬	95	5231	船员费用
62	2221	应交税费	96	5232	船代营运费用
63	2231	应付利息	97	5233	船代箱管代理费用
64	2232	应付股利	98	5241	货代航运代理费用
65	2241	其他应付款	99	5251	船管资产费用
66	2245	持有待售负债	100	5301	研发支出
67	2401	递延收益			（六）损益类
68	2501	长期借款	101	6001	主营业务收入
69	2502	应付债券	102	6051	其他业务收入
70	2701	长期应付款	103	6101	公允价值变动损益
71	2702	未确认融资费用	104	6111	投资收益
72	2801	预计负债	105	6115	资产处置收益
73	2901	递延所得税负债	106	6117	其他收益
			107	6301	营业外收入
		（三）共同类	108	6401	主营业务成本
74	3101	衍生工具	109	6402	其他业务成本
75	3201	套期工具	110	6403	税金及附加
76	3202	被套期项目	111	6601	销售费用
			112	6602	管理费用
		（四）所有者权益类	113	6603	财务费用
77	4001	实收资本	114	6701	信用减值损失
78	4002	资本公积	115	6702	资产减值损失
79	4003	其他综合收益	116	6711	营业外支出
80	4101	盈余公积	117	6801	所得税费用
81	4103	本年利润	118	6901	以前年度损益调整

本章小结

水运企业是从事内河、海洋旅客、货物运输业务的水上运输企业和从事旅客接送、货物装卸、堆存及相关港务管理业务的港口、码头企业。根据在水运生产活动中的职能，水运业又可分为航运业与港口业两个组成部分，水运企业可分为航运企业与港口企业两大类。

水运企业具有不同于商贸企业的生产经营特点，其生产过程只是使劳动对象发生位置的变化，生产和消费是同时发生的，一般不生产有形产品，不储存产品，也不转让产品，其生产过程就是产品消费过程。水运企业主要的业务类型包括航运业务、港口业务、代理业务和船舶管理业务等。

水运企业财务会计主要有资产和资金构成有特殊性、固定性成本费用比例大、收入核算要求高、资金结算复杂和成本计算多样化等特点。

水运企业财务会计应执行《企业会计准则》，制订适用于本企业的财务会计制度，按规定的会计科目表，结合本企业营运业务的具体需要，设置和使用会计科目。

思考题

1. 水运行业的生产经营特征是什么？
2. 水运企业经济业务可以分为哪几大类？具体业务内容是什么？
3. 水运企业会计核算有哪些特点？
4. 行业会计核算要求和通用会计核算规范有何联系与区别？

第 2 章

货币资金和应收款项

学习目标

- 掌握货币资金的三种形式
- 掌握货币资金日常收付的会计处理
- 掌握应收票据的概念、计量及应收票据取得、贴现、到期的会计处理
- 掌握应收账款的概念、确认及具体会计处理(包括商业折扣和现金折扣的处理)
- 掌握应收款项减值的账务处理

2.1 货币资金

货币资金是企业经营资金在循环周转过程中停留于货币形态的那部分资金。按其存在形态和保管地点及其用途的不同,货币资金分为库存现金、银行存款和其他货币资金三种。

2.1.1 库存现金

库存现金是指存放在企业财会部门由出纳人员负责保管作为日常零星开支或找零用的现款。

1. 现金的使用范围

企业可使用现金的情况包括:职工工资与津贴、个人劳务报酬、抚恤金、学生奖学金、丧葬补助费、出差人员必须随身携带的差旅费、根据国家规定颁发给个人的科学和教育等各种奖金、对个人的其他支出,以及单位之间结算起点(1 000 元人民币)以下的零星支出等。不属于现金开支范围或超过现金开支限额的业务应当通过银行办理转账结算。

2. 库存现金的核算

为了总括反映和监督现金收入、付出和结存情况,应设置“库存现金”科目。该科目

属于资产类科目，借方登记现金的收入（增加）数，贷方登记支付（减少）数；期末余额在借方，表示库存现金的结存数。

企业应当对现金进行定期或不定期清查，以保证现金的安全完整。对清查中发现的有待查明原因的现金短缺或溢余，应通过“待处理财产损溢”账户核算。属于现金短缺，应该按照实际短缺的金额借记“待处理财产损溢”账户，贷记“库存现金”；属于现金溢余，应该按照实际溢余的金额，借记“库存现金”账户，贷记“待处理财产损溢”账户。

待查明原因后，对发生现金短缺应做如下处理，属于应由责任人赔偿的部分，借记“其他应收款——××责任人”账户或“库存现金”账户；属于应由保险公司赔偿的部分，借记“其他应收款——应收保险赔款”账户；属于无法查明的其他原因，经过批准后，借记“管理费用——现金短缺”账户。做上述处理的同时，贷记“待处理财产损溢”账户。

对发生现金溢余应做如下处理：属于应支付给有关人员或单位的，贷记“其他应付款——××个人或单位”账户；属于无法查明的其他原因的现金溢余，经过批准后，贷记“营业外收入——现金溢余”账户。做上述处理的同时，借记“待处理财产损溢”账户。

2.1.2 银行存款

银行存款是指企业存放在银行或其他金融机构的货币资金。根据中国人民银行总行的规定，凡是独立核算的单位都必须在当地银行或其他金融机构申请开设账户，用以办理企业货币资金的存取和转账结算业务。

为了总括反映和监督银行存款的收付动态和结存情况，应设置“银行存款”科目。该科目属于资产类科目，借方登记存款的增加数，贷方登记银行存款的支用或提取现金数，期末借方余额表示银行存款的结存数。

1. 银行存款账户的分类

银行存款账户依据用途不同可以分为基本存款账户、一般存款账户、临时存款账户和专用存款账户。

基本存款账户是企业办理日常结算和现金收付的账户。企业和工资、奖金等现金的支取，只能通过该账户处理。

一般存款账户是企业在基本存款账户以外的银行借款转存、与基本存款账户不在同一地点的附属非独立核算单位开立的账户。本账户只能办理转账结算和现金缴存，但不能支取现金。

临时存款账户是企业因临时经营活动需要开立的账户。企业临时性的转账、现金收付业务可以通过本账户结算，如异地产品展销、临时性采购资金等。

专用存款账户是企业因特定用途需要开立的账户。对下列资金的管理与使用，存款人可以申请开立专用存款账户：基本建设资金；更新改造资金；证券交易结算资金；期货交易保证金；单位银行卡备用金；党、团、工会设在单位的组织机构经费等。

2. 银行结算方式的种类

企业日常生产经营活动所发生的各项经济往来，除按照国家有关规定可以使用现金结算外，都必须通过银行进行转账结算，其主要包括银行汇票、银行本票、支票、商业汇票、汇兑、委托收款、托收承付、信用卡、信用证九种支付结算办法。水运企业的国际结算业务通常采用信用证结算办法。

(1) 银行汇票

银行汇票是汇款人将款项交存当地出票银行，由出票银行签发的、由其在见票时按照实际结算金额无条件支付给收款人或持票人的票据。单位和个人各种款项的结算均可以使用银行汇票。银行汇票可以用于转账，填明"现金"字样的银行汇票也可以用于支取现金。银行汇票一律记名，可以背书转让。背书是支票、本票、汇票所共有的行为，是票据转让的法定程序。其提示付款期限自出票日起 1 个月。

银行汇票结算方式具有使用广泛、方便灵活、结算迅速、票随人到、兑现性强、剩余款项由银行负责退回等优点，适用于先收款后发货或钱货两清的商品交易。

(2) 银行本票

银行本票是申请人将款项交存银行，由银行签发、承诺其见票时无条件支付确定金额给收款人或持票人的票据。单位和个人在同一票据交换区域需要支付各种款项，均可以使用银行本票。银行本票可以用于转账，注明"现金"字样的银行本票可以用于支取现金。申请人或收款人为单位的，银行不予签发现金银行本票。银行本票一律记名，允许背书转让，其提示付款期限自出票日起最长不超过 2 个月，逾期的银行本票，兑付银行不予办理，但签发银行可办理退款手续。

银行本票分为定额和不定额两种，一律记名，按票面金额结算。定额银行本票面额为 1 000 元、5 000 元、10 000 元和 50 000 元。银行本票见票即付，不予挂失，应视同现金妥善保管。

(3) 支票

支票是出票人签发的、委托办理支票存款业务的银行在见票时无条件支付确定的金额给收款人或持票人的票据。支票的提示付款期限为自出票日起 10 天。支票分为现金支票、转账支票和普通支票。现金支票只能用于支取现金；转账支票只能用于转账；普通支票既可用于支取现金，也可用于转账，在普通支票左上角划两条平行线为划线支票，划线支票只能用于转账，不得支取现金。支票在同一票据交换区域内可以背书转让。

支票是同城范围内应用较广的一种结算方式，具有方便、灵活的特点。

(4) 商业汇票

商业汇票是出票人签发的、委托付款人在指定日期无条件支付确定的金额给收款人或持票人的票据。与银行汇票、银行本票、支票等即期票据不同，商业汇票属远期票据，是企业融通资金的一种形式。商业汇票一律记名，付款期最长不超过 6 个月，可在同城和异地使用，并可背书转让或贴现。在银行开立存款账户的法人以及其他组织之间，具有真实的交易关系或债权债务关系的才能使用商业汇票。

按承兑人不同，商业汇票分为商业承兑汇票和银行承兑汇票。商业承兑汇票由银行以外的付款人承兑，银行承兑汇票由银行承兑。

采用商业汇票结算方式可以是企业之间债权、债务关系表现为外在的票据形式，使商业信用票据化，加强约束力，有利于维护和发展社会主义的市场经济。

(5) 汇兑

汇兑是汇款人委托银行将其款项交付给收款人的结算方式。适用于单位和个人之间各种款项的结算。汇兑是异地结算的一种，有电汇和信汇两种方式，由汇款人选择使用。

汇兑结算方式适用于异地之间的各种款项结算，这种结算方式划拨款项简便、灵活。

(6) 委托收款

委托收款是收款人委托银行向付款人收取款项的结算方式。这种结算方式同城、异地均可使用，既适用于在银行开立账户的单位结算，也适用于水电、邮政、电信等劳务款项的结算。单位和个人凭已承兑的商业汇票、债券、存单等付款人债务凭证，可使用委托收款方式收取款项。委托收款按款项划回方式不同分为邮寄和电报两种，由收款人选用。

(7) 托收承付

托收承付是根据购销合同由收款人发货后委托银行向异地付款人收取款项，由付款人向银行承认付款的结算方式。这种方式适用于买卖双方订有购销合同的商品交易，并在合同上订明使用托收承付结算方式。使用托收承付结算方式的收款单位和付款单位必须是国有企业、供销合作社以及经营管理较好并经开户银行审查同意的城乡集体所有制工业企业。办理托收承付结算的款项，必须是商品交易，以及因商品交易而产生的劳务供应的款项。代销、寄销、赊销商品的款项不得办理托收承付结算。托收承付结算每笔的金额起点为10 000元。

(8) 信用卡

信用卡是指商业银行向个人和单位发行的、凭以向转约单位购物、消费和向银行存取现金，具有消费信用的特制载体卡片。信用卡按使用对象分为单位卡和个人卡；按信用等级分为金卡和普通卡。单位卡账户的资金一律从其基本存款账户转入，不得交存和支取现金，不得用于10万元以上的商品交易、劳务供应款项的结算。在规定的期限和范围内，信用卡允许善意透支，透支期限最长为60天。

(9) 信用证

信用证是指开证银行依照申请人的申请开出的，凭符合信用证条款的单据支付款项的付款承诺。信用证是国际结算的一种主要方式，水运企业的境外交易通常采用信用证结算方式。

我国从事进出口业务的企业和对外经济合作企业均可采用信用证结算方式。所有信用证都必须清楚地表明该证是否适用即期付款、延期付款、承兑汇票或议付。经中国人民银行批准经营结算业务的商业银行总行以及经商业银行总行批准开办信用证结算业务的分支机构，也可以办理国内企业之间商品交易的信用证结算业务。

企业使用信用证办理国际结算和国内结算，应当填写开证申请书、信用证申请人承诺书连同有关购销合同一并提交开证行，开证行受理开证业务后，企业需向开证行交存不低于开证金额 20%的保证金；开证行开立信用证并以邮寄或电传方式将其发送通知行，通知行将信用证转交受益人；受益人收到信用证并审核无误后，即备货装运，持跟单汇票连同信用证一同送交当地议付行；议付行审核后扣除利息，垫付货款，之后将跟单汇票寄交开证行索回垫款；开证行收到跟单汇票后，通知申请人验单付款，赎单提货。

采用信用证结算方式时，受益人根据议付单据及付行退还的信用证等编制收款凭证，借记"银行存款"账户，贷记有关账户。申请人在收到开证行的备款赎单通知时，根据付款赎回的有关单据编制付款凭证，借记有关账户，贷记"其他货币资金——信用证存款"账户。

3. 银行存款的核算

银行存款是企业存放在银行或其他金融机构的货币资金。企业应当根据业务需要，按照规定在其所在地银行开设账户，运用所开设的账户，进行存款、取款以及各种收支转账业务的结算。银行存款的收付应严格执行银行结算制度的规定。

企业应当设置银行存款总账和银行存款日记账，分别进行银行存款的总分类核算和明细分类核算。企业可按开户银行和其他金融机构、存款种类等设置"银行存款日记账"，根据收付款凭证，按照业务的发生顺序逐笔登记。每日终了，应结出余额。

"银行存款日记账"应定期与"银行对账单"核对，至少每月核对一次。企业银行存款账面余额与银行对账单余额之间如有差额，应编制"银行存款余额调节表"调节相符，如没有记账错误，调节后的双方余额应相等。若调节后双方余额仍不相符，则说明双方记账过程可能存在错误，需要进一步查明错误所在，加以更正。银行存款余额调节表只是为了核对账目，并不能作为调整银行存款账面余额的记账依据。

2.1.3　其他货币资金

其他货币资金是指除现金、银行存款以外的各种货币资金，包括外埠存款、银行汇票存款、银行本票存款、信用证保证金存款、信用卡存款、存出投资款等。

外埠存款是指企业到外地进行临时或零星采购时，汇往采购地银行开立采购专户的款项；银行汇票存款是指企业为取得银行汇票，按照规定存入银行的款项；银行本票存款是指企业为取得银行本票，按照规定存入银行的款项；信用证保证金存款是指采用信用证结算方式的企业为开具信用证而存入银行信用证保证金专户的款项；信用卡存款是指企业为取得信用卡而存入银行信用卡专户的款项；在途货币资金是指企业同所属单位之间和上下级之间汇、解款项中，在月终时仍未到达的汇入款项；存出投资款是指企业已存入证券公司但尚未进行短期投资的款项。

为了总括反映和监督其他货币资金的增减变动和结存情况，应设置"其他货币资金"科目。该科目属于资产类科目，借方登记其他货币资金的增加数，贷方登记其他货币资金的减少数，期末借方余额反映其他货币资金的结存数。还应在"其他货币资金"总账科目下面，分别设置"外埠存款""银行汇票存款""银行本票存款""信用证保证金存款""信用卡存款”“存出投资款”等二级科目，并按外埠存款或存出投资款的开户银行，银行汇票或银行本票或信用证的收款单位，信用卡的持用人以及在途资金的汇出单位分别设置明细账户进行明细核算。

2.2 应收款项

2.2.1 应收账款

应收账款是水运企业在提供运输业务、码头业务、代理业务和船舶管理业务中，按照合同约定应收的款项。根据企业会计准则规定，企业在提供的业务活动未完成之前应向客户收取的款项，应根据不同前提条件确认为应收账款或合同资产。合同资产，是指企业已向客户转让商品或提供劳务而有权收取对价的权利，且该权利取决于时间流逝之外的其他因素。企业拥有的、无条件(即，仅取决于时间流逝)向客户收取对价的权利应当作为应收账款核算。

水运企业的应收账款主要包括，企业经营业务活动，应向托运人、收货人、代理单位、码头服务单位、航运单位或购货单位收取的营运收入款项；为其他运输单位代收的收入款项；为其他有关方面代收代交的款项；以及到期不能收回的应收票据转入款项。

水运企业应收取营运款项的可能对象如表 2-1 所示。

表 2-1 水运企业应收账款的可能对象

水运企业类别	应收取款项的可能对象
航运企业	托运人、收货人、港口企业、代理企业、货主等
码头服务企业	托运人、收货人、航运企业、代理企业、其他运输企业(如铁路等)、货主等
代理企业	托运人、收货人、航运企业、港口企业、其他运输企业(如铁路等)、货主等
船舶管理企业	船舶所有人或其他委托方

水运企业应收取营运款项的可能内容如表 2-2 所示。

表 2-2 水运企业应收款项的可能内容

水运企业类别	应收取款项的可能内容
航运企业	本企业的收入，为港口企业与其他运输企业(如铁路等)代收的收入，到期不能收回的应收票据转入款项，期末船舶未完营运航次采用完工百分比法确认的本期收入。
码头服务企业	本企业的收入，为航运企业与其他运输企业(如铁路等)代收的收入，代征的规费款项(如港口建设费)，代办的业务款项(如货物运输保险费)，到期不能收回的应收票据转入款项。
代理企业	本企业的收入，为港口企业、航运企业与其他运输企业(如铁路等)代收的收入，代办的业务款项，到期不能收回的应收票据转入款项。
船舶管理企业	本企业的收入，到期不能收回的应收票据转入款项。

1. 应收账款的计价

按照历史成本计价原则，应收账款应根据交易按实际发生的金额计价入账，同时还要考虑商业折扣和现金折扣。

存在现金折扣的情况下，应收账款的入账金额确认有两种方法。一种是总额法，一种是净额法。总额法是将未减去现金折扣的金额作为实际售价计入应收账款，现金折扣在实际发生时予以确认，计入当期财务费用。净价法是把扣减现金折扣后的金额以实际售价作为应收账款的入账价值。企业会计制度规定，企业采用总价法对现金折扣进行会计处理。

在有现金折扣的情况下，企业发生的应收账款应按发票中的货款、税额以及代垫的运杂费等借记"应收账款"科目。实际发生现金折扣时，将其记入"财务费用"科目。

2. 应收账款的核算

企业销售商品或提供劳务、服务等发生应收账款时，按应收金额，借记"应收账款"科目，按实现的营业收入，贷记"主营业务收入""其他业务收入"科目，按专用发票上注明的增值税额，贷记"应交税费——应交增值税(销项税额)"等科目；收回应收账款时，借记"银行存款"科目，贷记"应收账款"科目。

如果企业应收账款改用商业汇票结算，在收到承兑的商业汇票时，按票面价值，借记"应收票据"科目，贷记"应收账款"科目。

【例 2-1】 甲航运公司提供运输劳务，船舶装货离港，应收取运费 500 000 元，增值税率 9%，增值税额 45 000 元。甲航运公司应作如下会计处理。

借：应收账款　　545 000
　　贷：主管业务收入　　500 000
　　　　应交税费——应交增值税(销项税额)　　45 000

实际收到款项时，应作如下会计处理。

借：银行存款　　545 000
　　贷：应收账款　　545 000

2.2.2 应收票据

应收票据是指企业因销售商品、提供劳务等收到的尚未到期兑现的商业汇票。

在会计实务中，支票、银行本票和银行汇票均为见票即付的即期票据，不必作为应收票据核算，只有属于远期票据的商业汇票才作为应收票据核算。

商业汇票按承兑人不同分为银行承兑汇票和商业承兑汇票，按是否计息分为带息商业汇票和不带息商业汇票。

1. 收到应收票据的核算

企业因销售商品、产品、提供劳务等收到已承兑的商业汇票时，按应收票据的面值，借记“应收票据”科目；按实现的营业收入，贷记“主营业务收入”科目，按专用发票上注明的增值税额，贷记“应交税金——应交增值税（销项税额）”科目。企业收到应收票据以抵偿应收账款时，按应收票据面值，借记“应收票据”科目，贷记“应收账款”科目。

如为带息票据，应于期末时按应收票据的票面价值和确定的利率计算应计提的利息，计提的利息增加应收票据的账面余额，同时冲减财务费用。

应收票据利息＝应收票据票面金额×利率×期限

【例 2-2】 甲航运公司提供运输劳务，船舶装货离港，运费收入 100 万元，增值税率 9%，20×2 年 3 月 1 日收到代理公司开出的商业承兑汇票一张，面值为 109 万元，期限 6 个月，票面利率为 6%。

(1) 收到商业汇票时

借：应收票据　　1 090 000

　　贷：主营业务收入　　1 000 000

　　　　应交税费——应交增值税（销项税额）　　90 000

(2) 6 月 30 日计提利息：1 090 000×6%×4/12＝21 800

借：应收票据　　21 800

　　贷：财务费用　　21 800

(3) 票据到期：1 090 000＋1 090 000×6%×6/12＝1 122 700

借：银行存款　　1 122 700

　　贷：应收票据　　1 111 800

　　　　财务费用　　10 900

2. 应收票据贴现的核算

所谓“贴现”，是企业将未到期的商业汇票经过背书交给银行，银行受理后从票面到期值中扣除按银行的贴现率计算确定的贴现息后，将余款付给贴现企业。在贴现中，企业给银行的利息称为贴现息，所用的利率称为贴现率，票据到期值与贴现息之差称为贴现所得。企业会计制度规定，带息票据贴现所得与票面金额产生的差额，会计上作为利息收支处理；不带息票据贴现所得与票面金额产生的差额，会计上作为利息支出处理。

带息票据到期值＝票据面值×（1＋年利率×票据到期天数÷360）

＝票据面值×（1＋年利率×票据到期月数÷12）

不带息票据的到期值为票据面值。

贴现息＝票据到期值×贴现率×贴现天数率÷360

贴现所得＝票据到期值－贴现息

贴现天数＝贴现日至票据到期日实际天数－1

【例2-3】 乙装卸公司提供装卸劳务，装卸费等收入100万元，增值税率为6%，20×2年3月1日收到不带息商业汇票一张，面值为106万元，期限为6个月。公司于当年6月1日将票据贴现给银行，银行执行贴现率7%。

贴现息＝1 060 000×7%×3/12＝18 550

贴现额＝1 060 000－18 550＝1 041 450

(1) 如果该商业汇票不带追索权(乙装卸公司不承担连带还款责任)。

借：银行存款　　1 041 450
　　财务费用　　18 550
　　贷：应收票据　　1 060 000

(2) 如果该汇票带追索权(乙装卸公司承担连带还款责任)。

票据贴现时

借：银行存款　　1 041 450
　　财务费用　　18 550
　　贷：短期借款　　1 060 000

票据到期时

① 如果开出商业汇票方如期还款。

借：短期借款　　1 060 000
　　贷：应收票据　　1 060 000

② 如果开出商业汇票方到期未付。

借：短期借款　　1 060 000
　　贷：银行存款　　1 060 000
借：应收账款　　1 060 000
　　贷：应收票据　　1 060 000

3. 应收票据到期的核算

票据到期收回票款，按实际收到的金额，借记“银行存款”科目，按应收票据的账面余额，贷记“应收票据”科目，按其差额，贷记“财务费用”科目(未计提利息部分)。

因付款人无力支付票款，收到银行退回的商业承兑汇票、委托收款凭证、未付票款通知书或拒绝付款证明等，按应收票据的账面余额，借记“应收账款”科目，贷记“应收票据”科目。到期不能收回的带息应收票据，转入“应收账款”科目核算后，期末不再计提利息，其所包含的利息在有关备查簿中进行登记，待实际收到时再冲减当期的财务费用。

2.2.3　预付账款的核算

预付账款是指企业按照合同规定预付的款项。预付账款不是金融资产，因其产生的未来经济利益是商品或服务，不是收取现金或其他金融资产的权利。

企业应当设置“预付账款”科目，核算预付账款的增减变动及其结存情况。预付款项业务不多的企业，可以不设置“预付账款”科目，而直接通过“应付账款”科目核算。企业根据购货合同的规定向供应单位预付款项时，借记“预付账款”科目，贷记“银行存款”科目。企业收到所购物资，按应计入购入物资成本的金额，借记“材料采购”或“原材料”“库存商品”“应交税费——应交增值税（进项税额）”等科目，贷记“预付账款”科目；当预付货款小于采购货物所需支付的款项时，应将不足部分补付，借记“预付账款”科目，贷记“银行存款”科目；当预付货款大于采购货物所需支付的款项时，对收回的多余款项应借记“银行存款”科目，贷记“预付账款”科目。

【例 2-4】 甲码头服务公司向乙公司采购燃料 4 000 吨，单价 7 元，所需支付的款项总额 28 000 元。按照合同规定向乙公司预付货款的 50%，验收货物后补付其余款项。甲公司应作如下会计处理：

（1）预付 50%的货款时。

借：预付账款——乙公司　　14 000

　　贷：银行存款　　14 000

（2）收到乙公司发来的 4 000 吨燃料，验收无误，增值税专用发票记载的货款为 28 000 元，增值税额为 3 640 元。甲公司以银行存款补付所欠款项 17 640 元。

借：燃料　　28 000

　　应交税费——应交增值税（进项税额）　　3 640

　　贷：预付账款——乙公司　　31 640

借：预付账款——乙公司　　17 640

　　贷：银行存款　　17 640

2.2.4 其他应收账的核算

其他应收款是指企业除应收票据、应收账款、预付账款以外的其他各种应收、暂付款项，包括应收的各种赔款、罚款，应收出租包装物的租金，包装物押金，存出保证金、其他各种应收、暂付款项，应向职工收取的各种垫付款项，预借给企业内部各职能科室、车间、部门和职工个人的备用金，预付账款转入等。不包括企业拨出用于投资、购买商品的各种款项。

其他应收款是通过“其他应收款”科目核算的，该科目属资产类科目，借方登记企业各种应收、暂付款项的发生数，贷方登记各种应收、暂付款项的收回数和企业内部单位、个人备用金的报销数，期末借方余额反映尚未收回或报销的应收款项和暂付款项。该科目应按其他应收款的项目分类，并按不同的债务人设置明细账，进行明细核算。

2.2.5　应收款项的减值

1. 坏账损失

企业无法收回应收款项在会计上称为坏账。由于发生坏账而产生的损失称为坏账损失，即应收款项的减值。

企业的应收款项符合下列条件之一的，应确认为坏账。

(1) 由于债务单位已撤销、破产、资不抵债等原因，依照民事诉讼法进行清偿后确实无法收回的债权。

(2) 因债务人死亡，既无遗产可供清偿，又无义务承当人，确实无法追还造成的债权损失。

(3) 债务人逾期未能履行偿债义务超过三年，并有足够的证据表明无法收回或收回可能性极小的应收账款。

2. 坏账损失的核算方法

(1) 直接转销法

直接转销法是在日常核算中对应收账款可能发生的坏账损失不予考虑，只有在实际发生时才作为损失计入当期损益，同时冲销应收款项。

直接转销法的特点是不需要设置“坏账准备”科目。发生坏账损失时，将确认为坏账损失的应收账款，借记“信用减值损失”科目，贷记“应收账款”科目。已作为坏账损失转销的应收账款又收回时，借记“应收账款”科目，贷记“信用减值损失”科目；同时，借记“银行存款”科目，贷记“应收账款”科目。

(2) 备抵法

备抵法是采用一定的方法按期估计坏账损失，计入当期损益，同时提取坏账准备；待坏账实际发生时，冲销已计提的坏账准备和相应的应收账款。备抵法的优点是将预计不能收回的应收款项作为坏账损失及时计入当期损益，避免企业虚增利润。此外，采用备抵法在资产负债表上应收款项是按扣除坏账以后的可望收回的净额列示，能够避免虚增资产，较为真实地反映企业的财务状况。因此，企业会计准则规定采用备抵法核算。

在备抵法下，企业应当采用合理的方法按期估计坏账损失。常见的估计坏账损失的方法有余额百分比法、账龄分析法、赊销百分比法。下面主要以余额百分比法为例说明坏账损失的会计处理。

采用余额百分比法计提坏账准备，可按以下公式计算。

本期应提坏账准备＝应收款项年末余额×计提比例

本期实提坏账准备＝本期应提数－“坏账准备”账户本期计提前的贷方余额

（或＋“坏账准备”账户本期计提前的借方余额）

【例 2-5】 甲公司对应收账款按照余额百分比法计提坏账准备,20×1 年年末,应收账款的余额为 2 500 000 元。20×2 年,应收账款中所包含的丙公司所欠的 30 000 元货款无法收回,确认为坏账,年末应收账款的余额为 3 000 000 元。20×3 年,上年已冲销的丙公司应收账款因客户经济情况好转又收回 10 000 元,年末应收账款余额为 5 000 000 元。假设甲公司的坏账准备计提比例均为 5%。有关会计处理如下:

20×1 年年末应提坏账准备=2 500 000×5%=125 000 元

编制会计分录如下。

借:信用减值损失　　125 000

　　贷:坏账准备　　125 000

20×2 年冲销坏账编制会计分录如下。

借:坏账准备　　30 000

　　贷:应收账款——丙公司　　30 000

20×2 年年末应提坏账准备=3 000 000×5%=150 000 元

但由于 20×2 年年末在计提坏账准备前,"坏账准备"账户为贷方余额 95 000 元,因此 20×2 年年末实际提取坏账准备 55 000(150 000−95 000)元,编制会计分录如下。

借:信用减值损失　　55 000

　　贷:坏账准备　　55 000

20×3 年收回上年已冲销的坏账 10 000 元,编制会计分录如下。

借:应收账款——丙公司　　10 000

　　贷:坏账准备　　10 000

借:银行存款　　10 000

　　贷:应收账款——丙公司　　10 000

20×3 年年末应提坏账准备=5 000 000×5%=250 000 元

20×3 年年末计提坏账准备前"坏账准备"账户有贷方余额 160 000 元,因此 20×3 年年末实际提取坏账准备=250 000−160 000=90 000 元,编制会计分录如下。

借:信用减值损失　　90 000

　　贷:坏账准备　　90 000

本章小结

货币资金与应收款项均为企业的金融资产。

货币资金是指直接以货币形态存在的资产,包括库存现金、银行存款和其他货币资金三项内容。货币资金的流动性很强,企业应重点加强对其的控制管理。

应收款项是指在活跃市场中没有报价、回收金额固定或可确定的非衍生金融资产。主要包括应收票据、应收账款、其他应收款等。企业的应收款项等资产经常存在减值迹象,应当在资产负债表日进行减值测试,计提坏账准备,在资产负债表中应扣除坏账准备后的账面价值列报应收款项的净额,而后将减值损失计入当期损益。

思考题

1. 货币资金包括哪些内容? 企业应怎样更加有效地加强货币资金的管理与控制?
2. 带有追索权与不带追索权的应收票据贴现,其账务处理有何区别?
3. 应收款项包括哪些内容?
4. 商业折扣和现金折扣有何区别? 两种折扣方式对会计处理以及税收有何影响?
5. 应收款项确认为坏账的条件有哪些?
6. 坏账损失核算的直接转销法和备抵法有何区别?

练习题

【练习题 1】 以银行汇票为例,练习其他货币资金的有关会计处理

20×2 年 3 月 1 日,甲航运公司申请办理银行汇票,向银行填送"银行汇票申请书",并交存款项 60 000 元,取得银行汇票。

3 月 5 日,甲航运公司通过银行汇票支付乙公司备品配件采购款 50 000 元。

3 月 31 日,甲航运公司收到银行退回多余款收账通知。

要求:编制相关会计分录

【练习题 2】 练习应收票据贴现及到期的会计处理

2 月 1 日,丙航运公司与乙公司签订固定航线运输合同,合同价为 500 000 元,2 月 6 日货物装船完毕离港。2 月 8 日收到乙公司开出的带息商业承兑汇票一张,年利率 5%,期限 6 个月,4 月 10 日到银行贴现,年贴现利率为 6%。票据到期时,付款单位无资金支付,贴现银行直接从该企业银行账户中将款项扣回。增值税税率为 9%。

要求:编制确认收入、收到商业汇票、票据贴现息和票据到期的会计分录。

【练习题 3】 练习应收账款坏账计提的会计处理

甲港口企业根据应收账款余额、预计坏账损失率 5%计提坏账准备,假设 20×0 年期初坏账准备账户无余额。

(1) 20×0 年年应收账款余额为 1 200 万元。

(2) 20×1 年发生坏账损失 65 万元,其中:乙单位 45 万元,丙企业 20 万元,当年期末应收账款余额为 1 400 万元。

(3) 20×2 年,已冲销的丙企业 20 万应收账款重新收回,当年期末应收账款余额为 1 500 万元。

要求:不考虑其他因素,请完成相关账务处理。

【练习题 4】 练习应收账款坏账计提的会计处理

甲船舶代理公司 20×0 年年末应收账款余额为 2 000 000 元，坏账准备率为 10%。20×1 年发生 A 公司的坏账损失 50 000 元，年末应收账款余额为 1 500 000 元，按 10%提取坏账准备。20×2 年，已冲销的 A 公司 50 000 元应收账款重新收回，期末应收账款余额为 1 300 000 元，按 10%提取坏账准备。

要求：不考虑其他因素，请完成相关账务处理。

第 3 章

存 货

学习目标

- 掌握水运企业存货的概念及特征
- 掌握水运企业存货的分类
- 掌握水运企业存货的核算规则
- 掌握水运企业存货的会计处理

3.1 存货概述

存货，是指企业在日常活动中持有以备出售的产成品或商品、处在生产过程中的在产品、在生产过程中或提供劳务过程中耗用的材料和物料等。水运企业的存货，是指企业在营运过程中所持有的，或者在营运过程中将被消耗的材料、燃料、备品配件和低值易耗品等物资。具体来说，水运企业的存货是指企业在营运过程中所持有的，或者在营运过程中将被消耗的材料、燃料等物资，包括库存及船存燃油、可转售集装箱、材料、润料、包装物、备品配件、低值易耗品、旅客库存伙食品及船舶小卖部库存商品等。

存货同时满足下列条件的，才能予以确认。

(1) 与该存货有关的经济利益很可能流入企业。

(2) 该存货的成本能够可靠地计量。

水运企业的存货可以分为以下四类。

(1) 材料，包括润料、油漆、化学品、垫隔及制冷材料和其他船用物料，消耗性物料与一般修理用备品配件以及附属工业的在产品、协作件、自制半成品、产成品等。

(2) 燃料，包括库存与船存燃油。

(3) 备品配件，包括船用备品配件如通讯导航器材、船舶修理用零部件和码头机械设施设备的修理用备件等。

(4) 低值易耗品，包括各种工具、管理用具、玻璃器皿以及在营运过程中周转使用的包装物、容器等。

(5) 旅客伙食品及商品，包括库存旅客伙食品及船舶小卖部库存商品。

部分中小航运企业采购后直接上船的材料、备品配件、低值易耗品直接记入“船舶固定费用”等船舶运输成本科目，不通过存货核算。

3.2 存货的核算

水运企业的存货，既有和一般工商企业相同性质的材料和低值易耗品，也有在收发、保管上与一般材料不同的燃料、备品配件、旅客库存伙食和船舶小卖部库存商品。可分别设置“材料”或“船用物料”“低值易耗品”“燃料”“备品配件”“旅客伙食品”“商品”等科目进行核算。

3.2.1 材料及低值易耗品的核算

水运企业的材料包括船用物料、油漆、化学品、修理用零配件、轮胎、钢丝绳、灯具等各种消耗性材料，低值易耗品包括各种工具、管理用具、玻璃器皿以及在营运过程中周转使用的包装物、容器等。

1. 取得材料及低值易耗品的核算

企业购入并已验收入库或供船的材料及低值易耗品，按实际成本，借记“材料”或“低值易耗品”科目，按可抵扣增值税额，借记“应交税费——应交增值税（进项税额）”科目，贷记“应付账款——暂估”（发票未达时）、“应付账款——供应商”、“应付票据”、“预付账款”、“银行存款”、“外币存款”等科目。

投资者投入的材料，按投资合同或协议约定的价值作为实际成本，借记“材料”科目，按可抵扣增值税额，借记“应交税费——应交增值税（进项税额）”，贷记“实收资本”（或“股本”）等科目。

企业通过债务重组取得的材料，应当按照受让的材料的公允价值加上应支付的相关税费，借记“材料”科目，按可抵扣增值税额，借记“应交税费——应交增值税（进项税额）”，按照重组债权已计提的减值准备，借记“坏账准备”科目，按照重组债权的账面余额，贷记“应收账款”等科目，按照应支付的相关税费，贷记“银行存款”“应交税费”等科目，按照借贷方的差额，借记“营业外支出”科目或贷记“营业外收入”科目。

非货币性资产交换取得的材料，按照非货币性资产交换的基本规范，分别是否具有商业性质的非货币性资产交换原则处理。

2. 发出材料及低值易耗品的核算

各船舶、各部门、工程项目、其他业务领用材料及低值易耗品，借记“船舶固定费用”“船舶共同费用”“管理费用”“在建工程”“其他业务成本”等科目（企业所属独立核算的供应公司、供应站可借记“应收账款”科目），贷记“材料”或“低值易耗品”科目。

企业对外销售材料，按规定需要开出增值税专用发票时，在按上述分录贷记本科目的同时，还应贷记“应交税费——应交增值税（销项税额）”科目。

发出材料的实际成本，应当采用先进先出法、加权平均法或者个别计价法计算确定。船用物料（包括金属管材、板材、木材、吊货钢丝绳、缆绳、各种工具、垫隔包装材料、消耗性材料等）均于领用时一次摊销，但应加强实物管理，严格防止走漏和毁损变质。

低值易耗品应在领用时摊销，摊销方法可以采用一次摊销法或五五摊销法。大多数水运企业的低值易耗品于领用时按一次摊销法摊销。

计价方法一经确定，不得随意变更。

3.2.2 燃料的核算

水运企业的燃料，主要包括航运企业船舶的轻柴油、重柴油、燃料油和低硫燃料油等。其储备与耗用和一般工商企业存货的核算有较大的不同。由于燃料成本占水运企业营运成本的比重比较大，燃料的采购、储备与耗用等比较复杂，水运企业一般单设燃料科目，通过“库存”和“船存”两个明细科目进行核算。

1. 取得燃料的核算

企业外购燃料时，按照采购时发生的实际成本入账，可抵扣增值税额不计入采购成本。如果船舶在外港添加燃料，必须事先经过企业主管部门核准，加装时应校正量具并现场监督，在核实品种、规格、数量后才予以签收。船舶加装的燃料，应登记入轮机日志，企业财务会计部门应按船舶设置船存燃料账，登记船存燃料分品种的数量和金额。

企业应逐笔核实船舶添装燃料数量，如发现供应方或代理方寄来账单与船舶轮机部航次报告数量不一致时，应查明原因进行处理。如果供应方或代理方寄来账单加油数量没有差错，应及时要求船舶更正；如果供应方或代理方寄来账单加油数量有差错，应把加油发票退还供应方或代理方，要求对方重新开送发票。

企业购入并已验收入库的燃料，借记“燃料——库存”；企业购入并已验收供船的燃料，借记“燃料——船存”。企业购入的燃料按可抵扣增值税额，借记“应交税费——应交增值税（进项税额）”科目，贷记“银行存款”“应付账款”“应付票据”“预付账款”“银行存款”等科目，采用计划成本法核算的企业，还应同时计算燃料成本差异。借记或贷记“物资采购——燃料”科目，贷记或借记“燃料——成本差异”科目。

运输船舶在国内外港或境外加油账单未达时，企业财务部门应根据送达航次耗油报告记载的加油数量和业务部门提供的加油单价计算加油金额，借记“燃料——船存燃料”，贷记“应付账款——应付燃油款暂估”科目，待供应方或代理方提供附船舶签收单的账单后，借记“应付账款——应付燃油款暂估”，按可抵扣增值税额，借记“应交税费——应交增值税（进项税额）”科目，贷记“银行存款”“应付账款”“应付票据”“预付账款”“银行存款”等科目，采用计划成本法核算的企业，还应同时计算燃料成本差异。借记或贷记“物资采购——燃料”科目，贷记或借记“燃料——成本差异”科目。

2. 燃料耗用的核算

航运企业营运业务过程中所耗用的燃料，是指船舶在航行、装卸、停泊等时间内耗用的全部燃料费用。每一航次结束，船舶应实地盘点（测量）船存燃料数量，并参照轮机日志，计算填制航次耗油报告，分品种，填明上期结存、本期补给、本期消耗、本期结存的燃料数量及航行里程，经船舶技术（机务）部门审核后转财务会计部门，财务会计部门据以核实船存燃料数量，并按本期消耗数量列入有关航次成本。

耗用和结存燃料的价格，可分品种采用“移动加权平均法”计算。

对船舶轮机部航次耗油报告填报的消耗数量与定额相差过大，或消耗量和航行里程不匹配时，企业技术部门与财务部门应会同查明原因处理。

其他业务和管理等部门领用燃料时，计入其他业务成本和管理费用处理。

企业接收船舶、船舶入厂（坞）修理竣工以及移交船舶，船存燃料都应认真盘存，对外交接者，应经交接双方就燃料品种、存量会同签证。

运输船舶领用库存燃料，根据船舶签收的凭证，根据移动加权平均法确定的价格，借记“燃料——船存”，贷记“燃料——库存”。

船舶耗用燃料时，根据船舶航次耗油报告审核无误后，借记“运输成本——燃料”科目，贷记“燃料——船存”科目。如航次耗油报告的加油数、结存数与账存数不符，应查明原因作相应处理。

其他业务和管理等部门领用燃料时，借记“其他业务成本”、“管理费用”等科目，贷记“燃料——库存”科目。

船存燃料的盘亏（盘盈），应列入“运输支出——燃料”科目；由于自然灾害等非常损失所造成的燃料盘亏或毁损，计入当期的营业外支出。

为避免影响船舶正常运营，船存燃料中结存的油渣和油水混合废料应定期清理，船舶抵港后由业务部门定期安排船舶退废油计划，由指定的费油处理部门上船抽取废油，船舶轮机部协助清退的废油经环保处理后有使用价值，船公司获得的废油处理收入借记“银行存款”科目，贷记“营业外收入”科目，对船舶轮机部有奖励的，借记“船员费用——船员劳务费”科目，贷记“银行存款”或“船舶备用金”科目。

【例 3-1】 20×1 年 2 月，“希望号”轮在上海－神户之间进行班轮客货运输，发生的燃油相关业务如下。

（1）20×1 年 2 月 1 日“希望号”轮在日本申请加低硫柴油 40 吨，实际加油 39.858 吨，采购单价 598 美元/吨，供应商的燃油账单预计在 3 月初送达，预计 3 月底付款。公司按月初汇率，1 美元＝6.4 元人民币进行会计处理。

购入低硫柴油的会计处理。

低硫柴油：39.858 吨×598 美元/吨＝23 835.08 美元，折合人民币 152 544.51 元

借：燃料——船存（低硫柴油）　　　　152 544.51

　　贷：应付账款——应付燃油款暂估　　　　152 544.51

（2）20×1 年 2 月 22 日在日本神户港申请加燃料油 300 吨，实际加油 299.881 吨，购

油单价455美元/吨；供应商的燃油账单预计在3月初送达，预计3月底付款。

购入燃料油的会计处理。

燃料油：299.881吨×455美元/吨＝136 445.86美元，折合人民币873 253.50元

借：燃料——船存（燃料油）　　　　　　　873 253.50

　贷：应付账款——应付燃油款暂估　　　　　　　873 253.50

（3）该轮2月份完成上海－神户之间4个航次班轮客货运输，月末根据公司收到的该轮4个航次的油料存耗报告计算，该轮2月份已完航次发生燃料油消耗262.752吨、低硫柴油消耗66.234吨。该轮1月31日燃料油库存263吨，记账原币107 879.95美元；低硫柴油库存64.28吨，记账原币36 232.00美元。公司按照移动加权平均法计算发出燃油的成本。

表3-1　“希望号”轮20×1年1月和2月燃油购销存明细表

油种	采购日期	采购数量（吨）	采购单价（美元/吨）	采购金额（美元）	月消耗量（吨）	消耗油价（美元/吨）	消耗金额（美元）	结存数量（吨）	结存油价（美元/吨）	结存金额（美元）
燃油料	期初数							473.303	379.88	179 797.14
燃油料	20×1.1.18	360.386	450.00	162 173.70	570.689	410.19	234 090.89	263.000	410.19	107 879.95
燃油料	20×1.2.22	299.881	455.00	136 445.86	262.752	434.06	114 050.92	300.129	434.06	130 274.89
低硫柴油	期初数						—	86.100	534.66	46 034.66
低硫柴油	20×1.1.18	79.652	595.00	47 392.94	101.472	563.66	57 195.60	64.280	563.66	36 232.00
低硫柴油	20×1.2.1	39.858	598.00	23 835.08	66.234	576.80	38 203.95	37.904	576.80	21 863.13

① 核算消耗及月末库存单价，假设1月的汇率为1美元＝6.4元人民币

燃料油消耗及月末库存单价＝

＝（上期结存金额＋本期加油金额）/（上期结存数量＋本期加油数量）

＝（107 879.95×6.4＋136 445.86×6.4）/（263.000＋299.881）

＝（244 325.81/562.881）×6.4

＝434.06美元/吨×6.4元人民币/美元＝2 777.98元/吨

燃料油消耗及月末库存单价＝

＝（上期结存金额＋本期加油金额）/（上期结存数量＋本期加油数量）

＝（36 232.00×6.4＋23 835.08×6.4）/（64.28＋39.858）

＝（60 067.08/104.138）×6.4

＝576.80美元/吨×6.4元人民币/美元＝3 691.52元/吨

② 核算当月耗费

燃料油消耗金额＝262.752 吨×2 777.98 元／吨＝729 919.80 元

低硫柴油消耗金额＝66.234 吨×3 691.52 元／吨＝244 504.14 元

③ 燃料耗费会计处理

借：运输成本——××航次(燃料)　　729 919.80

　贷：燃料——船存(燃料油)　　729 919.80

借：运输成本——××航次(燃料)　　244 504.14

　贷：燃料——船存(低硫柴油)　　244 504.14

(4) 20×1 年 3 月 5 日收到供应商燃油账单后进行核对，与暂估应付账款无差异，确认记账，编制 3 月份外币应付款凭证，3 月 1 日汇率为 1 美元＝6.42 元人民币汇率。

3 月 5 日，应付美元合计＝136 445.86＋23 835.08＝160 280.94 美元

折合人民币 1 029 003.63 元

借：应付账款——应付燃油款暂估　　152 544.51

　应付账款——应付燃油款暂估　　873 253.50

　贷：应付账款——供应商　　1 029 003.63

　　财务费用——汇兑损益　　3 205.62

(记账本位币为实际汇率差数)

(5) 20×1 年 3 月 24 日支付燃油款，编制外币付款凭证，按月度记账汇率自动折算人民币。

会计处理如下。

借：应付账款——供应商　　1 029 003.63

　贷：银行存款　　1 029 003.63

企业需要编制燃油购销存明细表辅助台账如表 3-1 所示，记录该轮年度燃油购销存的吨数，与账簿核对每期期末库存的金额，分析年度燃油购销存单价的变动结果，与国际油价市场的燃油价格做近似性比对，做好财务内控工作。

3.2.3 备品配件的核算

备品配件指企业库存及直接供船的船用备品配件，包括通讯导航器材、船舶修理用零部件等，考虑其价值较高或种类较多、领用周期较长，可以单独设立“备品配件”科目，按照船用备品配件的类别、品种、规格设置明细账，进行明细核算。

部分中小水运企业采购后直接上船的备品配件，直接记入“船舶固定费用”等船舶运输成本科目，不通过“备品配件”科目核算。

非船用的各项机器的零星备品、配件，在“材料”科目核算，不通过“备品配件”科目核算。

1. 备品配件采购的核算

企业外购备品配件入库或船舶直接接收备品配件时，按照采购时发生的实际成本入账，可抵扣增值税额不计入采购成本。船舶按需添加船舶备品配件前，事先向公司机务部门提出申请，经批准后接收供应商供船的各类备品配件，在核实品种、规格、数量后予以签收。企业外购备品配件入库或船舶接收的备品配件，应登记入船舶备件信息系统或编制新增备品配件清单、分类堆放，企业财务会计部门应按船舶设置船存备品配件备查账，登记船存备品配件的品种、数量和金额。

企业购入并已验收入库的备品配件，借记“备品配件——库存”；企业购入并已验收供船的备品配件，借记“备品配件——船存”。按可抵扣增值税额，借记“应交税费——应交增值税（进项税额）”科目，贷记“银行存款”“应付账款”“应付票据”“预付账款”“银行存款”等科目。

企业购入备品配件入库或船舶接收备品配件后账单未达时，企业财务部门应根据业务部门提供的订单计算金额，借记“备品配件——库存”或“备品配件——船存”科目，贷记“应付账款——应付备件款暂估”科目，待收到供应商附签收单的发票后，借记“应付账款——应付备件款暂估”，按可抵扣增值税额，借记“应交税费——应交增值税（进项税额）”科目，贷记“银行存款”“应付账款”“应付票据”“预付账款”“银行存款”等科目。

2. 备品配件耗用的核算

航运企业营运业务过程中所耗用的备品配件，是指船舶在自修或航修期间领用库存或船存备品配件。每次领用后应及时在船舶备件信息系统中进行登记或编制备品配件出库单，分品种、数量进行记载。航次结束后，财务会计部门根据经船舶技术（机务）部门审核后的船舶备件信息系统出库数据或备品配件出库清单，并按本期消耗数量列入有关航次成本。

备品配件的耗用和结存的价格，可分品种采用“个别计价”或“移动加权平均法”计算。

运输船舶领用库存备品配件，根据船舶签收的凭证，按照移动加权平均法确定的价格，借记“备品配件——船存”，贷记“备品配件——库存”。

船舶耗用在船备品配件时，借记“船舶固定费用”科目，贷记“备品配件——船存”科目。

清查盘点后发现盘盈、盘损/毁损的备品配件，应按实际成本（或估计成本）先列入“待处理财产损溢”科目，查明原因后比照“材料”科目的有关规定处理。

船舶退下或修船拆下的备品配件，一般不作价入账，另设备查簿登记。委托船厂保管的，应取得保管单后在备查簿登记。调给他船使用时，在备查簿上注销。如作价处理时，借记“应收账款”“银行存款”“外币存款”等科目，贷记“船舶固定费用——修理费”

科目。

船舶修理后替换下来的旧备件经船舶轮机部人员自行修理后达到可使用状态的，经过验收合格可再次使用，由船舶按月编制废旧备件再利用清单，经船舶技术（机务）部门审核后在船舶备件信息系统或清单登记再入库，入库金额为零，财务会计部门不再进行记账处理，备品配件的数量增加后按移动加权平均法计算的单位成本减少。对船舶轮机部有奖励的，借记“船员费用——船员劳务费”科目，贷记“银行存款”或“船舶备用金”科目。

【例 3-2】 “希望号”轮 20×1 年 5 月 10 日因工作需要，向公司提出铁舱盖及封舱盖构件等 12 项备品配件的采购申请，业务部门审核后，经询价、比价，同意本次向合规供应商库内的丙公司采购 11 项计 48 件备品配件。

(1) 5 月 20 日备品配件已供船签收并由船舶登记入库，将数量录入船舶备品配件管理系统。合同金额为 29 300 元，其中备品配件费含税金额为 28 500 元，运输费含税金额 800 元，该客户付款信用期为 60 天。（备品配件增值税税率为 13%，运输费税率为 6%）

备品配件增值税进项税额：28 500/(1+13%)×13%=3 278.76 元

运输费增值税进项税税额：800/(1+6%)×6%=45.28 元

存货金额=29 300-3 278.76-45.28=25 975.96 元

增值税进项税额=3 278.76+45.28 =3 324.04 元

备品配件入库的会计处理如下。

借：备品配件——船存(希望号)　　　　25 975.96

　贷：应付账款——应付备件款暂估　　　　25 975.96

(2) 5 月 25 日物料发票及清单和船舶签收送达公司，业务部门公司核对系统中本次供船的备品配件数量并录入单项小计金额，然后出具付款通知单。5 月 26 日将发票交由财务部安排付款，该客户付款信用期为 60 天。

5 月 25 日会计处理如下。

借：应付账款——应付备件款暂估　　　　25 975.96

　应交税费——应交增值税(进项税额)　　　　3 324.04

　贷：应付账款——丙公司　　　　29 300

(3) 5 月 30 日，船舶备品配件管理系统显示：本月“希望号”轮共登记船舶出库领用备品配件共 87 种计 369 件，系统设置的成本计算规则：同项同型号的备品配件按移动加权平均法核算。业务部门审核后确认该轮 5 月份备品配件存货的出库数量，并通知财务部结算。系统导出 5 月份“希望号”轮备品配件存货消耗明细计算表，合计金额 186 865.34 元。

5 月 30 日结转月度耗费会计处理如下。

借：船舶固定费用——备品配件费(希望号)　　　　186 865.34

　贷：备品配件——船存(希望号)　　　　186 865.34

(4) 根据付款信用期，在 7 月 19 日之前按时支付供应商货款。

支付备品配件购货款的会计处理如下。

借：应付账款——丙公司　　　　　　　　　　29 300

　　贷：银行存款——人民币存款　　　　　　　　　29 300

3.2.4　库存旅客伙食及船舶小卖部库存商品的核算

"旅客伙食品""商品"科目核算水运客运企业在船库存的旅客食材及向旅客销售的各类商品，包括蔬菜、肉制品、水产品、水果、饮品、调味品以及烟酒饮料、食品、书籍、音像制品等各类商品的实际成本。

1. 旅客伙食品及商品采购的核算

船舶购入并已验收入库的旅客伙食及商品，货款由船舶备用金支出，并编制船舶备用金支出日记账，期末向企业财务会计部门报账。企业财务会计部门按实际成本，借记"旅客伙食品""商品"科目，按可抵扣增值税额，借记"应交税费——应交增值税（进项税额）"科目，贷记"船舶备用金"科目。

2. 旅客伙食品及商品耗用的核算

船舶消耗旅客伙食及销售商品的实际成本，采用移动加权平均法计算确定。船舶需编制旅客伙食核算日报及旅客商品核算日报，期末汇总后向企业财务会计部门报账，企业财务会计部门按实际消耗的库存伙食和销售的商品，借记"其他业务成本——旅客伙食""其他业务成本——商品"科目，贷记"旅客伙食品""商品"科目。

船舶期末应编制库存旅客伙食及库存商品清单，注明库存数量和进货日期，企业财务会计部门需仔细复核，发现有三个月以上的库存旅客伙食及库存商品时，应提醒船舶尽快消耗或经批准后削价处理，以免伙食或商品过期造成公司的损失。

3.3　存货的期末计量

3.3.1　存货清查盘点的核算

企业的各种存货，应当定期清查盘点，每年至少盘点一次。船舶燃油库存的实地盘点（测量），须通过铅锤测量油仓存油的液面高度计算存量油的容积，再调整船头船尾以及左舷右舷的吃水差后计算存油吨数。

企业应设置"待处理财产损溢"账户，用于核算各种财产物资盘盈、盘亏和毁损的价值。

对于发生的存货盘盈、盘亏和毁损，应调整有关财产物资的账面记录，同时，记入“待处理财产损溢”账户；盘盈、盘亏和毁损在报经批准处理后，应于期末结账前计入当期损益，从“待处理财产损溢”账户结转至有关账户。

盘盈或盘亏的存货，如在期末结账前尚未经批准的，在对外提供财务会计报告时先按上述规定进行处理，并在会计报表附注中作出说明；如果其后批准处理的金额与已处理的金额不一致，应按其差额调整会计报表相关项目的年初数。

1. 存货盘盈

存货发生盘盈，一般是由于收发计量或记录上的差错等原因造成的。盘盈的存货，应按其重置成本作为入账价值，借记有关存货账户，贷记“待处理财产损溢”账户。按程序转销存货盘盈价值时，借记“待处理财产损溢”账户，贷记“管理费用”账户。船存润料的盘盈，应贷记“船舶固定费用——润料”账户。

重大的存货盘盈应作为前期会计差错处理，记入“以前年度利润调整”账户。

2. 存货盘亏和毁损

存货发生盘亏和毁损，按其原因可以分为经营性损失(如由于自然损耗、计量差错或管理不善等原因造成的损失)和非常损失(如由于自然灾害或意外事故等造成的损失)。盘亏和毁损的存货，应按其实际成本或计划成本，借记“待处理财产损溢”账户，贷记有关存货账户。若存货是按计划成本计价的，还应同时结转分摊的成本差异；存货盘亏和毁损造成的净损失按程序转销时，计入当期损益，借记“管理费用”账户，船存润料的盘亏，应借记“船舶固定费用——润料”账户，贷记“待处理财产损溢”账户。

存货发生非正常损失，在减去过失人赔款之后，计入营业外支出。有关增值税进项税额按税收法规规定不得抵扣销项税额的，应随同存货的成本记入“待处理财产损溢”账户一并处理。

案例：××××轮备品配件、物料的盘点报告

公司安技部、财务部组成的联合检查小组于20×1年6月15日对停泊在青岛港的“××轮”进行船存备品配件和物料进行抽查盘点，现做如下汇报。

(1) 备品配件的抽盘

该轮至6月14日止，公司SMIS船舶备品配件管理系统中记载船存备品配件共3 702种计12 110件，本次备件抽查了2/E M103主机排气阀仓库、2/E M127主机油头仓库，抽查采用重点抽查的方式。其中，

重点抽查了2/E M103主机排气阀仓库93种备件中的16种，实际库存数量和SMIS系统库存数量相符；重点抽查了2/E M127主机油头仓库46种备件中的4种，库存数量

相符。

(2) 物料的抽盘

该轮至 6 月 14 日止，公司 SMIS 船舶备品配件管理系统中记载船存物料共 2 574 种计 8 975 件，本次物料抽查了艏水手长仓库、NO. 9 储藏室(三副)仓库、NO. 4 柜仓库，抽查采用重点抽查和全部抽查的方式。其中，

重点抽查了艏水手长仓库 44 种物料中的 11 种，库存数量相符；重点抽查了 NO. 9 储藏室(三副)仓库 141 种物料中的 10 种，库存数量相符；

全面抽查了 NO. 4 柜仓库所有的 26 种物料，发现问题如下，

在 SMIS 系统的库存为 21 种物料，但是该轮在 6 月 14 日已经对 NO. 4 柜仓库进行了盘点，并将盘点种类和数量表打印张贴在 NO. 4 柜的柜面，十分清晰，盘点物料种类为 19 种，数量不符的原因为领用后未及时录入船舶版的系统进行更新；

在实盘的 19 种物料中，固化剂一瓶已经打开并使用了一半。

(3) 抽盘结果及处理建议

该轮船存备品配件和物料管理情况总体良好，但船舶在盘点后应及时将更新数据录入系统，另外船舶在盘点时应仔细认真，若存在使用了一半物料的情况，可以在库存中显示数量为 0.5。

经船舶补录、安技部核批后，财务部 6 月份将已经消耗的两种物料和使用一半的物料做费用化处理，借记“船舶固定费用”，贷记“船用物料”科目。

3.3.2　存货期末计价

资产负债表日，存货应当按照成本与可变现净值孰低计量，按照单个存货/存货类别存货成本高于其可变现净值的差额计提存货跌价准备，计入当期资产减值损失。

可变现净值，是指在日常活动中，存货的估计售价减去至完工时估计将要发生的成本、估计的销售费用以及相关税费后的金额。

企业确定存货的可变现净值，应当以取得的确凿证据为基础，并且考虑持有存货的目的、资产负债表日后事项的影响等因素；

为运输而持有的燃、材料等，用其提供的运输业务所取得的可变现净值高于成本的，该燃、材料仍然应当按照成本计量；燃、材料价格的下降表明提供的运输业务的可变现净值低于成本的，该燃、材料应当按照可变现净值计量。

为执行运输合同或者销售合同而持有的存货，其可变现净值应当以合同价格为基础计算。

企业持有存货的数量多于运输合同预计耗用量或销售合同订购数量的，超出部分的存货的可变现净值应当以一般销售价格为基础计算。

当存在下列情况之一时，应当计提存货跌价准备。

(1) 该存货的市场价格持续下跌,并且在可预见的未来无回升的希望;

(2) 因更新换代等原因,原有备品配件等已不适应需要,而该备品配件等的市场价格又低于其账面成本;

(3) 其他足以证明该项存货实质上已经发生减值的情形。

当存在以下一项或若干项情况时,表明存货的可变现净值为零,应当将存货账面价值全部转入当期损益。

(1) 已霉烂变质的存货;

(2) 已过期且无转让价值的存货;

(3) 运输业务或其他业务已不再需要,并且已无使用价值和转让价值的存货;

(4) 其他足以证明已无使用价值和转让价值的存货。

企业通常应当按照单个存货项目计提存货跌价准备。

对于数量繁多、单价较低的存货,可以按照存货类别计提存货跌价准备。

资产负债表日,企业应当确定存货的可变现净值。以前减记存货价值的影响因素已经消失的,减记的金额应当予以恢复,并在原已计提的存货跌价准备金额内转回,转回的金额计入当期损益。同一项存货中一部分有合同价格约定、其他部分不存在合同价格的,分别确定其可变现净值,并与其对应的成本进行比较,分别确定存货跌价准备的计提或转回的金额。

【例 3-3】 20×1 年末,甲公司对船存燃料价值进行核算。"希望号"从事固定线路的班轮客货运输,船存燃料油 358 吨,账面价值为 150 360 元,低硫柴油船存 32 吨,账面价值为 19 520 元。船存的燃料与和低硫柴油大概可供 8 趟运输,8 趟运输合同收入为 500 000 元。8 趟运输仍需发生其他成本费用支出 350 000 元。

另外,燃料市场时价为,燃料油单价 380 元/吨,低硫柴油价格为 556 元/吨。

由于"希望号"船存燃料是用于履行班轮运输合同,根据合同:

船存燃料油、低硫柴油可变现净值共计=500 000-350 000=150 000(元)

燃料油的变现净值=150 000/(150 360+19 520)×150 360=132 764.30(元)

燃料油的跌价准备=150 360-132 764.30=17 595.70(元)

低硫柴油的变现净值=150 000/(150 360+19 520)×19 520=17 235.70(元)

低硫柴油的跌价准备=19 520-17 235.70=2 284.30(元)

会计账务处理如下。

借:资产减值损失　　　　19 880

　　贷:存货跌价准备——燃料油(希望号)　　　　17 595.70

　　　　　　　　　——低硫柴油(希望号)　　　　2 284.30

水运企业的存货中,燃油周转速度快,备品配件是船舶按规定用途备用,通常发生减值的情况不多。

本章小结

水运企业的存货，是指企业在营运过程中所持有的，或者在营运过程中将被消耗的材料、燃料、备品配件和低值易耗品等物资。水运企业的存货包括库存及船存燃油、可转售集装箱、材料、润料、包装物、备品配件、低值易耗品、旅客库存伙食品及船舶小卖部库存商品等。

存货同时满足下列条件的，才能予以确认，(1)与该存货有关的经济利益很可能流入企业。(2)该存货的成本能够可靠地计量。

材料，包括船用物料、油漆、化学品、修理用零配件、轮胎、钢丝绳、灯具等各种消耗性材料。材料取得时，一般按实际成本入账，领用耗费时，可按先进先出法、加权平均法或者个别计价法确认相关成本费用类科目。

低值易耗品，包括各种工具、管理用具、玻璃器皿以及在营运过程中周转使用的包装物、容器等。低值易耗品取得时，一般按实际成本或公允价值入账，企业可以选用一次摊销法或五五摊销法进行后续账务处理。

燃料，主要包括航运企业船舶的轻柴油、重柴油、燃料油和低硫燃料油等。燃料需按经批准的采购计划进行采购，在取得时，按实际成本或计划成本入账。未收到对账单时，按暂估款确认应付账项，待账单抵达时，确认支付义务。燃料的核算，需根据燃料储存位置，确认船存、库存的明细。在燃料领用耗费时，可以按先进先出、加权平均法等确认相关成本费用。

备品配件，指企业库存及直接供船的船用备品配件，包括通讯导航器材、船舶修理用零部件等。备品配件需按经批准的采购计划进行采购，在取得时，按实际成本或计划成本入账。未收到对账单时，按暂估款确认应付账项，待账单抵达时，确认支付义务。备品配件的核算，需根据燃料储存位置，确认船存、库存的明细。在备品配件领用耗费时，可以按先进先出、个别计价法、加权平均法等确认相关成本费用。

旅客伙食品、商品等，取得时按实际成本入账，领用时，可按先进先出法、加权平均法或者个别计价法确认相关成本费用类科目。

期末，须对存货进行盘点，确认各种财产物资盘盈、盘亏和毁损的价值，并查明原因，明确责任对象，计入确认相关损益。资产负债表日，须对存货按照成本与可变现净值孰低计量，按照单个存货/存货类别存货成本高于其可变现净值的差额计提存货跌价准备，计入当期资产减值损失。

思考题

1. 存货确认的条件是什么？
2. 水运企业的存货核算的范围有哪些？其主要特征是什么？包括哪些内容？

3. 如何对水运企业的存货进行确认和计量？

4. 船舶航行途中的采购如何进行会计处理？

5. 何为存货可变现净值？应如何确定？

6. 为何要对存货计提减值准备？如何计提？

练习题

【练习题1】 练习备品配件的核算

甲运输公司采用实际成本法核算船用备品配件，增值税税率为13%，当期发生的有关船用备品配件的业务如下。

(1) 2日，企业外购备品配件直接入库一批通讯导航器材，价值20 000元；入库一批船舶修理用零部件，价值15 000元，款项暂未支付；

(2) 5日，供应方将附船舶签收单的账单交于企业，款项下月支付；

(3) 6日，船舶出港，领用一批备件，价值20 000元；

(4) 月末，当月共耗用船舶库存备品配件30 000元；

(5) 月末，当月拆卸的废旧备品配件，部分修理后，验收合格可再次使用，预计价值1 000元；剩余部分作价350元处理，以银行存款形式收回。

要求：编制相关会计分录。

【练习题2】 练习燃料的核算

甲运输公司采用实际成本法核算燃料，当期发生的有关燃料的业务如下。

(1) 购买燃料，采购价款为1 000 000元，增值税款130 000元，款项尚未支付；同时发生运费10 000元，以银行存款支付，已验收入库。

(2) 另有运输船舶在外港加油10 000元，增值税款1 300元，以银行转账支付，获得增值税发票。

(3) 船舶出港作业，领用库存燃料50 000元，出港前船存燃料10 000元，航次完成时，船存燃料结存8 500元。

(4) 月末，对船存燃料进行盘存，盘亏船存燃料合计价值3 000元，经查后发现，是由于船舶发动机缺乏保养，漏油所致，查明责任人罚款1 000元，罚款暂未收到。

(5) 期末废油处理收入500元。

要求：编制相关会计分录。

【练习题3】 练习存货跌价准备的核算

甲运输公司采用单项计提存货跌价准备，存货相关资料如下：

(1) 20×0年年末，有一批库存船员制服A，账面价值为50万元，未计提存货跌价准备。由于公司制式服装调整，库存A制式服装已不再使用，预计市场售价10万元，另需支付相关税费5 000元。

(2) 20×0 年年末，有一批库存零配件 B，账面价值 10 万元，是某导航船只的专属零配件，由于技术更新换代，该批零配件已不再适用，预计市场售价 3 万元。尚未计提存货跌价准备。

(3) 20×1 年 1 月，将船员制服 A 出售，不含税售价 8 万元，增值税费 1.04 万元。

(4) 20×1 年 2 月，将零配件 B 出售，不含税售价 4 万元，增值税费 0.52 万元。

要求：编制相关会计分录。

第 4 章

固定资产和投资性房地产

学习目标

- 掌握水运企业固定资产性质与特征
- 掌握水运企业固定资产初始计量方法
- 掌握水运企业固定资产折旧、后续支出和处置的会计处理方法
- 掌握水运企业固定资产减值的会计处理方法
- 了解水运企业投资性房地产的会计核算方法

4.1 水运企业固定资产概述

4.1.1 水运企业固定资产的性质及特征

固定资产，是指同时具有下列特征的有形资产，(1)为生产商品、提供劳务、出租或经营管理而持有的；(2)使用寿命超过一个会计年度。

固定资产具有以下特征。

第一，固定资产是为生产商品、提供劳务、出租或经营管理而持有。指企业持有的固定资产是企业的劳动工具或手段。

第二，固定资产使用寿命超过一个会计年度。固定资产的使用寿命，是指企业使用固定资产的预计期间，或者该固定资产所能生产产品或提供劳务的数量。

第三，固定资产为有形资产。固定资产具有实物特征，这一特征将固定资产与无形资产区别开来。对于构成固定资产的各组成部分，如果各自具有不同使用寿命或者以不同方式为企业提供经济利益，适用不同折旧率或折旧方法的，各组成部分实际上是以独立的方式为企业提供经济利益，因此，企业应当分别将各组成部分确认为单项固定资产。

水运企业的固定资产包括直接参加水上运输活动及水上运输辅助活动等营运生产过程的各类运输船舶和辅助船舶、集装箱、港务设施、库场设施、运输车辆、装卸设备，在营运生产过程中起辅助作用的通讯导航设施设备和维修用机器设备，作为营运生产过程的必要条件而存在的房屋及其他建筑物，以及作为企业管理职能部门使用的办公设

备等。

固定资产是水运企业进行水运生产经营活动的物质技术基础,具有较长的使用期限的明显特征。船舶、集装箱、港务设施、库场设施等固定资产具有较长使用期限,能在较长年限内参加生产经营过程但不改变其实物形态,其价值随着磨损以折旧方式逐步计入成本、转移到水运产品的价值中去,并通过水运收入的实现回收,直到固定资产报废时,用回收的资金再进行购置,在实物形态上进行更新。

4.1.2　水运企业固定资产核算的任务

水运企业主要通过码头泊位、装卸机械与船舶等水运设施或工具实现被运送对象的位置转移,不必像其他行业那样为劳动对象垫支资金,固定资产占全部生产经营资产的比重远高于其他行业,固定资产的会计核算对企业资产与收益的计量具有举足轻重的影响。固定资产不仅是水运企业进行生产经营活动必不可少的物质条件,同时它还标志着企业的生产能力和技术水平。正确进行固定资产的核算和加强固定资产的管理,对于提高运输工具与设施设备的利用率,有效地进行基本建设投资,妥善地进行固定资产的维修和保养,提高固定资产的使用效率都具有十分重要的意义。

水运企业固定资产核算的任务主要有以下几个方面。

(1) 如实反映企业固定资产的增减变动情况,对固定资产的增加、减少、使用、保管,以及清理报废等情况进行严格的监督,保证固定资产的安全和完整,充分发挥固定资产的使用效能;

(2) 正确计算固定资产折旧,反映和监督固定资产折旧的计提情况,保证固定资产更新改造的及时进行;

(3) 正确核算固定资产的更新改造支出,反映和监督固定资产修理等更新改造计划的执行情况,促进固定资产的维护修理工作,保证其良好的使用状态和正常的使用年限。

为了完成上述任务,水运企业就要适应固定资产的性质和管理要求,建立和健全固定资产收发保管的责任制度,明确使用和保管的经济责任,并在此基础上有效地组织固定资产的核算工作,包括对企业的固定资产进行合理的分类和计价,正确地组织固定资产各项经济业务有关凭证的填制、传递和审核工作,健全固定资产的账簿记录,合理地组织固定资产增加、减少、折旧、后续支出、报废清理等业务的总分类核算和明细分类核算,并且按期对固定资产进行清查等等。

4.1.3　水运企业固定资产的确认标准

水运企业会计核算的固定资产,应按照《企业会计准则》的规定,同时满足下列条件的,才能予以确认。

(1) 该固定资产包含的经济利益很可能流入企业;

(2) 该固定资产的成本能够可靠计量。

同时，在对固定资产进行确认时，水运企业应当根据资产的不同情形，具体分析判断其是否符合确认条件。

第一，固定资产的各组成部分，如果各自具有不同的使用寿命或者以不同的方式为企业提供经济利益，必须使用不同的折旧率或折旧方法，应单独确认为固定资产核算。比如水运企业的大型海运船舶、成套装卸机械以及库场设施，都属于由不同功能的独立部件系统构成的大型固定资产，如果独立部件各自具有不同的使用寿命或以不同的方式为企业提供经济利益，从而适用不同的折旧率或折旧方法，应当单独确认为固定资产。

第二，根据实际资产特性，如各组件专业性或属性很强，整体资产的经济效益必须通过各组成部分的有效结合与运用才能得到发挥，且有关的组成部分在脱离整体资产后，无法发挥其效用或服务于其他资产配合以发挥其他功能的，在实际管理中可将其整体确认为单项固定资产。

第三，企业所持有的工具、用具、备品配件、维修设备等资产等（包括无法单独使用的大额备品配件），比如列入船舶目录但不增加运输能力、属于船舶的零星设备，尽管该类资产具有固定资产的某些特征，如使用期限超过一年，也能够带来经济利益，但由于数量多、单价低，考虑到成本效益原则，在实务中，通常确认为存货。

此外，在确定一项包含无形和有形要素的资产是属于固定资产，还是属于无形资产时，通常以哪个要素更重要作为判断的依据。例如，计算机控制的机械工具没有特定计算机软件不能运行时，因该软件是构成相关硬件不可缺少的组成部分，应作为固定资产处理；如果计算机软件不是相关硬件不可缺少的组成部分，则该软件应作为无形资产核算。

对于不能直接为企业带来经济利益，但是有助于企业从相关资产获得经济利益，或者将减少企业未来经济利益流出的资产，如购置的环保设备和安全设备，应确认为固定资产。

4.1.4 水运企业固定资产的分类

水运企业固定资产的种类、规格、用途多种多样，为了规范水运企业固定资产的核算，提高固定资产信息的质量，企业应当根据《企业会计准则》的规定以及企业的生产经营用固定资产类别及其主要内容等具体情况，制定适合于本企业的固定资产分类目录、每类或单项固定资产的折旧年限、折旧方法，作为进行固定资产核算的依据，水运企业生产经营用固定资产类别见表4-1所示。

表4-1 水运企业生产经营用固定资产类别

类　别	固定资产名称
港务设施	码头、趸船、栈桥、浮筒、防波堤、港池、锚地、航标、灯塔、信号台、船闸、航道、驳岸、港区道路、铁路专用线、围墙、给水（或风、动力）的管道、桥梁、涵洞、水塔、输电线路、其他港务设施

续表

类　别	固定资产名称
库场设施	仓库、堆场、升降设备、其他库场设施
装卸机械设备	桥吊、门吊、轮胎吊、履带吊、塔吊、浮吊、叉车、单斗车、推土机、推扒机、推取料机、装船机、卸船机、输油臂、其他装卸机械设备
运输船舶	客船、散装船、杂货船、木材船、集装箱船、滚装船、冷藏船、多用途船、子母船、原油船、成品油船、液化汽船、散装化学品船、拖轮、驳船、其他运输船
辅助船舶	港作拖轮、港作驳船、供应船、航修船、消防船、引水船、救助船、污油污水处理船、交通船、其他辅助船舶
运输车辆	货运卡车、集装箱拖车、集装箱底盘车、铁路机车、保温车、其他运输车辆
辅助车辆	轿车、面包车、大巴及客车、吉普车、警车、槽罐车、医护车、摩托车、其他辅助车辆
集装箱	干货箱、冷藏箱、油罐箱、开顶箱、框架箱、开边箱、其他集装箱
通讯导航设备	传真机、电传机、高频电话、移动电话、电话交换机、卫通设备、雷达、其他通导设备
辅助机器设备	车床、刨床、冲床、铣床、剪床、滚齿床、发电机、空压机、空调机、排污设备、消防设备、其他辅助机器设备
办公设备	计算机及附属设备、影印机、打印机、扩音机、录音机、摄像机、照相机、编辑机、电影机、其他办公设备
房屋及建筑物	生产房屋、办公房屋、地坪、船排、船坞、装卸平台、其他建筑物

此外，为加强企业固定资产的管理，也可以按照不同的分类标准对固定资产进行其他类别的划分。如航运企业的运输船舶按产权关系，可以分为自有运输船舶和租入船舶两类。

固定资产按产权关系分类并组织核算，便于划清企业固定资产的产权关系，有利于考核、分析企业固定资产的实有数额及其满足生产经营需要的情况，以及分析租入固定资产在生产经营过程中所起的作用。

实质上水运企业的营运生产内容不尽相同，经营规模各异，对固定资产的分类不可能完全一致，企业可以根据各自的具体情况和经营管理、会计核算的需要，选择适合本企业的固定资产分类标准，编制本企业的固定资产目录，报有关部门备查后作为固定资产核算的依据。

4.2 水运企业固定资产的初始计量

固定资产的初始计量，是指企业取得固定资产初始成本的确定。固定资产的成本，是指企业购建某项固定资产达到预定可使用状态前所发生的一切合理、必要的支出。这些支出包括直接发生的价款、运杂费和安装成本等，也包括间接发生的，如承担的借款利息、外币借款折算差额以及应分摊的其他间接费用。

水运企业固定资产取得，包括有外购取得、自行建造取得和投资投入、接受捐赠和非货币性资产交换取得等其他多种方式。

4.2.1 外购取得固定资产

外购固定资产的成本，在所支付的价款中，扣减可以抵扣的增值税进项税额之外，包括买价、相关税费、使固定资产达到预定可使用状态前所发生的可归属于该项资产的运输费、装卸费、安装费和专业人员服务费等。如航运企业向外订造的船舶，其成本除船舶建造合同价格外，还包括监造费用、竣工验收前的试航费用以及应缴纳的其他费用。

对于购入的二手船，其成本除船舶购买合同价格外，还包括应缴纳的税费(可抵扣增值税进项税额除外)，以及船舶投入使用前的整修费、改造费、接船费用以及试航费用。

以一笔款项购入多项没有单独标价的固定资产，且各项资产需单独确认为固定资产的，应当按照各项固定资产公允价值比例对总成本进行分配，分别确定各项固定资产的成本。

企业采用分期付款方式购买资产，且在合同中规定的付款期限比较长，实质上具有融资性质的，固定资产的成本应以各期付款额的现值之和确定。实际支付的价款与购买价款的现值之间的差额，除符合资本化条件的以外，其余部分应当在信用期间内确认为财务费用，计入当期损益。

水运企业应根据固定资产不同取得途径进行相应的账务处理。

1. 购入不需要安装的固定资产

企业应按购入固定资产时实际支付的买价、包装费、运输费、装卸费、专业人员服务费和其他相关税费等，借记“固定资产”科目，按可抵扣增值税额，借记“应交税费——应交增值税(进项税额)”贷记“银行存款”“其他应付款”等科目。

【例 4-1】 20×0 年 11 月，某港口企业购入一套装卸机械设备，根据采购合同和发票，支付了采购总价款 113 万元，设备已安装完毕可投入使用。企业作会计分录如下。

借：固定资产——装卸机械设备　　1 000 000
　　应交税费——应交增值税(进项税额)　　130 000
　　贷：银行存款　　1 130 000

2. 购入需要安装的固定资产

企业购入需要安装的固定资产，购入时记入“在建工程”账户，安装过程中按实际发生的支出记入“在建工程”账户，安装完毕达到预定可使用状态时，转入“固定资产”账户。

【例 4-2】 某港口企业购入需要安装的单主门梁式起重机一台，购买时根据采购合同和发票，支付金额 22 600 元，安装过程中发生各项支出 5 800 元，安装完毕投入使用。企业作会计分录如下。

确认购买过程中发生的支出。

借：在建工程——单主门梁式起重机　20 000
　　应交税费——应交增值税(进项税额)　2 600
　　贷：银行存款　22 600

安装过程发生支出。

借：在建工程　5 800
　　贷：银行存款　5 800

安装完毕达到可使用状态时。

借：固定资产　25 800
　　贷：在建工程　25 800

3. 超过正常信用条件的外购固定资产

外购固定资产超过正常信用条件的，实质上属于融资性质的外购行为，取得固定资产的成本应以各期付款额的现值之和确定，固定资产购买价款的现值，应当按照各期支付的购买价款选择恰当的折现率进行折现后的金额加以确定。外购固定资产分期应付价款总额和各期付款现值之和的差额，应记入“长期应付款——未确认融资费用”科目，以后各期确认为融资费用。

4. 企业向外订造取得的船舶

企业向外订造的船舶，其成本除船舶建造合同价格外，还包括监造费用、竣工验收前的试航费用以及应缴纳的税费等。企业在船舶建造过程中支付的价款，以及造船相关资本化的费用，应计入“在建工程”，在建船舶达到预定可使用状态时，“在建工程”转入“固定资产”。但企业在订造船舶立项前期所发生的费用，一般做费用化处理，不计入船舶固定资产的成本。

【例 4-3】 20×0 年 1 月某航运企业向某造船厂签订船舶订造合同，合同约定船舶建造不含税价格 1 200 万元，在建造过程中为船舶加装支付备件支付不含税价格 100 万元，船舶在 3 月份竣工验收完成。企业适用增值税税率 13%。企业作会计分录如下。

(1) 企业支付造船款项时。

借：在建工程——在建船舶　12 000 000
　　应交税费——应交增值税(进项税额)　1 560 000
　　贷：银行存款　13 560 000

(2) 建造过程中支付加装备件时。

借：在建工程——在建船舶　1 000 000
　　应交税费——应交增值税(进项税额)　130 000
　　贷：银行存款　1 130 000

(3) 船舶在建造竣工验收完成时。

借：固定资产——运输船舶　　13 000 000

　　贷：在建工程——在建船舶　　13 000 000

5. 外购取得二手船舶固定资产

企业直接外购二手船舶，购置成本除船舶购买合同价格外，还包括应缴纳的税费(除增值税)，以及船舶投入使用前的关税(非抵扣部分)、报关代理费、进口代理费等。

【例 4-4】 20×0 年 3 月，某沿海航运公司通过深圳某船舶服务有限公司购入船龄 8 年的一千吨油船一艘，购买合同价格为 300 万元，支付报关代理费 5 万元，进口代理费 1 万元。公司作会计分录如下。

借：固定资产——运输船舶　　3 060 000

　　贷：银行存款　　3 060 000

4.2.2 自行建造取得的固定资产

自行建造固定资产的成本，由建造该项资产达到预定可使用状态前所发生的必要支出构成，包括工程物资成本、人工成本、交纳的相关税费、应予资本化的借款费用以及应分摊的间接费用等。企业自行建造固定资产包括自营建造和出包建造两种方式。无论采用何种方式，所建工程都应当按照实际发生的支出确定其工程成本并单独核算。

企业为在建工程准备的各种物资，应当按照实际支付的买价、扣减可抵扣增值税进项税额的其他税费、运输费、保险费等相关费用，作为实际成本，并按照各种专项物资的种类进行明细核算。

工程完工后剩余的工程物资，如转作本企业库存材料的，按其实际成本，转作企业的库存材料。

盘盈、盘亏、报废、毁损的工程物资，减去保险公司、过失人赔偿部分后的差额，工程项目尚未完工的，计入或冲减所建工程项目的成本；工程已经完工的，计入当期营业外收支。

企业的在建工程，包括施工前期准备、正在施工中的建筑工程、安装工程、技术改造工程等。工程项目较多且工程支出较大的企业，应当按照工程项目的性质分项核算。

在建工程应当按照实际发生的支出确定其工程成本，并单独核算。

企业的自营工程，按照直接材料、直接薪酬、直接机械施工费以及分摊的工程管理费等计量；企业如采用出包工程方式的，按照应支付的工程价款以及分摊的工程管理费等计量。设备安装工程，按照所安装设备的价值、工程安装费用、工程试运转以及分摊的工程管理费等所发生的支出等确定工程成本。

工程达到预定可使用状态前因进行试运转所发生的净支出，计入工程成本。在达到预定可使用状态前试运转过程中形成的、能够对外承担的业务，其发生的成本，计入在建工程成本，按实际收入扣除相关税费后，冲减在建工程成本。

企业自行建造完成的固定资产，在建造工程达到预定可使用状态交付使用固定资产时，借记本科目，贷记“在建工程”科目。

已达到预定可使用状态但尚未办理竣工决算手续的固定资产，可先按估计价值记账，待确定实际价值后再进行调整。

4.2.3　其他方式取得的固定资产

企业以其他方式取得的固定资产，主要有投资投入、接受捐赠和非货币性资产交换取得等其他多种方式等。

1. 投资者投入固定资产

投资者投入固定资产的成本，应在接受投资固定资产企业办理了固定资产移交手续之后，按照公允价值确认固定资产的成本。

按照公允价值确认的具体原则是，如果投资合同或协议约定的价值加上应支付的相关税费与公允价值差异不大的，以投资合同或协议约定的价值加上税费作为公允价值；如果合同或协议约定价值不公允，但有活跃市场的，应当以有确凿证据表明的同类或类似资产市场价格作为公允价值；如果合同或协议约定价值不公允且没有活跃市场、不能可靠取得公允价值的，应当以该项固定资产未来预计的现金流量的现值作为公允价值。

2. 接受捐赠的固定资产

接受捐赠的固定资产，应按以下规定确定其取得成本。

(1) 捐赠方提供了有关凭据的，按凭据上标明的金额加上应支付的相关税费，扣减可抵扣增值税进项税额，作为入账价值。

(2) 捐赠方没有提供有关凭据的，按如下顺序确定其入账价值。

① 同类或类似固定资产存在活跃市场的，按同类或类似固定资产的市场价格估计的金额，加上应支付的相关税费，扣减可抵扣增值税进项税额，作为入账价值；

② 同类或类似固定资产不存在活跃市场的，按该接受捐赠的固定资产的预计未来现金流量现值，作为入账价值。

(3) 如受赠的系旧的固定资产，按照上述方法确认的价值，减去按该项资产的新旧程度估计的价值损耗后的余额，作为入账价值。

(4) 接受政府专项拨款形成固定资产，若按照相关协议或文件规定该项固定资产所有权归企业所有，或由企业控制的，应作为本企业的固定资产对其进行确认。如果固定资产通过自行建造方式取得，应通过在建工程核算，待完成后达到预定可使用状态时，确认为固定资产。

3. 非货币性资产交换取得的固定资产

非货币性资产交换取得的固定资产，入账价值根据交换是否是具有商业实质分别确认。货币性资产交换取得的固定资产，具有商业实质且公允价值能够可靠计量的，应当以换出资产的公允价值和应支付的相关税费作为换入资产的成本，除非有确凿证据表明换入资产的公允价值比换出资产公允价值更加可靠；非货币性资产交换取得的固定资产，不具有商业实质，或者虽然具有商业实质但换入资产和换出资产的公允价值均不能可靠计量的，应当以换出资产账面价值和应支付的相关税费为基础确定换入资产成本，但无论是否支付补价，均不确认损益。

非货币性资产交换取得的固定资产，按照企业会计准则的具体要求进行账务处理。

4.2.4 按部件计价的固定资产

水运企业购建船舶时，一般按整艘船舶进行议价、定价、付款，对于成套装卸机械设备，会计的账面记录也是按整体进行计价。水运企业的运输船舶和成套装卸机械设备，具有价值高、使用寿命长、部件组合多的特点。根据企业会计准则的规定，“固定资产的各组成部分具有不同使用寿命或者以不同方式为企业提供经济利益，适用不同折旧率或折旧方法的，应当分别将各组成部分确认为单项固定资产”。因此，符合规定的大型运输船舶和成套装卸设备，可以实行按部件计价确认为单项固定资产。

水运企业的海运船舶、成套装卸机械、库场设施等大型固定资产，符合具体规定进行各组成部分单独计价，应根据各组成部分是否能独立存在、提供经济利益的方式、不同的使用寿命以及本身价值的大小进行判别。一是组成部分能独立发挥作用。如大型运输船舶的电器系统、轮机系统、栖装系统等都可以不依赖别的部件而独立存在，各种型号的主机、辅机也存在买卖市场；二是各组成部分具有不同的使用寿命。例如一艘大型运输船舶，使用寿命约为30年，船上配备的辅机，其使用寿命可能为5年；三是各组成部分以不同方式提供经济利益。例如海运船舶的船体提供服务而发生的物质损耗主要是受到自然因素的影响，而主辅机系统、空调系统的损耗主要是由于使用对它的影响，电气设备、电信设备等则受到科学技术发展的影响较大，同时电气设备的使用对它也有较大的损耗，而螺旋桨则主要受到自然因素、使用因素对它的影响；四是部件价值的大小。对于价值较小的、使用寿命相同的部件应进行适当的归并。

在固定资产整体价值的基础上，确定主要组成部分的价值，一般可以按照每项部件估定价值、出售者账面价值，也可以按照每项部件的重置价值将总价格在各特定部件之间进行分配。

4.3　固定资产的后续计量

固定资产的后续计量主要包括固定资产折旧的计提、后续支出的计量。由于水运企业固定资产的种类繁多，金额较大，使用年限较长，固定资产的后续计量存在一定的复杂性。

4.3.1　固定资产折旧

折旧，是指在固定资产使用寿命内，按照确定的方法对应计折旧额进行系统分摊。应计折旧额，是指应当计提折旧的固定资产的原价扣除其预计净残值后的金额。已计提减值准备的固定资产，还应当扣除已计提的固定资产减值准备累计金额。

1. 固定资产折旧范围

根据《企业会计准则》规定，企业应对所有的固定资产计提折旧，但是，已提足折旧仍继续使用的固定资产和单独计价入账的土地除外。

2. 固定资产折旧方法

固定资产折旧方法有使用年限平均法、工作量法、双倍余额递减法和年数总和法。

(1) 年限平均法

年限平均法又称直线法，是根据固定资产使用年限平均计算折旧的方法。

年折旧率 =(1 − 预计净残值率) ÷ 预计使用年限 × 100%

月折旧率 = 该固定资产年折旧率 ÷ 12

月折旧额 = 该项固定资产原价 × 该项固定资产月折旧率

(2) 工作量法

工作量法是根据固定资产实际完成工作量计算折旧额的一种方法。这种方法主要适用于实物磨损是折旧的主要因素，而各个期间固定资产的使用程度又很不均衡的情况，如大型精密设备，企业专业车队的客、货运汽车等。其计算公式为

单位工作量应计折旧额 = 固定资产原价 ×(1 − 预计净残值率) ÷ 预计完成工作总量

月折旧额 = 该项固定资产当月实际完成工作量 × 单位工作量应计折旧额

(3) 双倍余额递减法

双倍余额递减法是在不考虑固定资产残值的情况下，用双倍的直线折旧率乘以每期期初固定资产的账面净值计算当期应计折旧额的计算方法。计算公式为

年折旧率 =(1/ 预计折旧年限) × 2 × 100%

当年应计折旧额 = 期初固定资产净值 × 年折旧率

月折旧额 = 年折旧额 ÷ 12

(4) 年数总和法

年数总和法又称级数递减法。它是以固定资产的应计折旧总额(原价减预计净残值)乘以一个逐年递减的分数(分子为尚可使用年限,分母为使用年限之和),以计算每年应提折旧额的方法。计算公式如下

年折旧率 = 尚可使用年数 / 预计使用年数总和

应计折旧总额 = 固定资产原价 − 预计净残值

年折旧额 = 应计折旧总额 × 年折旧率

月折旧额 = 年折旧额 ÷ 12

企业应当选择合理的固定资产折旧方法计提折旧,一经确定不得随意变更。如需变更,应当在会计报表附注中予以说明。

3. 固定资产使用寿命、预计净残值

根据《企业会计准则——固定资产》的规定,水运企业应当根据固定资产的性质和使用情况,合理确定固定资产的使用寿命和预计净残值。

水运企业应根据固定资产的性质和使用情况确定其使用寿命。如航运企业的不同类型的运输船舶,根据其适用情况,使用寿命也有所不同。通常集装箱船、干散货船、游轮和客轮,确定其 25 年的使用寿命,LNG 船确定其 30 年的使用寿命,辅助船舶确定其 10～20 年的使用寿命。集装箱确定 15 年的使用寿命。港口企业的码头、堆场、仓库等,通常是 20～50 年的使用寿命,其他港务设施根是 10～40 年的使用寿命,运输车辆和装卸设备是 5～30 年的使用寿命。此外,航运企业购入的二手船,企业可根据使用情况以剩余使用年限为其计提折旧的年限。

水运企业应当根据固定资产的性质和使用情况,合理确定固定资产的预计净残值。预计净残值,是指假定固定资产预计使用寿命已满并处于使用寿命终了时的预期状态,企业目前从该项资产处置中获得的扣除预计处置费用后的金额。

为了准确地反映水运企业目前从各项资产处置中获得的扣除预计处置费用后的金额,在确定预计净残值时,可以采用预计残值率和预计目前残余材料市场价格的方法。如航运企业的运输船舶和集装箱,可以根据船舶和集装箱当年废旧钢板的市场价格预计废钢价来确定其净残值。

4. 固定资产折旧的账务处理

水运企业的固定资产,应在固定资产的使用寿命内,按照确定的方法对应计折旧额进行系统分摊。

影响折旧的因素主要有,固定资产的原价、使用寿命和预计净残值。水运企业固定资产种类多,金额大,使用寿命和预计净残值都存在较大的差异。其中,船舶的预计净残

值,按船舶报废处置时的预计废钢价确定。

企业应选择适合本企业固定资产的折旧方法,按月计算计提企业固定资产折旧,并根据用途计入相关资产的成本或者当期损益。当月增加的固定资产,当月不提折旧,从下月起计提折旧;当月减少的固定资产,当月照提折旧,从下月起不提折旧。企业根据制订的固定资产累计折旧计算表等,借记相关成本费用科目,贷记“累计折旧”科目。

已达到预定可使用状态但尚未办理竣工决算的固定资产,应当按照估计价值确定其成本,并计提折旧;待办理竣工决算后再按实际成本调整原来的暂估价值,但不需要调整原已计提的折旧额。

融资租入的固定资产,应当采用与自有应计折旧资产相一致的折旧政策。能够合理确定租赁期届满时将会取得租赁资产所有权的,应当在租赁资产尚可使用年限内计提折旧;无法合理确定租赁期届满时能够取得租赁资产所有权的,应当在租赁期与租赁资产尚可使用年限两者中较短的期间内计提折旧。

融资租赁方式租入的固定资产发生的装修费用,符合规定的固定资产确认条件的,应当在两次装修期间、剩余租赁期与固定资产剩余使用寿命三者中较短的期间内计提折旧。

对于接受捐赠旧的固定资产,企业应当按照确定的固定资产入账价值、预计尚可使用年限、预计净残值计提折旧。

固定资产提足折旧后,不论能否继续使用,均不再提取折旧;提前报废的固定资产,也不再补提折旧。所谓提足折旧,是指已经提足该项固定资产的应计折旧额。

企业至少应当于每年年度终,对固定资产的使用寿命、预计净残值和折旧方法进行复核。使用寿命预计数与原先估计数有差异的,应当调整固定资产使用寿命;预计净残值预计数与原先估计数有差异的,应当调整预计净残值。与固定资产有关的经济利益预期实现方式有重大改变的,应当改变固定资产折旧方法。但对固定资产的使用寿命、预计净残值和折旧方法进行调整,须根据管理权限报经批准。

4.3.2 固定资产后续支出

固定资产的后续支出,是指固定资产使用过程中发生的改建、扩建等更新改造支出、修理费用等。水运企业的固定资产的后续支出,既包括和其他行业相同的房屋设施设备的改扩建等更新改造支出,也包括不同于其他行业的修理等支出。如航运企业运输船舶在水上运输业务活动过程中,通常需要进行船舶坞修、更新改造和其他修理等活动,所发生的运输船舶后续支出,由企业根据固定资产资本化条件进行判断,确定船舶后续支出资本化的范围。

后续支出的处理原则为,与固定资产有关的更新改造等后续支出,符合固定资产确认条件的,应当作为资本化支出计入固定资产成本;与固定资产有关的修理费用等后续支出,不符合固定资产确认条件的,应当计入当期损益。

1. 资本化的后续支出

水运企业运输船舶等固定资产发生的更新改造支出，符合固定资产确认条件的，应当予以资本化，通过在建工程结转计入船舶等固定资产成本。如航运企业将货轮改建为客货两用轮，港口企业将一般性仓库改建为危险品仓库等。对于经过资本化的更新改造后固定资产的计价，应按更新改造前固定资产的原价，加上更新改造过程中所发生的支出，减去变价收入，作为更新改造后固定资产的全部价值。

对于因更新改造等原因而调整固定资产价值的，水运企业应当根据调整后价值，预计更新改造后的固定资产尚可使用年限和净残值计提折旧。如果确定的可使用年限与固定资产剩余折旧年限不同，可以在确定的可使用年限内计提折旧。

【例 4-5】 A航运公司一艘运营货船已有10年船龄，账面原值7亿元，已计提折旧3亿元。为符合国际海事组织对于海运船舶的环保要求，20×0年6月，该船舶在修船厂进行了压载水处理系统和脱硫塔的加装。船舶改装周期两个月，改造和加装工程发生的费用为，购置开式脱硫塔设备1 200万元、压载水处理装置5万元，支付脱硫塔改装费65万元，压载水系统改装费15万元，合计1 285万元。企业进行账务处理如下：

(1) 20×0年6月，在货船进入修船厂时，航运公司应将船舶的原值和已计提的累计折旧予以转销，将固定资产账面价值转入在建工程，并停止计提折旧。

借：在建工程　　400 000 000

　　累计折旧　　300 000 000

　　贷：固定资产　　700 000 000

(2) 20×0年6—8月，将发生的改造改装费用支出计入在建工程。

借：在建工程　　12 850 000

　　贷：银行存款(应付账款等)　　12 850 000

(3) 20×0年8月船舶改造完工投入营运，将“在建工程”转入“固定资产”。

借：固定资产　　412 850 000

　　贷：在建工程　　412 850 000

(4) 20×0年9月，根据改装改造后的船舶可继续营运10年的期限，估计净残值为5 285万元，按直线法计提折旧，月折旧额$=(412\ 850\ 000-52\ 850\ 000)/10\times 12=$3 000 000(元)。

借：船舶固定费用　　3 000 000

　　贷：累计折旧　　3 000 000

水运企业发生船舶特检坞修等后续支出，其中为了保证运输船舶能够适航适货而进行的、属于按照船级社要求在特定时间内必须进行的检验所发生的支出，根据船舶运营情况可以将此类特检坞修支出予以资本化。对于因特检坞修而确认的固定资产部分，水运企业可在相应的固定资产运输船舶科目下单独设置明细科目进行核算，借记“固定资产——运输船舶——特检坞修”科目，贷记“银行存款”等科目，并根据坞修周期计提折旧进行分摊。如果在下次坞修时该明细科目仍有未分摊完毕部分，应将分摊的剩余额一次计入当期费用。

【例 4-6】 20×5 年，根据船级社要求，B 航运公司一艘集装箱船进行了五年一次的船舶特检，检查项目包括常规检验项目以及抽轴、拆桨、测量航间隙、悬外阀和锚链测量等，共支付费用 30 万元。公司进行账务处理如下。

(1) 船舶进行特检，支付费用 30 万元。

借：固定资产——运输船舶——特检坞修　　300 000

　　贷：银行存款　　300 000

(2) 在两次特检的五年期内，按直线法计提折旧予以分摊，每月计提折旧额 5 000 元。

借：船舶固定费用　　5 000

　　贷：累计折旧　　5 000

(3) 如果三年后，船舶根据需要进行了下一次坞修，应将未分摊的金额一次计入当期费用。

借：船舶固定费用　　120 000

　　贷：累计折旧　　120 000

借：累计折旧　　300 000

　　贷：固定资产——运输船舶——特检坞修　　300 000

固定资产装修发生的装修费用满足固定资产确认条件的，借记本科目，贷记“银行存款”等科目。

2. 费用化的后续支出

与固定资产有关的修理费用等后续支出，不符合固定资产确认条件的，应当根据不同情况分别在发生时计入当期费用。

一般情况下，固定资产投入使用后，由于固定资产磨损、各组成部分耐用程度不同，可能导致固定资产的局部损坏，为了维护固定资产正常运转和使用，充分发挥其使用效能，企业将对固定资产进行必要的维护。固定资产的日常修理费用、大修理费用等支出只是确保固定资产的正常工作状况，一般不产生未来的经济效益。因此，通常不符合固定资产的确认条件，在发生时直接计入当期费用。

水运企业运输船舶的其他坞修，不符合固定资产确认条件的，应当予以费用化，在发生时直接计入当期损益。

【例 4-7】 A 航运公司有一艘“灿烂阳光”散货轮，根据公司年度修理计划，于 20×1 年 8 月 15 日进入上海某修船厂进行常规坞修。20×1 年 8 月 25 日，经公司审批，船东代表与修船厂项目组共确认修理工程结算单，主要包括涂装项目、钢结构项目、机电项目和其他项目，费用合计含税金额 1 215 500 元。坞修完毕，A 航运公司根据修理工程结算单支付了维修费用。

借：船舶固定费用——“灿烂阳光”散货轮　　1 075 663.72

　　应交税费——应交增值税(进项税额)　　139 836.28

　　贷：银行存款　　1 215 500

船舶修理工程结算汇总见表 4-2 所示，项目清单见表 4-3 所示。

表 4-2　船舶修理工程结算汇总单

<table>
<tr><td>船　　名</td><td>阳 光 灿 烂</td><td>工 程 编 号</td><td>VR1550A</td></tr>
<tr><td>进厂(抛锚)时间</td><td>20×1.8.15</td><td>离厂时间</td><td>20×1.8.25</td></tr>
<tr><td>进坞时间</td><td>20×1.8.17</td><td>出坞时间</td><td>20×1.8.20</td></tr>
<tr><td>结算总价(含税)</td><td colspan="2">1 215 500</td><td>元</td></tr>
</table>

表 4-3　项 目 清 单

<table>
<tr><th colspan="3">项 目 内 容</th><th>结算价格(元)</th><th>项目小计/元</th></tr>
<tr><td rowspan="2">涂装项目</td><td colspan="2">外办超高压水清洗</td><td>250 000.00</td><td rowspan="2">550 000.00</td></tr>
<tr><td colspan="2">外板补漆、统喷</td><td>300 000.00</td></tr>
<tr><td rowspan="4">钢结构项目</td><td colspan="2">普通钢板换新</td><td>120 000.00</td><td rowspan="4">238 000.00</td></tr>
<tr><td colspan="2">高强度钢板换新</td><td>80 000.00</td></tr>
<tr><td colspan="2">脚手架辅助</td><td>30 000.00</td></tr>
<tr><td colspan="2">辅助工程：密性试验等</td><td>8 000.00</td></tr>
<tr><td rowspan="8">机电项目</td><td colspan="2">马达、风机保养</td><td>20 000.00</td><td rowspan="8">120 500.00</td></tr>
<tr><td colspan="2">旧电机移除</td><td>8 000.00</td></tr>
<tr><td colspan="2">甲板栏杆修理</td><td>3 000.00</td></tr>
<tr><td colspan="2">锚机修理</td><td>35 000.00</td></tr>
<tr><td colspan="2">缆机修理</td><td>12 000.00</td></tr>
<tr><td colspan="2">部分管系换新</td><td>32 000.00</td></tr>
<tr><td colspan="2">配电板清洁</td><td>6 000.00</td></tr>
<tr><td colspan="2">刹车带换新</td><td>4 500.00</td></tr>
<tr><td rowspan="12">单船附营业务</td><td colspan="2">坞费</td><td>80 000.00</td><td rowspan="12">307 000.00</td></tr>
<tr><td colspan="2">拖轮费</td><td>25 000.00</td></tr>
<tr><td colspan="2">厂区引水费</td><td>8 000.00</td></tr>
<tr><td colspan="2">码头费</td><td>60 000.00</td></tr>
<tr><td colspan="2">带系缆</td><td>12 000.00</td></tr>
<tr><td colspan="2">淡水补充</td><td>23 000.00</td></tr>
<tr><td colspan="2">登轮梯</td><td>15 000.00</td></tr>
<tr><td colspan="2">消防水</td><td>8 000.00</td></tr>
<tr><td colspan="2">油漆桶处理</td><td>15 000.00</td></tr>
<tr><td colspan="2">船舶垃圾处理</td><td>30 000.00</td></tr>
<tr><td rowspan="2">船东费用</td><td>宾馆费用</td><td>26 000.00</td></tr>
<tr><td>办公室使用费</td><td>5 000.00</td></tr>
</table>

4.3.3　固定资产的处置

固定资产满足下列条件之一的，应当予以终止确认。

(1) 固定资产处于处置状态；

(2) 该固定资产预期通过使用或处置不能产生经济效益。

固定资产处置，包括固定资产的出售、转让、报废或者毁损、对外捐赠、对外投资、非货币性资产交换、债务重组等。

企业因出售、转让、报废和毁损等原因处置固定资产，应通过“固定资产清理”科目核算。处置时，应按该项固定资产账面净额，借记“固定资产清理”科目，按已提的累计折旧，借记“累计折旧”科目，原已计提减值准备的，借记“固定资产减值准备”科目，按固定资产原价，贷记本科目。

固定资产在清理过程中发生相关费用以及应支付的相关税费时，借记“固定资产清理”科目，贷记“应付账款”等和“应交税费——应交增值税(销项税额)”科目。

收到出售、转让固定资产的价款，或者是报废毁损的固定资产变价收入或残料时，借记“银行存款”、“原材料”等科目，贷记“固定资产”科目；报废、毁损固定资产确认应由保险公司或者过失方承担的赔偿部分，借记“其他应收款”，贷记“固定资产清理”科目。

固定资产清理完成，根据是企业处置固定资产产生的处置利得或损失，或是因自然灾害发生毁损等原因而报废产生的利得或损失，借记“固定资产清理”，贷记“营业外收入”或“资产处置损益”科目，或借记“营业外支出”或“资产处置损益”科目，贷记“固定资产清理”科目。

水运企业非货币性资产交换换出固定资产、以固定资产进行债务重组的，参照非货币性资产交换、债务重组的相关规定进行账务处理。

企业对于盘亏的固定资产，按固定资产净额，借记“待处理财产损溢——待处理非流动资产损溢”科目，按已计提的累计折旧，借记“累计折旧”科目，按已计提的减值准备，借记“固定资产减值准备”科目；按固定资产原价，贷记本科目。

固定资产存在弃置义务的，应在取得固定资产时，按预计弃置费用的现值，借记本科目，贷记“预计负债”科目。在该项固定资产的使用寿命内，按弃置费用计算确定各期应负担的利息费用，借记“财务费用”科目，贷记“预计负债”科目。

4.4　固定资产的减值

固定资产的主要特征之一是它必须能够为企业带来经济利益的流入，如果企业的固定资产不能够为企业带来经济利益或者带来的经济利益低于其账面价值，那么该固定资产就不能再予确认，或者不能再以原账面价值予以确认。否则将不符合资产的定义，也无法反映固定资产的实际价值。其结果会导致资产的虚增和利润的虚增。因此，当企业固定资产的可收回金额低于其账面价值时，即表明固定资产发生了减值，企业应当确认固定资产减值损失，并把固定资产的账面价值减计至可收回金额。

4.4.1 固定资产发生减值迹象的判定

根据《企业会计准则》规定，企业应在资产负债表日判断固定资产是否存在可能发生减值的迹象。

（1）企业外部信息来源

从企业外部信息来源来看，如果出现了固定资产的市价在当期大幅度下跌，其跌幅明显高于因时间的推移或者正常使用而预计的下跌；企业经营所处的经济、技术或者法律环境以及固定资产所处的市场在当期或者将在近期发生重大变化，从而对企业产生不利影响；市场利率或者其他市场投资报酬率在当期已经提高，从而影响企业计算固定资产预计未来现金流量现值的折现率，导致固定资产的可收回金额大幅度降低等，均属于资产可能发生减值的迹象。

（2）企业内部信息来源

从企业内部信息来源来看，如果有证据表明固定资产已经陈旧过时或者其实体已经损坏，固定资产已经或者将被闲置、终止使用或者计划提前处置；企业内部报告的证据表明固定资产的经济绩效已经低于或者将低于预期，如固定资产所创造的现金流量或者实现的营业利润将远远低于原来的预算或者预计金额、固定资产发生的营业损失远远高于原来的预算或者预计金额、固定资产在建造或者收购时所需的现金支出远远高于最初的预算、固定资产在经营或维护过程中所需的现金支出远远高于最初的预算等。

船舶资产作为金额重大的固定资产，应考虑船舶使用的整体生命周期内的经济价值，仅当出现航线运营连续多年亏损、重大意外事件、外部航运环境重大不利变化，即出现显著减值迹象时，由船舶资产所属公司或聘请专业第三方机构使用现金流量法等专业可靠的计量方式计算船舶资产的可收回金额，并与账面价值或成本费用比较，进行减值测试。

4.4.2 固定资产可收回金额的估计

在资产负债表日，企业判定固定资产存在可能发生减值的迹象的，应当估计其可收回金额，然后将所估计的固定资产可收回金额与其账面价值相比较，以确定固定资产是否发生了减值，以及是否需要计提固定资产减值准备并确认相应的减值损失。

固定资产可收回金额的估计，应当根据其公允价值减去处置费用后的净额与固定资产预计未来现金流量的现值两者之间较高者确定。

1. 固定资产的公允价值减去处置费用后的净额

固定资产的公允价值减去处置费用后的净额，是指固定资产如果被出售或者处置时可以收回的净现金收入。其中，资产的公允价值是指在公平交易中，熟悉情况的交易双方自愿进行资产交换的金额；处置费用是指可以直接归属于资产处置的增量成本，包括与资产处置有关的法律费用、相关税费、搬运费以及为使资产达到可销售状态所发生的直接费用等，但是财务费用和所得税费用等不包括在内。

水运企业在估计港务设施、库场设施、装卸机械设备、运输（辅助）船舶、运输（辅助）车辆、集装箱和通讯导航设备等固定资产的公允价值减去处置费用后的净额时，首先根据固定资产的销售协议价格减去可直接归属于该资产处置费用的金额，如法律费用、运输费用等后的净额。但实务中，水运企业的港务设施、库场设施、装卸机械设备、运输（辅助）船舶、运输（辅助）车辆、集装箱和通讯导航设备等都是企业内部持续使用的，不易取得这些资产的销售协议价格。

在资产不存在销售协议但存在活跃市场的情况下，应当根据该资产的市场价格减去处置费用后的金额确定。如水运企业的运输（辅助）车辆、集装箱和通讯导航设备等，通常可以按照固定资产的买方出价确定。如果难以获得资产在估计日的买方出价的，企业可以以资产最近的交易价格作为其公允价值减去处置费用后的净额的估计基础，其前提是资产的交易日和估计日之间，有关经济、市场环境等没有发生重大变化。

在既不存在资产销售协议又不存在资产活跃市场的情况下，企业应当以可获取的最佳信息为基础，根据资产负债表日如果处置资产的话，熟悉情况的交易双方自愿进行公平交易愿意提供的交易价格减去资产处置费用后的金额。该金额可以参考同行业类似资产的资金交易价格或结果进行估计。

在企业无法取得上述交易价格的情况下，应当以该固定资产预计未来现金流量的现值作为其可收回金额。

2. 固定资产预计未来现金流量的现值

估计固定资产预计未来现金流量的现值，需要预计资产的未来现金流量。预计资产的未来现金流量，应包括资产持续使用过程中预计产生的现金流入、为实现资产持续使用过程中产生的现金流入所必需的预计现金流出、资产使用寿命结束时处置资产所收到或者支付的净现金流量。

估计固定资产预计未来现金流量的现值，应使用的折现率应当是反映当前市场货币时间价值和资产特定风险的税前利率，该折现率是企业在购置或者投资资产时所要求的必要报酬率。

为了准确预计固定资产的未来现金流量的现值，企业管理层应当在合理和有依据的基础上对资产剩余使用寿命内的整个经济状况进行最佳估计，并将资产未来现金流量的预计，建立在经企业管理层批准的最近财务预算或者预测数据之上。在综合考虑资产的预计未来现金流量、使用寿命和折现率等因素时，还应充分考虑企业以及所属行业的生产经营特点。航运企业对船舶等资产的未来现金流量的预计，在航运业处于发展的低潮期和高潮期，其现金流量的预计金额将会有巨大差距，企业在预计船舶等资产的未来现金流量时必须考虑航运业周期性波动的特点。

4.4.3 资产组的认定及减值处理

资产减值准则规定，如果有迹象表明一项资产可能发生减值的，企业应当以单项资产为基础估计其可收回金额。但是在企业难以对单项资产的可收回金额进行估计的情况下，应当以该资产所属的资产组为基础确定资产组的可收回金额。

在水运企业，存在单项资产难以确定可收回金额的情况，可以根据企业会计准则的具体规定，对部分资产以所在的资产组可收回金额为基础，进而确定单项资产的可收回金额。

1. 水运企业固定资产资产组的认定

根据资产减值准则规定，资产组是指企业可以认定的最小资产组合，其产生的现金流入应当基本上独立于其他资产或者资产组产生的现金流入。水运企业的资产组认定，需要考虑不同的生产经营活动方式、产生现金流入的设施设备之间关系等。例如，航运企业船舶的班轮经营，是按照船队、航线为基本单元进行统筹经营与管理，企业把运输船舶按船队(类型)，如按集装箱船、散货船、油轮、液化气船、杂货船作为资产组，或者再进一步按航线作为资产组来确定可收回金额，比按照单艘船舶测算未来现金流量及其现值更准确；港口企业的港务设施，作用的发挥要依赖于码头，他们本身不能独立地发挥作用，因而其未来服务能力的提供也不是独立的，按照资产减值会计准则的规定，可以将码头和这些港务设施整体看作是一个资产组。

2. 水运企业固定资产资产组的减值

资产组的减值测试和单项资产是一致的，企业需要预计资产组的可收回金额和计算资产组的账面价值，并将两者进行比较，如果资产组的可收回金额低于其账面价值的，表明资产组发生了减值损失，应当予以确认。例如，对港口企业而言，当整个码头由于经济发展中心的转移、靠泊船舶的大幅撤离，或者更便利的码头的出现、港务设施的陈旧过时、服务水平的低下而使其经济作用下降时，在整个码头的价值降低的情况下，要根据账面价值和其可收回金额之间的差额计提减值准备。

4.5　投资性房地产的核算

4.5.1　投资性房地产及范围

投资性房地产是指企业为了赚取租金或资本增值,或者两者兼而有之而持有的房地产。企业自用的房地产包括码头、船坞、库场等水运企业从事水上客货运输和客货装卸等主要业务的场所、办公楼等,企业应当将其作为固定资产处理。投资性房地产是企业持有的,通过转让房地产使用权以赚取使用费收入,或者是持有用以准则增值赚取增值收益的具备了金融资产属性的特殊房地产,因此应作为一项单独的资产进行核算。根据企业会计准则的规定,企业的投资性房地产可选择成本模式或公允价值模式进行投资性房地产的后续计量,其中,公允价值模式的处理原则和交易性金融资产的处理原则一致。

企业的投资性房地产,包括:已出租的土地使用权、持有并准备增值后转让的土地使用权、已出租的建筑物等。

4.5.2　投资性房地产的确认和初始计量

1. 投资性房地产的确认

根据确认资产的基本要求,投资性房地产应满足两项基本条件,第一,与该投资性房地产有关的经济利益很可能流入企业;第二,该投资性房地产的成本能够可靠计量。具体的,对已出租的土地使用权、已出租的建筑物,一般应以租赁期开始日为确认时点;对于持有并准备增值后转让的土地使用权,在企业将自用土地使用权停止自用、准备增值后转让的日期为确认时点。

2. 投资性房地产应按照成本进行初始计量

外购的土地使用权和建筑物,按照取得时的实际成本进行计量;自行建造的投资性房地产,按照建造该项资产达到预定可使用状态前发生的必要支出进行计量;非投资性房地产转换为投资性房地产的,如果投资性房地产采用成本模式计量,则该项房地产按照在转换日的账面价值计量,如果投资性房地产采用公允价值模式计量,则该项房地产按照在转换日的公允价值计量。

4.5.3 投资性房地产的后续支出与后续计量

1. 投资性房地产的后续支出

与投资性房地产有关的后续支出,分别按照费用化和资本化进行计量。企业为了提高投资性房地产使用效能,对投资性房地产进行改建、扩建或装修等,支出满足投资性房地产确认条件的,应当将其资本化。

企业对投资性房地产进行日常维护发生的一些后续支出,不满足投资性房地产确认条件的,应当在发生时计入当期损益。

2. 投资性房地产的后续计量

企业可以选择采用成本模式或公允价值模式对投资性房地产进行后续计量。

采用成本模式进行后续计量的投资性房地产,应当按照企业会计准则的规定,按期计提折旧或摊销,借记"其他业务成本"科目,贷记"投资性房地产累计折旧(摊销)"科目;取得的租金收入,借记"银行存款"等科目,贷记"其他业务收入"科目。企业的投资性房地产存在减值迹象的,应按照资产减值准则规定进行减值测试、计提减值准备。

企业采用公允价值模式进行后续计量的投资性房地产,前提是存在确凿证据表明其投资性房地产的公允价值能够持续可靠取得。企业在会计期末按照公允价值调整投资性房地产的账面价值,并将公允价值变动计入当期损益。

3. 后续计量模式的变更

企业对投资性房地产的计量模式已经确定,不得随意变更。仅在房地产市场比较成熟,能够满足采用公允价值模式条件的情况下,企业可以对投资性房地产从成本模式变更为公允价值模式进行后续计量。已经采用公允价值模式进行后续计量的投资性房地产,不得从公允价值模式转为成本模式。

4.5.4 投资性房地产的转换和处置

企业必须有确凿证据表明房地产用途发生改变,才能将投资性房地产转换为非投资性房地产或者相反。通常,企业房地产转换的形式主要有,投资性房地产开始自用、房地产开始出租、自用的土地使用权停止自用,用于赚取租金或资本增值等。

企业对投资性房地产进行转换的,应在房地产的用途发生改变、状态相应发生改变的日期作为转换日。

1. 投资性房地产转换为非投资性房地产

采用成本模式进行后续计量的，企业将投资性房地产转换为自用房地产时，应当按该项投资性房地产在转换日的账面金额、累计折旧或摊销、减值准备等，分别转入“固定资产”“累计折旧”“固定资产减值准备”等科目。

采用公允价值模式进行后续计量的，企业应当以其转换当日的公允价值作为自用房地产的账面价值，公允价值与原账面价值的差额计入当期损益。

2. 非投资性房地产转换为投资性房地产

非投资性房地产转换为采用成本模式进行后续计量的投资性房地产的，企业通常应于租赁期开始日，按照固定资产或无形资产的账面价值，将固定资产或无形资产相应地转换为投资性房地产。按该项建筑物或土地使用权在转换日的原价、累计折旧、减值准备等，分别转入“投资性房地产”“投资性房地产累计折旧（摊销）”“投资性房地产减值准备”科目，按其账面余额，借记“投资性房地产”科目，贷记“固定资产”或“无形资产”科目，按已计提的折旧或摊销，借记“累计摊销”或“累计折旧”科目，贷记“投资性房地产累计折旧（摊销）”科目，原已计提减值准备的，借记“固定资产减值准备”或“无形资产减值准备”科目，贷记“投资性房地产减值准备”科目。

非投资性房地产转换为采用公允价值模式进行后续计量的投资性房地产的，应当按该项土地使用权或建筑物在转换日的公允价值，借记“投资性房地产——成本”科目，按已计提的累计摊销或累计折旧，借记“累计摊销”或“累计折旧”科目；原已计提减值准备的，借记“无形资产减值准备”“固定资产减值准备”科目；按其账面余额，贷记“固定资产”或“无形资产”科目。同时，转换日的公允价值小于账面价值的，按其差额，借记“公允价值变动损益”科目；转换日的公允价值大于账面价值的，按其差额，贷记“其他综合收益”科目。当该项投资性房地产处置时，因转换计入其他综合收益的部分应转入当期损益。

3. 采用成本模式计量的投资性房地产的处置

处置采用成本模式计量的投资性房地产时，应当按实际收到的金额，借记“银行存款”等科目，贷记“其他业务收入”“应交税费——应交增值税（销项税额）”科目；按该项投资性房地产的账面价值，借记“其他业务成本”科目，按其账面余额，贷记“投资性房地产”科目，按照已计提的折旧或摊销，借记“投资性房地产累计折旧（摊销）”科目，原已计提减值准备的，借记“投资性房地产减值准备”科目。

4. 采用公允价值模式计量的投资性房地产的处置

处置采用公允价值模式计量的投资性房地产时，应当按实际收到的金额，借记“银行存款”等科目，贷记“其他业务收入”“应交税费——应交增值税（销项税额）”科目；按该项投资性房地产的账面余额,借记“其他业务成本”科目,按其成本,贷记“投资性房地产——成本”科目,按其累计公允价值变动,贷记或借记“投资性房地产——公允价值变动”科目。同时结转投资性房地产累计公允价值变动。若存在原转换日计入其他综合收益的金额,也一并结转。

本章小结

水运企业的固定资产包括直接参加水上运输活动及水上运输辅助活动等营运生产过程的各类运输船舶和辅助船舶、集装箱、港务设施、库场设施、运输车辆、装卸设备,在营运生产过程中起辅助作用的通讯导航设施设备和维修用机器设备,作为营运生产过程的必要条件而存在的房屋及其他建筑物,以及作为企业管理职能部门使用的办公设备等。

水运企业固定资产取得,包括有外购取得、自行建造取得和投资投入、接受捐赠和非货币性资产交换取得等其他多种方式,其中包括订造新船舶和外购二手船舶等。

固定资产的后续计量主要包括固定资产折旧的计提、后续支出的计量。水运企业应当根据固定资产的性质和使用情况,合理确定固定资产的使用寿命和预计净残值,按照确定的方法对应计折旧额进行系统分摊;水运企业的固定资产的后续支出,既包括和其他行业相同的房屋设施设备的改扩建等更新改造支出,也包括不同于其他行业的修理等支出。企业应根据固定资产资本化条件进行判断,确定船舶后续支出资本化的范围。

水运企业投资性房地产的会计核算,应根据投资性房地产会计准则要求进行相应的账务处理。

思考题

1. 水运企业固定资产核算的主要内容。
2. 航运企业的运输船舶的折旧核算,有哪些不同于工商行业的特点?
3. 水运企业固定资产后续支出中,资本化和费用化支出主要有哪些?如何进行会计核算?
4. 试分析水运企业固定资产分部件计价核算的可行性。
5. 投资性房地产两种计量模式的区别是什么?

练习题

【练习题 1】 练习固定资产购置的计算。

长航集团下属某客运公司为增值税一般纳税人,20×2 年 11 月份购入一艘客轮,增值税专用发票上注明的设备货款为 8 000 000 元,增值税率为 13%,发生运杂费为

140 000 元，安装费 500 000 元，全部款项已用银行存款支付。该艘客轮 12 月安装完毕并投入运营。

要求：计算该艘客轮的入账价值，并编制会计分录。

【练习题 2】 固定资产折旧的核算。

甲航运公司在珠江三角洲支线从事客货运输，拥有多艘客货轮。20×1 年 1 月，固定资产计提折旧情况如下，客货轮计提折旧 90 万元，货物运输船队管理部门房屋建筑物计提折旧 6 万元，部门运输工具计提折旧 4.8 万元。

此外，本月公司管理部门新购置一辆小车。车子购入原价为不含税价 122 万元，预计使用寿命 10 年，预计净残值 2 万元，按年限平均法计提折旧。请为甲公司 20×7 年 1 月和 2 月进行计提折旧的账务处理。

【练习题 3】 固定资产后续支出的核算。

某航运公司 20×1 年 1 月购入一艘 A 型货船，总计花费 8 000 万元。货船运营 5 年后，公司开辟沿海新运输航线，货船在各港口停靠时间增加。为满足货船停靠港口的要求，公司决定更换一部辅机。20×1 年 1 月购入货船时辅机当时的购价为 500 万元，新辅机购价 700 万元，另需支付安装费用 51 000 元。假定货船使用年限为 10 年，假设不考虑旧辅机和残值和相关税费的影响，请对以上业务进行相应的账务处理。

【练习题 4】 固定资产处置的核算。

某沿海企业将改变经营方式后不再运营的一艘旧客轮出售，该艘旧客轮的原值为 4 800 000 元，已提折旧 1 500 000 元，拆除时以货币资金支付清理费用 26 000 元。出售该艘旧客轮的不含税收入 3 000 000 元存入银行，企业出售资产适用增值税税率 13%。

要求：编制相关的会计分录。

【练习题 5】 固定资产减值的核算。

甲港口公司有关固定资产的资料如下。

(1) 甲公司在某港口有用于装卸工作的各种机械和设备一套，由 A、B、C 三项设备构成，这三项设备属于一个资产组，三项设备无法单独产生现金流。初始入账价值分别为 80 万元、120 万元、200 万元。预计使用年限为 10 年，预计净残值为 0，采用直线法计提折旧，该套设备已经投入使用 5 年。

(2) 20×0 年，由于市场竞争加剧，该套设备盈利能力锐减，甲公司年末对整组资产进行减值测试。

(3) 20×0 年年末，整套资产组的公允价值为 125 万元，预估相关处置费用为 5 万元；预计的该组资产未来现金流量分别为 40 万元、30 万元、30 万元、20 万元、10 万元，折现率为 10%。另外 C 设备的公允价值减去处置费用后的净额为 80 万元，A 和 B 设备无法估计其未来的现金流量，以及其公允价值减去处置费用后的净额。

(4) 整条生产线预计尚可使用年限为 5 年。

要求：计算资产组和各项设备的资产减值损失，并编制有关会计分录。

第 5 章

船舶租赁

学习目标

- 掌握船舶租赁的概念及特征
- 掌握船舶租赁的分类
- 掌握船舶租赁的核算规则
- 掌握船舶租赁的会计处理

5.1 船舶租赁定义与分类

5.1.1 船舶租赁的定义

航运业是一个资金密集型行业，船舶租赁在航运企业发展中起着举足轻重的作用，航运企业为了适应不同货物和不同贸易合同对运输的需要，同时为了合理地利用船舶的运输能力，以获取最佳的营运经济利益，除了用自有船舶自营运输业务之外，还积极地开展航次租船、定期租船、光船租船以及融资租船等租船运输业务。

船舶租赁，是指水运企业因经营需要向其他水运企业或其他企业租赁船舶用于经营活动，按期支付租金，获得船舶的使用权或所有权的经济行为，包括承揽类租赁和资产租赁类租赁两种业务类型。

5.1.2 船舶租赁的分类

按照不同的分类标准，船舶租赁可以进行如下分类。

1. 承揽运输类租船业务

船东把船舶给予承租人在预定的航程或期间内使用，船东主导租赁期间船舶的运营管理，承担船舶在运输期间的主要成本费用，以运费的形式向承租人收取租金，不改变船舶的所有权和使用权。承揽运输类租船业务包括程租业务（航次租船业务）和期租业务

（定期租船业务）。

（1）程租业务

程租业务，又称为航次租船业务，是指运输企业为租船人完成某一特定航次的运输任务并收取租赁费的业务。承租人所租用的船舶，其航次可以是单程的也可以是来回程的，由承租人根据需要而定。航次租船主要包括单航次租船、往返航次租船、连续单航次或连续往返航次租船。

在航次租船运输下，出租人负责提供整艘船舶或部分舱室供承租人用于货物运输，为此 具有承揽运输的性质。它的特点主要表现在。

① 船舶的营运调度由船舶所有人负责，船舶的燃料费、物料费、修理费、港口费、淡水费等营运费用也由船舶所有人负担。承租人按合同规定将货物装上船舶后，即可在卸货港等待提货。

② 船舶所有人负责配备船长、船员，负担船长、船员的工资、航行补贴、伙食费，通过配备船长、船员达到控制和占有船舶的目的，并进行日常营运。

③ 航次租船的“租金”通常称为运费，运费按货物的数量及双方商定的费率计收。

④ 在租船合同中需要写明货物的装、卸费由船舶所有人或承租人负担。

⑤ 在合同中需要约定可用于装、卸的时间及装、卸时间的计算办法，并规定延滞费和速遣费的标准及计算办法。

由此可见航次租船虽然是船舶租赁行为，但租赁的实质是船舶承运的运输行为。航次租船会计核算的是出租方运输收入和租船期间的运输成本的内容，不涉及船舶租赁的会计处理。

（2）期租业务

期租业务，又称为定期租船业务，是指运输企业将配备有操作人员的船舶承租给他人使用一定期限，承租期内听候承租方调遣，不论是否经营，均按天向承租方收取租赁费，发生的固定费用均由船东负担的业务。这个租期的长短主要由承租人根据其需要使用的时间及其对租船市场船舶供求关系和租金水平的变化趋势的分析结果而定。这种租船方式不以完成航次数为依据，而以约定使用的一段时间为限。在这个期间内，承租人可以利用船舶的运载能力安排运输货物；也可以用以从事班轮运输，以补充暂时的运力不足；还可以以航次租船方式承揽第三者的货物，以取得运费收入。

定期租船的主要特点有。

① 船长由船舶所有人任命，船员也由船舶所有人配备，并负担他们的工资和给养，但船长应听从承租人的指挥，否则承租人有权要求船舶所有人予以撤换。

② 船舶出租人仅负责船舶航行安全管理工作，至于船舶的营运调度由承租人负责，并负担船舶的燃料费、港口费、货物装卸费、运河通行费等与营运有关的费用，而船舶所有人则负担船舶的折旧费、维修保养费、船舶物料费、润滑油费、船舶保险费等相对固定不变的船舶维持费。

③ 租金率按船舶装载能力、租期长短以及航运市场价格等多方面因素，由出租人和承租人在合同中明确约定。同时对租金支付的时间、方式、地点以及停租等方面的内容

进行约定。

可以发现，虽然都是租船业务，定期租船较航次租船关于"租船"的程度更趋于深层次。其分别体现在经营管理上由承租人负责、承租人需负担更多的营运费用，以及船舶所有人将出租报酬称之为租金而不再冠以运费之名等。尽管如此，定期租船与一般的资产租赁仍具有本质区别，关键在于定期租船在很大程度上具备运输承揽的性质。其理由是，船长由船舶所有人任命，作为其代理人仍将船舶的占有权掌握在其手中，有关船舶运行的责任仍由船舶所有人负责。这些客观表现决定了定期租船在船舶所有人的指挥下从事运输、承揽货运的工作。期租租入船舶的固定费用一般由船东承担，包括修理费、保险费、淡水费、熏舱费等，当然具体相关费用出租方及租船方如何划分则视合同而定。

因此，定期租船虽然是船舶租赁行为，但租赁的实质是出租方在出租期内进行船舶承运的运输行为。定期租船会计核算的是出租方运输收入和出租方与承租方租船期间的运输费用的内容，不涉及船舶租赁的会计处理。

承揽运输类租船业务包括航次租船业务和定期租船业务，从航运企业的角度看，都属于运输经营的方式。

2. 资产租赁类租船业务

出租人让渡了船舶的使用权或未来的所有权，承租人主导租赁期间船舶的运营管理，承担船舶在租赁期间的主要成本费用。资产租赁类租船业务包括光船租船业务和融资租船业务。

（1）光船租船业务

光船租船又称船壳租船，是船舶所有人(出租人)将一艘特定的船舶提供给承租人使用一个时期的租船。但是，船舶所有人所提供的这艘指定的船舶只是一艘没有配备船员的空船。承租人接受了这艘船舶后还要为船舶配备船员才能使用，而且船员的给养，船舶的营运管理及一切费用都由承租人负责。光船租船不具有承揽运输性质，它只相当于一种资产租赁。承租人从船舶所有人那里租用船舶这一运输工具。

光船租船的特点。

① 船舶所有人只提供一艘空船；

② 全部船员由承租人配备并听从承租人的指挥；

③ 承租人负责船舶的经营及营运调度工作，并承担在租期内的时间损失，即承租人不能"停租"；

④ 除船舶的资本费用外，承租人承担船舶的全部固定的及变动的费用；

⑤ 租金按船舶的装载能力、租期及商订的租金率计算。

从光船租船的特点来看，其与航次租船和定期租船的不同之处最为明显，其"租船"程度最深，实质上属于一项资产租赁。光船租船已不具备航次租船、定期租船所具有的运输承揽性质，其理由主要表现在船舶所有人把船舶的占有权和支配权完全交予承租人，由其经营一定期间，承租人任命船长对船舶运行、货物承揽、营运开支等各方面进行全程管理。

因此，光船租船是经营租赁行为，是船东在一定时期把船舶的占有权和支配权完全交予承租人的经营租赁行为。涉及的是经营租赁业务的会计处理。

(2) 融资租船业务

融资租赁，是指出租人根据承租人对船舶的特定要求和对船厂的选择，出资向造船厂购买船舶并租给承租人使用，由承租人分期支付租金的一种融资模式。在租赁期内船舶所有权属于出租人所有，租期届满，租金支付完毕并且承租人根据融资租赁合同规定履行完全部义务后，船舶所有权即转归承租人所有。

国际上主要的船舶租赁模式包括德国的KG基金模式，英国税务租赁模式、挪威KS基金模式和新加坡海事信托基金模式等。这些融资租赁模式为航运企业在融资、税务筹划等各方面提供了解决方案。

目前融资租船已成为航运企业筹措资金、调整融资结构与扩大营运规模的重要手段。由于这种租赁方式可使航运企业减少自身暂时的现金流出量，而且是一种表外业务，使航运企业的资产负债比率大为优化。船舶融资租赁与船舶的贷款购买或是经营性租赁相比，具有很大的优越性。

我国租赁准则对融资租赁的定义是："实质上转移了与资产所有权有关的全部风险和报酬的租赁。其所有权最终可能转移，也可能不转移。"如果资产的所有权在租赁期满转移给承租方，那么该项租赁一定属于融资租赁；但融资租赁并不一定要求所有权都转移(反之，则不成立)。租赁准则给出了融资租赁的判断标准，符合下列一项或数项标准的，即为融资租赁：一是租赁期届满时，租赁资产所有权转移给承租人；二是承租人有购买租赁资产的选择权，且订立的购买价款预计将远低于行使选择权时租赁资产的公允价值，因而在租赁开始日就可以合理确定承租人将会行使这种选择权；三是即使资产的所有权不转移，但租赁期占租赁资产尚可使用年限的大部分；四是承租人在租赁开始日的最低租赁付款额现值，几乎相当于租赁开始日租赁资产公允价值，这里的"几乎相当于"通常为90%以上；五是租赁资产性质特殊，如果不做较大改造，只有承租人才能使用。从我国会计准则对融资租赁的定义以及判断标准可以看出，我国融资租赁会计定义遵循实质重于形式——经济形式重于法律形式。

融资租赁是集融物与融资为一体的一种独特的信用形式，它既具有信用的一般特征，也有自己的独特特征。

本章主要介绍资产租赁类船舶租赁业务的会计处理。

5.2　船舶租赁的会计处理

本章主要介绍资产租赁类船舶租赁业务的会计处理。承揽运输类租船业务的会计处理可参考营运收入、营运费用核算相关章节内容。

5.2.1 光船租船业务的会计处理

在一般情况下，船东应采用直线法将收到的租金在租赁期内确认为收益。船东应当根据应确认的收益，借记“银行存款”科目，贷记“其他业务收入”等科目。

光船租赁中船东发生的初始直接费用，是指在租赁谈判和签订租赁合同过程中发生的可归属于船舶租赁项目的手续费、律师费、差旅费、印花税等，应当计入当期损益。金额较大的应当计入长期待摊科目，在整个租赁期间内按照与确认租金收入相同的基础分期计入当期损益。

对于光船租赁的船舶，应当采用船东对类似应折旧船舶通常所采用的折旧政策计提折旧。在光船租赁下，船东对可能发生的或有租金，应在实际发生时计入当期收益。

船东提供免租期的，船东应将租金总额再不扣除免租期的整个租赁期内，按直线法进行分配，免租期内船东应当确认租金收入。船东承担了承租方某些费用的，船东应将该费用自租金收入总额中扣除，按扣除后的租金收入余额在租赁期内进行分配。

在光船租赁下，与船舶有关的主要风险和报酬仍然留在船东一方，因此船东应当将出租船舶作为自身拥有的固定资产列在资产负债表中固定资产项下。光船租赁承租人的会计处理与融资租船业务的会计业务相同。

5.2.2 融资租船业务的会计处理

由于融资租船的出租方一般为金融租赁专业公司，本书主要针对航运业租船业务的会计处理进行探讨，主要讨论光租及融资租船两种模式下承租人的会计处理。

租赁开始日，承租人应当对租赁确定使用权资产和租赁负债，主要涉及以下问题，初始直接费用的账务处理、租赁开始日租赁船舶资本化金额的确定、租赁负债——未确认融资费用分摊的计算方法、租赁资产折旧的计提、或有租金的会计处理、履约成本的账务处理、租赁期届满时的会计处理及承租人在财务报告中对融资租赁信息的披露。

1. 初始直接费用的账务处理

初始直接费用，是指为达成租赁所发生的增量成本。增量成本是指若企业不取得该租赁，则不会发生的成本，如佣金、印花税等。无论是否实际取得租赁都会发生的支出，不属于初始直接费用，例如为评估是否签订租赁而发生的差旅费、法律费用等，此类费用应当在发生时计入当期损益。

2. 租赁开始日租赁船舶资本化金额的确定

根据《租赁准则》的有关规定，租赁船舶的租赁付款额，是指承租人向出租人支付的与在租赁期内使用租赁资产的权利相关的款项，包括：

① 固定付款额及实质固定付款额，存在租赁激励的，扣除租赁激励相关金额；

② 取决于指数或比率的可变租赁付款额，该款项在初始计量时根据租赁期开始日的指数或比率确定；

③ 购买选择权的行权价格，前提是承租人合理确定将行使该选择权；

④ 行使终止租赁选择权需支付的款项，前提是租赁期反映出承租人将行使终止租赁选择权；

⑤ 根据承租人提供的担保余值预计应支付的款项。使用租赁付款额的现值，加上初始直接费用减去已收租赁激励，可计算使用权资产的入账金额。

取得租赁付款额现值的前提是折现率。因为在租赁付款额一定的情况下，折现率就成为影响现值大小的决定性因素。最低租赁付款额现值的确定，既关系到租赁类型的判断，又影响到租赁资产入账价值的确定。为此，各准则制定机构大都规定了承租人计算最低租赁付款额的现值时所采用的折现率，如国际会计准则规定应首选租赁内含利率，美国财务会计准则要求将现行借款利率作为首选的折现率。

由于出租人的租赁内含利率通常反映了承租人实际支付的筹资成本，因此在承租人知悉该利率的情况下，将其作为折现率比较合理。如果承租人不知悉出租人的租赁内含利率，就需要寻找其他的利率。根据我国的情况，可备选的主要有租赁合同规定的利率和同期银行贷款利率两种。一般而言，租赁合同都规定有合同利率，这一利率是一个租赁双方都接受的利率，反映了承租人实际负担的利息水平，与同期银行贷款利率相比，更具相关性，因此，如果承租人不知悉出租人的租赁内含利率，采用租赁合同利率也比较客观、真实。从实务操作角度考虑，同期银行贷款利率也较易取得。

租赁开始日的账务处理为，

借：使用权资产

　　租赁负债——未确认融资费用

　　贷：租赁负债——应付租赁款

　　　　银行存款(初始直接费用)

这一分录可以这样理解，融资租入船舶是按借款的本金(加初始直接费用)入账，应付融资租赁款是按本利和入账，而两者之差即为租赁期内应支付的全部借款利息，计入特设的账户“租赁负债——未确认融资费用”。当以后各期等额支付租金时，就相当于分期等额偿还本利和，其中偿还的利息则计入当期的“财务费用”，并冲减“租赁负债——未确认融资费用”科目。

【例 5-1】 20×1 年 12 月 15 日，A 船公司与 B 船舶管理公司签订了一份租赁合同，向 B 公司租入一条中型散货船，起租日为 20×2 年 1 月 1 日，租赁期限 3 年，自起租日起每半年支付一次租金 1 500 000 元，该轮的保险保养维修费用均由 A 公司承担，每年 200 000 元。A 公司在租赁过程中发生属于租赁项目的手续费等约 100 400 元。该船舶预计使用年限为 30 年，目前已经使用 20 年，承租人采用平均年限法计提折旧。合同约定，租赁期届满，A 公司享有优惠购买该船的权利，购买价格 1 000 元，估计届时该租赁船舶的公允价值是 1 800 000 元。20×1 年 12 月 15 日，该船的公允价值是 7 000 000 元。折现率为 7%。

承租人(A公司)租赁开始日,判断租赁类型。

最低租赁付款额=各期租金之和+行使优惠购买权支付的金额
=1 500 000×6+1 000=9 001 000元

最低租赁付款额现值=1 500 000×(P/A,7%,6)+1 000×(P/F,7%,6)
=1 500 000×4.767+1 000×0.666=7 151 166(元)

由于存在优惠购买选择权,优惠价格远低于当时公允价值,所以租赁开始日,就可以合理确定A公司将会选择这个权利,符合融资租赁的判断标准。另外最低租赁付款额的现值为7 151 166元,大于租赁资产公允价值的90%,符合融资租赁的判断标准。

租赁开始日最低租赁付款额的现值7 151 166元,大于租赁资产公允价值7 000 000元,根据公允价值与最低租赁付款额现值孰低的原则,租赁资产的入账价值应为其公允价值7 000 000元。

未确认融资费用=最低租赁付款额 — 租赁开始日租赁资产的公允价值
=9 001 000−7 000 000=2 001 000(元)

初始直接费用100 000元计入资产价值,

融资租入资产入账价值=7 000 000+100 400=7 100 400

会计分录,

借:使用权资产——融资租入固定资产　　7 100 400
　　租赁负债——未确认融资费用　　2 001 000
　　贷:租赁负债——应付融资租赁款　　9 001 000
　　　　银行存款　　100 400

3. 租赁负债——未确认融资费用分摊的计算方法

"租赁负债——未确认融资费用"账户所反映的内容,是租入资产(如固定资产、无形资产)或长期借款所发生利息支出,应在租赁期内各个期间进行分摊。该账户的借方表示增加,即当期新增加的"未确认融资费用";该账户的贷方表示减少,即当期摊销(减少)的"未确认融资费用"。

融资租赁下,期末承租人支付的租金,偿还利息的同时,还偿还了部分租赁负债"本金"。其中,利息部分为"租赁负债"期初贷方余额按周期性利率确认的当期融资费用。周期性利率是承租人对租赁负债进行初始计量时采用折现率,或者因租赁付款额发生变动或因租赁变更按照修订后的折现率对租赁负债进行重新计量时的折现率。实际支付租金与计算支付利息的差额,偿还"租赁负债"本金。下一期支付租金时,再按照偿还本金后的"租赁负债"当期期初贷方余额确认融资费用。

承租人支付每期应付租金时,借记"租赁负债——应付租赁款"科目,贷记"银行存款"科目,同时根据当期应确认的融资费用金额,借记"财务费用"科目,贷记"租赁负债——未确认融资费用"科目。具体科目如下。

借:租赁负债——应付租赁款
　　贷:银行存款(租金)

借：财务费用——利息费用

　　贷：租赁负债——未确认融资费用

【例 5-2】 续例 5-1，每期期末对“租赁负债——未确认融资费用”进行分摊。

计算融资费用分摊率，租赁开始日最低租赁付款额的现值＝租赁开始日租赁资产公允价值，可以得出，1 500 000×(P/A，R，6)＋1 000×(P/F，R，6)＝7 000 000。

通过插值法算出 R＝7.7%

表 5-1　租赁负债的后续计量

	租赁负债期初余额	利息	支付租赁款	租赁负债期末余额
	①	②＝①×7.7%	③	④＝①＋②－③
20×2 年 6 月 30 日	7 000 000.00	539 000.00	1 500 000.00	6 039 000.00
20×2 年 12 月 31 日	6 039 000.00	465 003.00	1 500 000.00	5 004 003.00
20×3 年 6 月 30 日	5 004 003.00	385 308.23	1 500 000.00	3 889 311.23
20×3 年 12 月 31 日	3 889 311.23	299 476.96	1 500 000.00	2 688 788.20
20×4 年 6 月 30 日	2 688 788.20	207 036.69	1 500 000.00	1 395 824.89
20×4 年 12 月 31 日	1 395 824.89	105 175.11*	1 500 000.00	1 000.00
合计	—	2 001 000.00	9 000 000.00	—

注：105 175.11 为 2 001 000 减去前五期利息费用倒挤得出。

摊销的会计分录如下，

20×2 年 6 月 30 日。

借：租赁负债——应付融资租赁款　　1 500 000

　　贷：银行存款　　1 500 000

借：财务费用　　539 000

　　贷：租赁负债——未确认融资费用　　539 000

20×2 年 12 月 31 日。

借：租赁负债——应付融资租赁款　　1 500 000

　　贷：银行存款　　1 500 000

借：财务费用　　465 003

　　贷：租赁负债——未确认融资费用　　465 003

20×3 年 6 月 30 日。

借：租赁负债——应付融资租赁款　　1 500 000

　　贷：银行存款　　1 500 000

借：财务费用　　385 308.23

　　贷：租赁负债——未确认融资费用　　385 308.23

20×3 年 12 月 31 日。

借：租赁负债——应付融资租赁款　　1 500 000

　　贷：银行存款　　1 500 000

借：财务费用　　　　　　　　　　　　　　　　299 476.96
　　贷：租赁负债——未确认融资费用　　　　　　　　299 476.96

20×4 年 6 月 30 日。

借：租赁负债——应付融资租赁款　　　　　　　1 500 000
　　贷：银行存款　　　　　　　　　　　　　　　　1 500 000

借：财务费用　　　　　　　　　　　　　　　　207 036.69
　　贷：租赁负债——未确认融资费用　　　　　　　　207 036.69

20×4 年 12 月 31 日。

借：租赁负债——应付融资租赁款　　　　　　　1 500 000
　　贷：银行存款　　　　　　　　　　　　　　　　1 500 000

借：财务费用　　　　　　　　　　　　　　　　105 175.11
　　贷：租赁负债——未确认融资费用　　　　　　　　105 175.11

4. 租赁资产折旧的计提

承租人应参照《企业会计准则第 4 号——固定资产》有关折旧规定，自租赁期开始之日起对使用权资产计提折旧。通常应当自租赁期开始当月计提折旧，当月计提折旧有困难的，便于实务操作，承租人也可选择自租赁期开始的下月计提折旧，同类使用权资产采用相同的折旧政策。计提的折旧金额根据使用权资产的用途，计入相关资产成本或当期损益。

承租人在确定使用权资产折旧方法时，应根据与使用权资产有关的经济利益预期实现方式做出决定。

承租人在确定使用权资产折旧年限时，按照租赁准则第 16 条规定，“承租人应采用与自有应折旧资产相一致的折旧政策计提折旧”，“能够合理确定租赁期满时取得租赁资产所有权的，应当在租赁资产使用寿命内计提折旧；无法合理确定租赁期满时能够取得租赁资产所有权的，应当在租赁期与租赁资产使用寿命两者中较短的期间内计提折旧”。

【例 5-3】 续例 5-1，承租人 A 公司年末的折旧计提。

根据资料显示，该船舶预计使用年限为 30 年，目前已经使用 20 年，剩余可使用年限为 10 年，承租人采用平均年限法计提折旧。假设不考虑净值。

A 公司合同期内，每月月末计提折旧时，

$$年折旧款=\frac{7\,100\,400}{10}=710\,400$$

$$月折旧款=\frac{7\,10\,400}{12}=59\,200$$

借：船舶固定费用——折旧费用　　　　　　　　59 200
　　贷：使用权资产累计折旧　　　　　　　　　　　59 200

5. 或有租金的会计处理

或有租金，是交易双方为了互利互惠，在租赁合同中额外规定的一种不确定的租金，该项租金的大小主要取决于承租人未来的经营状况或宏观经济状况等外生因素。由于承租人无法对这些因素做出较为准确的预测，故或有租金不能包含在最低租赁付款额中，也不能在租赁开始日确定为一项或有负债。《租赁准则》第 17 条规定："或有租金应当在实际发生时计入当期损益。"

6. 履约成本的账务处理

融资租赁的履约成本，是指在租赁期内，承租人为租赁资产所支付的各种使用成本，如技术咨询和服务费、人工培训费、维修费、保险费等。

对于发生次数较少、金额较大的技术咨询费和服务费、人工培训费、维修费以及保险费等，应予递延分摊计入各项费用，借记"长期待摊费用"或"预提费用"，贷记"银行存款"等科目。对金额较小的上述费用和经常性发生的维修费，可直接计入当期费用，借记"销售费用"或"管理费用"，贷记"银行存款"等科目。

【例 5-4】 续例 5-1，A 公司在租赁过程中每年发生的保险保养维修费用 200 000 元。保险及维护费用的会计处理。

借：管理费用——保险费等 200 000

　　贷：银行存款 200 000

7. 租赁期届满时的会计处理

租赁期届满时的账务处理取决于承租人选择的融资租赁方式，基本原则是，一旦付清所有款项，必须及时结平"租赁负债——应付租赁款"；而"使用权资产"账户，则视承租人的不同选择予以结平或结转。具体处理如下。

① 选择返还租赁船舶

若承租人及其利益人在租赁日承担了租赁船舶余值的担保责任，且在租赁期届满时该担保余值完全没有减值的话，则只需一个分录便可结平与该项租赁资产有关的全部账户。

借：租赁负债——应付租赁款(等于担保余值)

　　使用权资产累计折旧

　　贷：使用权资产

如果租赁期届满时担保余值发生了减值，承租人必须以货币资金补偿出租人的损失，而承租人的这项额外支付，理应视为自己的一项损失，可计入营业外支出。进行会计处理时，在上述分录的基础上，按担保余值得减值金额，再做一个确认损失的会计分录。

借：营业外支出——担保余值减值损失

　　贷：银行存款(或其他应付款)

若租赁合同并未规定承租人必须担保租赁船舶的余值，则租赁期届满时，只需借记“使用权资产累计折旧”科目，贷记“使用权资产”科目。

② 选择留购租赁船舶

租赁期届满承租人选择以优惠价格留购船舶，实际支付价款时，借记“租赁负债——应付租赁款”科目，贷记“银行存款”等科目；同时，将固定资产从“使用权资产”明细科目转入其他有关明细科目。

③ 选择优惠续租租赁船舶

如果承租人行使优惠续租选择权，则应视同该项租赁一直存在而作出相应的账务处理，如继续支付租金、计提折旧等。如果租赁期届满时承租人没有续租，根据租赁合同规定须向出租人支付违约金时，借记“营业外支出”科目，贷记“银行存款”等科目。

8. 承租人在财务报告中对融资租赁信息的披露

① 每类租入船舶在资产负债表日的账面原值、累计折旧及账面净值；

② 资产负债表日后连续三个会计年度每年将支付的租赁付款额，以及以后年度将支付的租赁付款额总额；

③ 租赁负债——未确认融资费用的余额；

④ 分摊租赁负债——未确认融资费用所采用的方法。

【例 5-5】 续例 5-1，合同约定，租赁期届满，A 公司享有优惠购买该船的权利，购买价格 1 000 元，估计届时该租赁船舶的公允价值是 1 800 000 元。

第 3 年末使用权资产累计

$$
\begin{aligned}
\text{折旧余额} &= 59\,200 \times 12 \times 3 \\
&= 213\,120
\end{aligned}
$$

租赁期满，A 公司会购买该船舶，会计处理(20×4 年 12 月 31 日)。

借：租赁负债——应付融资租赁款　　1 000
　　贷：银行存款　　1 000
借：固定资产——某轮　　4 969 200
　　使用权资产累计折旧　　2 131 200
　　贷：使用权资产——融资租入固定资产　　7 100 400

【例 5-6】 续例 5-1，出租人 B 公司的会计处理。

(1) 租赁开始日的处理：融资租赁固定资产的账面价值为 6 900 000 元，公允价值 7 000 000 元。出租人为签订租赁合同发生的直接费用是 100 000 元。

由于有优惠购买选择权，购买价格 1 000 元，远低于租赁开始日的公允价值，因此可以合理确定 A 公司会行使选择权，符合融资租赁判断条件。

计算租赁内含利率：

最低租赁收款额＝租金×期数＋优惠购买价格＝1 500 000×6＋1 000＝9 001 000(元)

最低租赁收款额现值＝1 500 000×(P/A,R,6)＋1 000×(P/F,R,6)＝7 100 000

经过插值法计算得出 R＝7.24%

因此应收融资租赁款入账价值＝9 001 000＋100 000＝9 101 000

最低租赁收款额现值＝7 100 000

未实现融资收益＝9 101 000－7 100 000＝2 001 000

会计分录如下：

20×2 年 1 月 1 日。

借：应收融资租赁款——租赁收款额　　9 101 000

　贷：银行存款　　100 000

　融资租赁资产　　6 900 000

　应收融资租赁款——未实现融资收益　　2 001 000

　资产处置损益　　100 000

（资产账面价值与公允价值的差，作为资产处置损益）

借：应收融资租赁款——未实现融资收益　　100 000

　贷：应收融资租赁款——租赁收款额　　100 000

（2）未实现融资收益的分配

表 5-2　租赁利息收入的后续计量

	租　金	确认利息收入	租赁投资净余额
	①	②＝上期③×7.24％	期末③＝上期③－①＋②
20×2 年 1 月 1 日			7 100 000.00
20×2 年 6 月 30 日	1 500 000.00	514 040.00	6 114 040.00
20×2 年 12 月 31 日	1 500 000.00	442 656.50	5 056 696.50
20×3 年 6 月 30 日	1 500 000.00	366 104.83	3 922 801.32
20×3 年 12 月 31 日	1 500 000.00	284 010.82	2 706 812.14
20×4 年 6 月 30 日	1 500 000.00	195 973.20	1 402 785.34
20×4 年 12 月 31 日	1 500 000.00	98 214.66*	1 000.00
合计	9 000 000.00	1 901 000.00	

注：98 214.66 为 1 901 000 倒挤前五期利息收入获得。

会计分录如下。

20×2 年 6 月 30 日，收到第一期租金时。

借：银行存款　　1 500 000

　贷：应收融资租赁款——租赁收款额　　1 500 000

借：应收融资租赁款——未实现融资收益　　514 040

　贷：租赁收入　　514 040

20×2 年 12 月 31 日。

借：银行存款　　1 500 000

　贷：应收融资租赁款——租赁收款额　　1 500 000

借：应收融资租赁款——未实现融资收益　　442 656.50

　贷：租赁收入　　442 656.50

20×3 年 6 月 30 日。

借：银行存款　　1 500 000

　　贷：应收融资租赁款——租赁收款额　　1 500 000

借：应收融资租赁款——未实现融资收益　　366 104.83

　　贷：租赁收入　　366 104.83

20×3 年 12 月 31 日。

借：银行存款　　1 500 000

　　贷：应收融资租赁款——租赁收款额　　1 500 000

借：应收融资租赁款——未实现融资收益　　284 010.82

　　贷：租赁收入　　284 010.82

20×4 年 6 月 30 日。

借：银行存款　　1 500 000

　　贷：应收融资租赁款——租赁收款额　　1 500 000

借：应收融资租赁款——未实现融资收益　　195 973.20

　　贷：租赁收入　　195 973.20

20×4 年 12 月 31 日。

借：银行存款　　1 500 000

　　贷：应收融资租赁款——租赁收款额　　1 500 000

借：应收融资租赁款——未实现融资收益　　98 214.66

　　贷：租赁收入　　98 214.66

借：银行存款　　1 000

　　贷：应收融资租赁款——租赁收款额　　1 000

本章小结

船舶租赁其实可以分为承揽运输租赁和资产租赁两大类，其中承揽租赁其本质为运输服务，其会计核算应该采用运输业务的收入成本核算方式；资产租赁类，由于新租赁准则于 2021 年 1 月 1 日起全面执行，对于航运企业而言由于经营性租赁新准则也是进入表内核算，对于企业的负债率、息税前利润等都有不利影响，因此需要航运企业加强自身业务能力建设，提升企业的运营管理水平，优化各项财务指标、开拓更多的融资方式。

思考题

1. 什么是船舶租赁？其主要特征是什么？包括哪些内容？
2. 如何对船舶租赁进行确认和计量？

练习题

【练习题 1】 练习船舶租赁的会计处理。

20×0 年 12 月 20 日，A 航运公司与 B 租赁公司签订了为期 5 年的船舶光租协议，资料如下。(1)每年不含税租金为每年 5 000 000 美金，自 20×1 年 1 月 1 日期租，租金在年初支付；(2)为达成租赁支付给经纪公司 10 000 美金；(3)A 公司无法确定租赁合同的内含利率，其增量借款利率为每年 5%，为简化计算不考虑税费影响；(4)假设记账汇率人民币兑美金按照 6.5 计算。

要求：试编制承租人 A 公司 20×1 年相关会计分录。

【练习题 2】 练习船舶租赁的会计处理。

20×2 年 1 月 1 日 D 公司将自有的一条杂货船租赁给 E 航运公司公允价值和账面价值皆为 5 500 000 元，租期三年，D 公司发生直接费用 150 000 元，合同约定 E 公司每年支付租金 2 000 000 元，资产余值 1 000 000 元，承租人担保余值 500 000 元，独立第三方担保资产价值是 300 000 元，租赁期满 E 公司可以以 200 000 元的价格留购。假定担保余值未发生变化。

要求：试编制出租人 D 公司的相关会计分录。

第6章

无形资产与商誉

学习目标

- 掌握无形资产的概念及特征
- 掌握无形资产的分类
- 掌握无形资产的初始计量、后续计量
- 掌握无形资产出售、出租和报废的会计处理
- 了解商誉的形成及相关会计处理

6.1 无形资产的概念及特征

无形资产，是指企业过去的交易或者事项形成的、由企业拥有或控制的、预期会给企业带来经济利益的、没有实物形态的可辨认非货币性长期资产。主要包括专利权、软件、非专利技术、商标权、著作权、土地使用权（包括从原固定资产、在建工程中分离的土地使用权）、特许权、场地使用权、码头使用权、海域使用权等，按成本进行初始计量。另外，有些上市公司还有一类无形资产，球员技术。

需要注意的是，作为投资性房地产的土地使用权、按照规定单独计价作为固定资产入账的土地以及企业合并中形成的商誉不属于无形资产。

无形资产具有如下特征，没有实物形态、属于非货币性长期资产、是为企业使用而非出售的资产、在创造经济利益方面存在较大不确定性、是企业有偿取得的。

6.2 无形资产的分类

无形资产按不同来源可分为外购无形资产和自创无形资产。通常情况下，应确认的无形资产主要是外购无形资产，自创无形资产除符合资本化条件之外，一般都不能确认。

无形资产按其能否辨认分为可辨认无形资产和不可辨认无形资产。凡具有专门名称、能够个别取得和辨认的无形资产属于可辨认无形资产，包括专利权、非专利技术、商标权、著作权、土地用权等；凡不能单独为企业取得、无法具体辨认的无形资产属于不可

辨认无形资产,如商誉。

无形资产按其所有权能否转让,分为可转让无形资产和不可转让无性资产。前者是可根据法律程序办理转让和出售的无形资产,如专利权、商标权等。后者是依附于特定企业、不能依据法律程序办理转让和出售的无形资产,如商誉等。

6.3　无形资产的初始计量

6.3.1　外购的无形资产

企业外购无形资产的成本,包括购买价款、相关税费、使无形资产达到预定用途所发生的可直接归属于该项资产的专业服务费、测试无形资产是否能够正常发挥作用的费用等。为引进新产品进行宣传所发生的广告费及其他间接费用以及在无形资产已达到预定用途后发生的费用均不构成无形资产成本,应在发生时计入当期损益。

【例 5-1】 甲公司购入一项商标权,增值税专用发票买价为 85 000 元,进项增值税额为 5 100 元,价款已转账支付。甲公司编制会计分录如下。

借:无形资产——商标权　　85 000
　　应交税费——应交增值税(进项税额)　　5 100
　　贷:银行存款　　90 100

与固定资产一并购入的专利权、非专利技术等无形资产,如果能够单独辨认和计量且不构成有形资产的必要组成部分,可确认为无形资产,否则计入固定资产成本。

在获取土地使用权过程中,根据国家相关法规规定交纳的土地出让金、土地征用费等为取得土地使用权并使其达到预定用途而发生的全部支出,应计入土地使用权成本。支付的拆迁补偿费、三通一平费用等费用一般应计入在建工程成本,待工程达到预定可使用状态时结转至固定资产。

土地使用权用于自行开发建造厂房等地上建筑物时,土地使用权的账面价值不与地上建筑物合并计算其成本,而仍作为无形资产进行核算,土地使用权与地上建筑物分别进行摊销和提取折旧。但下列情况除外,(1)房地产开发企业取得的土地使用权用于建造对外出售的房屋建筑物,相关的土地使用权应计入所建造的房地产的成本。(2)外购的房屋建筑物,实际支付的价款中包括土地以及建筑物的价值,则应当对支付的价款按照合理的方法(例如,公允价值)在土地和地上建筑物之间进行分配;如果确实无法在地上建筑物与土地使用权之间进行合理分配的,应当全部作为固定资产核算。

6.3.2　研究与开发的无形资产

内部研究开发项目研究阶段的支出应予以费用化,于发生时计入当期损益。

内部研究开发项目开发阶段的支出,同时满足下列五个条件时,才能予以资本化,确认为无形资产。

(1) 完成该无形资产以使其能够使用或出售在技术上具有可行性；

(2) 具有完成该无形资产并使用或出售的意图；

(3) 无形资产产生经济利益的方式，包括能够证明运用该无形资产生产的产品存在市场或无形资产自身存在市场，无形资产将在内部使用的，能证明其有用性；

(4) 有足够的技术、财务资源和其他资源支持，以完成该无形资产的开发，并有能力使用或出售该无形资产；

(5) 归属于该无形资产开发阶段的支出能够可靠地计量。

【例 5-2】 20×1 年 5 月 3 日，甲公司自行研究开发一项专利技术，研发过程中发生原材料费 400 万元、职工工资 100 万元、以存款支付其他费用 300 万元，总计 800 万元，其中，符合资本化条件的支出为 500 万元；20×1 年 11 月 30 日，该专利技术已经达到预定用途。甲公司编制会计分录如下。

(1) 发生研发费用

借：研发支出——费用化支出 3 000 000
——资本化支出 5 000 000
贷：原材料 4 000 000
应付职工薪酬 1 000 000
银行存款 3 000 000

(2) 专利技术达到预定用途

借：管理费用 3 000 000
无形资产 5 000 000
贷：研发支出——费用化支出 3 000 000
——资本化支出 5 000 000

6.4 无形资产的后续计量

6.4.1 无形资产的摊销

无形资产摊销是以其使用寿命为基础的，使用寿命有限的无形资产，在使用寿命内按照与该项无形资产有关的经济利益的预期实现方式系统合理地摊销，无法可靠确定预期实现方式的，采用直线法摊销，无形资产的净残值一般为零；使用寿命不确定的无形资产，在持有期间内不需要摊销，但应当在每个会计期间进行减值测试。

(1) 无形资产使用寿命的确定

企业持有的无形资产，通常根据合同或法律规定判断使用年限。合同或法律没有规定使用年限的，企业应当综合各方面因素判断使用年限。无法合理确定无形资产为企业带来经济利益期限的，该项无形资产应作为使用寿命不确定的无形资产。

(2) 无形资产使用寿命的复核

企业至少应当于每年年度终了，对无形资产的使用寿命进行复核，如果有证据表明无形资产的使用寿命不同于以前的估计，由于合同的续约或无形资产应用条件的改善，延长了无形资产的使用寿命，对于使用寿命有限的无形资产应改变其摊销年限。对于使用寿命不确定的无形资产，如果有证据表明其使用寿命是有限的，应当估计其使用寿命，并按使用寿命有限的无形资产进行会计处理。

摊销无形资产价值时，借记“管理费用——无形资产摊销”科目，贷记“无形资产”科目。若预计某项无形资产已经不能给企业带来未来经济利益，应当将该项无形资产的账面价值全部转入当期管理费用。

6.4.2　无形资产的后续支出

无形资产的后续支出，是指无形资产入账后，为确保该无形资产能够给企业带来预定的经济利益而发生的支出。无形资产的后续支出通常应在发生当期确认为费用。

6.4.3　无形资产的减值

使用寿命确定的无形资产，在资产负债表日有迹象表明发生减值的，按照账面价值与可收回金额的差额计提相应的减值准备；使用寿命不确定的无形资产和尚未达到可使用状态的无形资产，无论是否存在减值迹象，每年均进行减值测试。

6.5　无形资产的出售、出租和报废

6.5.1　无形资产的出售

无形资产出售，即无形资产所有权转让。由于无形资产的出售收入，不是企业日常经营活动所取得的收入，而是属于偶发交易或事项所发生的收益，应作为计入当期损益中的利得或损失。因此企业出售无形资产时，应将所得价款与该项无形资产的账面价值之间的差额确认为当期资产处置损益。

【例 5-3】 20×1 年 1 月 1 日，甲公司购入 A 无形资产，实际支付的价款为 120 000 元。根据相关法律，甲公司估计 A 无形资产使用寿命为 6 年。甲公司无形资产采用直线法摊销。20×3 年 1 月 1 日，甲公司将所拥有的 A 无形资产出售给乙公司，取得收入 88 000 元，应交增值税 5 280 元。甲公司编制会计分录如下：

20×3 年 1 月 1 日出售时，该项无形资产累计摊销为 40 000 元(20 000×2)。

借：银行存款　　　　88 000
　　累计摊销　　　　40 000

贷：无形资产　　　　　　　　　　　　　　120 000

应交税费——应交增值税(销项税额)　　　　　　5 280

资产处置损益　　　　　　　　　　　　　　2 720

6.5.2 无形资产的出租

无形资产出租,即无形资产使用权转让,是指企业将所拥有的无形资产的使用权让渡给他人并收取租金的经济事项。为确保收入与费用相配比,在确认租金收入的同时,还应确认相关费用。但是,企业如果将取得的土地使用权出租时,应将其账面价值转为投资性房地产核算。

【例 5-4】 20×1 年 1 月,甲公司将其拥有的一项原始价值为 210 000 元的专利权让渡给乙公司使用 1 年,合约规定乙公司应一次性支付使用费 45 000 元。甲公司支付相关费用 5 000 元,出具增值税专用发票,增值税税率为 6%。甲公司采用直线法摊销无形资产。已知让渡使用权时该专利权已累计摊销 105 000 元,已提减值准备 30 000 元,该专利权尚有使用年限 2 年。甲公司编制会计分录如下：

(1) 收到租金。

借：银行存款　　　　　　　　　　47 700

　贷：其他业务收入　　　　　　　　　　45 000

　　应交税费——应交增值税(销项税额)　　2 700

(2) 支付相关费用。

借：其他业务成本　　　　　　　　5 000

　贷：银行存款　　　　　　　　　　　　5 000

(3) 20×1 年年末,无形资产摊销 37 500 元[(210 000－105 000－30 000)/2]。

借：其他业务成本　　　　　　　　37 500

　贷：累计摊销　　　　　　　　　　　　37 500

6.5.3 无形资产的报废

如果无形资产预期不能为企业带来经济利益,就已经基本丧失了其经济价值和未来服务潜能,从而不再符合资产的定义,则应将其转销。企业可以根据以下迹象判断某项无形资产是否丧失了经济价值。①该无形资产是否已被其他新技术等所替代,且已不能为企业带来经济利益。②该无形资产是否不再受法律的保护,且不能给企业带来经济利益。③其他足以证明某项无形资产实质上已经丧失了使用价值的情形。当存在上述一项或几项情况时,可认定为该无形资产不能为企业带来经济利益,应将其予以转销。

转销时,应将无形资产的账面价值全部计入当期损益,按已提减值准备,借记“无形资产减值准备”账户；按累计摊销数,借记“累计摊销”账户；按差额(账面净值),借记“营业外支出”账户；按账面余额,贷记“无形资产”账户。

【例5-5】 承【例5-4】,假设甲公司所拥有的该项专利权,在租赁期满后,由于已被更新的技术所替代,已无任何经济价值,公司决定将该项专利权予以报废。则甲公司租赁期满时将收回的该项专利权转销的会计分录如下。

甲公司报废转销专利权时。

借：营业外支出 37 500
　　累计摊销 142 500
　　无形资产减值准备 30 000
　　贷：无形资产——专利权 210 000

6.6 商　　誉

商誉是指能在未来期间为企业经营带来超额利润的潜在经济价值,或一家企业预期的获利能力超过可辨认资产正常获利能力(如社会平均投资回报率)的资本化价值。商誉是企业整体价值的组成部分。在企业合并时,它是购买企业投资成本超过被合并企业净资产公允价值的差额。

依据商誉的取得方式,商誉可分为外购商誉和自创商誉。外购商誉是指由于企业合并采用购买法进行核算而形成的商誉;自创商誉即是其他商誉或称之为非外购商誉。

商誉和无形资产都属于资产类科目,表面上很相似,但有着本质的区别。(1)无形资产不具有实物形态、具有可辨认性、属于非货币性资产;(2)商誉的存在无法与企业自身分离,不具有可辨认性。

按我国企业会计准则的相关规定,企业确认的合并商誉,不予摊销,但至少应当在年度终了时进行减值测试。发生商誉减值时,借记“资产减值损失”账户,贷记“商誉减值准备”账户。对于已确认的商誉减值损失,不允许在以后会计期间转回。

本章小结

无形资产是指企业拥有或者控制的、没有实物形态的、可辨认的非货币性资产。外购无形资产的成本包括直接归属于使该项资产达到预定用途所发生的所有支出。对于企业内部自行研究与开发项目所发生的支出,属于研究阶段的支出,应予以费用化;属于开发阶段的支出,符合资本化条件的,应计入无形资产价值。企业应当在取得无形资产时分析判断其使用寿命,并将无形资产的成本在其使用寿命内进行摊销。使用寿命不确定的无形资产如出现减值迹象,应当在资产负债表中进行减值测试。

商誉不具有可辨认性,不属于无形资产范围。自创商誉不能确认,只有在企业收购和兼并中取得的外购商誉,才能进行会计确认。商誉不予摊销,但至少应在年度终了时进行减值测试。

思考题

1. 什么是无形资产？其主要特征是什么？包括哪些内容？
2. 如何对无形资产进行初始计量和后续计量？
3. 估计无形资产的使用寿命要考虑哪些因素？如何确定无形资产摊销期限？
4. 形成商誉的因素有哪些？商誉如何确认？
5. 如何对商誉进行计量？

练习题

【练习题 1】 练习无形资产摊销的会计处理。

(1) 20×2 年 1 月 10 日，甲公司购买了一项特许权，成本为 4 800 000 元，合同规定受益年限为 10 年。

(2) 20×2 年 1 月 1 日，甲公司将其自行开发完成的非专利技术出租给某公司，该非专利技术成本为 3 600 000 元，双方约定的租赁期限为 10 年。

要求：编制该公司 20×2 年 1 月份无形资产摊销的会计分录。

【练习题 2】 练习无形资产报废的会计处理。

20×2 年 12 月 31 日，乙公司一项无形资产报废。该无形资产原值 100 000 元，预计使用 10 年，无残值。现已使用 6 年，已计提减值准备 3 000 元。

要求：编制该无形资产报废的会计分录。

【练习题 3】 练习无形资产减值的会计处理。

甲公司有关无形资产的资料如下。

(1) 20×1 年 1 月 1 日，甲公司购入一项专利技术，实际支付含增值税价款 212 万元，增值税税率 6%。按法律规定该项无形资产有效年限为 10 年，净残值为 0。甲公司预计可使用年限为 5 年。

(2) 20×2 年 12 月 31 日，由于技术更新，甲公司对该专利技术进行减值测试，预计其可回收金额为 90 万元。

(3) 20×4 年 5 月 2 日，甲公司将该技术专利权出售，收到含增值税价款 42.4 万元。

已知：无形资产销售的增值税税率为 6%。

要求：按时间顺序，对甲公司该项无形资产相关业务做账务处理。

第 7 章

金融资产

学习目标

- 了解金融资产的定义与分类
- 掌握债权投资的特点及核算
- 掌握其他债权投资和其他权益工具投资的特点及核算
- 掌握交易性金融资产的特点及核算
- 掌握金融资产减值的会计处理

7.1　金融资产的概述

7.1.1　金融资产的概念

金融工具是指形成一方的金融资产并形成其他方的金融负债或权益工具的合同，包括金融资产、金融负债和权益工具。

金融资产是指企业持有的现金、其他方的权益工具以及从其他方收取现金或其他金融资产的合同权利，以及在潜在有利条件下与其他方交换金融资产或金融负债的合同权利等。

金融资产的主要特征，是能够为其所有者提供即期或远期的现金流量、其他金融资产或自身权益工具。金融资产通常指企业的货币资金、应收账款、应收票据、贷款、其他应收款、股权投资、债权投资和衍生金融工具形成的资产等。公司持有的股票、债券等融资工具叫金融资产，其他的叫非金融资产。

本章不涉及以下金融资产的会计处理，①货币资金；②应收账款、应收票据、贷款和其他应收款；③长期股权投资（即企业对外能够形成控制、共同控制和重大影响的股权投资）。

7.1.2 金融资产的分类

金融资产分为以摊余成本计量的金融资产、以公允价值计量且其变动计入其他综合收益的金融资产、以公允价值计量且其变动计入当期损益的金融资产。

1. 以摊余成本计量的金融资产

金融资产同时符合下列条件的,应当分类为以摊余成本计量的金融资产,①企业管理该金融资产的业务模式是以收取合同现金流量为目标;②该金融资产的合同条款规定,在特定日期产生的现金流量,仅为对本金和以未偿付本金金额为基础的利息的支付。这一类金融资产包括货币资金、应收款项、银行向企业客户发放的贷款、企业为获取利息而购入的债券等。对于分类为以摊余成本计量的金融资产,企业应当设置“债权投资”科目进行核算。

2. 以公允价值计量且其变动计入其他综合收益的金融资产

金融资产同时符合下列条件的,应当分类为以公允价值计量且其变动计入其他综合收益的金融资产,①企业管理该金融资产的业务模式既以收取合同现金流量为目标又以出售该金融资产为目标;②该金融资产的合同条款规定,在特定日期产生的现金流量,仅为对本金和以未偿付本金金额为基础的利息的支付。以公允价值计量且其变动计入其他综合收益的金融资产主要包括其他债权投资和其他权益工具投资,应当设置“其他债权投资”“其他权益工具投资”科目进行核算。

3. 以公允价值计量且其变动计入当期损益的金融资产

按照企业会计准则有关规定分类为以摊余成本计量的金融资产和以公允价值计量且其变动计入其他综合收益的金融资产之外的金融资产,企业应当将其分类为以公允价值计量且其变动计入当期损益的金融资产。对于分类为以公允价值计量且其变动计入当期损益的金融资产,企业可以设置“交易性金融资产”等科目进行核算。

7.2 以摊余成本计量的金融资产

7.2.1 初始计量

以摊余成本计量的金融资产,可以包括一般企业准备持有至到期获取合同现金流量的 债券投资,与收入同时确认的长期应收款、应收账款、应收票据等,以及银行发放的贷款等。对于应收账款、其他应收款、应收票据等，如果现金收回时期较短，预计未来现金流量与其现值相差很小，初始确认时可以简化计量，不予折现，也就不存在因折现率与利率差异而分期摊销的问题。本节主要讨论以摊余成本计量的债券投资。

以摊余成本计量的金融资产，初始确认按公允价值计量，相关交易费用计入初始确认金额。在以摊余成本计量的金融资产持有期间，与债券溢、折价一起分期摊销，调整持有期间各期的收益。所支付的价款中，如果包含已到付息期但尚未领取的债券利息，应当单独确认为应收项目。

企业取得债券投资时，应按债券的面值，借记"债权投资——成本"账户；按实际支付的价款中包含的已到付息期但尚未领取的利息，借记"应收利息"账户；按实际支付的金额，贷记"银行存款"账户；按其差额，借记或贷记"债权投资——利息调整"账户。

【例7-1】 甲公司于20×1年1月1日以408 000元的价格购入乙公司当日发行的公司债券4 000张，每张面值100元，另支付交易费用8 000元。该债券系4年期、每年12月31日付息、到期还本的债券，票面年利率为9%。编制会计分录如下。

借：债权投资——乙债券(成本)　　400 000
　　　　　　——乙债券(利息调整)　　16 000
　贷：银行存款　　416 000

7.2.2 后续计量

以摊余成本计量的金融资产采用实际利率法按摊余成本进行后续计量。在持有期间还应对其投资收益进行计量。金融资产的摊余成本，应当以该金融资产的初始确认金额经下列调整后的结果确定。

摊余成本＝初始确认金额－已偿还的本金＋(或－)采用实际利率法将该初始确认金额与到期日金额间的差额进行摊销形成的累计摊销额－累计计提的减值准备

企业的债权投资在持有期间，无论是分期付息、到期还本，还是到期一次还本付息的债券，都应根据权责发生制按期确认利息收入；在债券溢价或折价购入的情况下，债券按面值和票面利率计算的应收利息与实际的利息收入(即投资收益)是不一致的。企业应采用实际利率法，按债券期初的摊余成本与实际利率计算各期利息收入，确认投资收益，并进行溢、折价的摊销。

实际利率是将金融资产在预计存续期内的未来现金流量，折现为该金融资产当前账面价值所使用的利率，也就是将债权投资未来收回的本金和利息折现为取得时的账面价值所使用的利率。实际利率法是以债券的摊余成本和实际利率计算确定利息收入的方法。按实际利率法计算的实际利息收入(即投资收益)与按票面利率计算的应收利息收入之间的差额即为当期溢价或折价摊销额。计算方法如下。

(1) 按照实际利率计算的利息费用＝期初债券的摊余成本×实际利率。

(2) 按照面值计算的利息＝面值×票面利率。

(3) 在溢价发行的情况下，当期溢价的摊销额＝按照面值计算的利息－按照实际利率计算的利息费用。

(4) 在折价发行的情况下，当期折价的摊销额＝按照实际利率计算的利息费用－按照面值计算的利息。

注意，期初债券的摊余成本＝面值＋尚未摊销的溢价或－未摊销的折价。如果是到期一次还本付息的债券，计提的利息会增加债券的账面价值，在计算时要减去。

债权投资如为分期付息、到期一次还本的债券，则企业应于资产负债表日按票面利率计算确定应收未收利息，借记"应收利息"账户；债权投资如为到期一次还本付息的债券，应于资产负债表日按票面利率计算确定应收未收利息，应借记"债权投资——应计利息"账户。

以摊余成本计量的金融资产采用实际利率法按摊余成本后续计量。期末计息摊销的会计分录如下。

(1) 溢价摊销

借：应收利息（分期付息债券按票面利率计算的利息）

　　或，债权投资——应计利息（一次性还本付息债券按票面利率计算的利息）

　　贷：投资收益（债权投资期初摊余成本乘以实际利率计算的利息）

　　债权投资——利息调整

(2) 折价摊销

借：应收利息（分期付息债券按票面利率计算的利息）

　　或，债权投资——应计利息（一次性还本付息债券按票面利率计算的利息）

　　　债权投资——利息调整

　　贷：投资收益（债权投资期初摊余成本乘以实际利率计算的利息）

【例 7-2】 续例 7-1，甲公司对持有的乙公司债券于每年年末采用实际利率法确认利息收入，并进行溢价的摊销。该债券的实际利率为 7.8%（计算过程略）。

甲公司持有乙公司债券期间各期投资收益、溢价摊销和期末摊余成本见表 7-1：

表 7-1　甲公司摊余成本计算表

计息日期	应收利息	投资收益	利息调整摊销	摊余成本
	①＝面值×票面利率	②＝上期④×实际利率	③＝①－②	④＝上期④－③
20×1.01.01				416 000.00
20×1.12.31	36 000.00	32 448.00	3 552.00	412 448.00
20×2.12.31	36 000.00	32 170.94	3 829.06	408 618.94
20×3.12.31	36 000.00	31 872.28	4 127.72	404 491.22
20×4.12.31	36 000.00	31 508.78	4 491.22	400 000.00
合计	144 000.00	128 000.00	16 000.00	—

最后一年含小数点尾差。

根据表7-1所示的计算结果,甲公司编制会计分录如下。

(1) 20×1年12月31日,确认利息收入和摊销溢价。

借:应收利息 36 000

贷:投资收益 32 448

债权投资——乙债券(利息调整) 3 552

(2) 20×2年1月1日,收到利息。

借:银行存款 36 000

贷:应收利息 36 000

(20×2年和20×3年年末,确认利息收入和摊销溢价、收取利息的会计分录以此类推,略)

(3) 20×4年12月31日,确认利息收入和摊销溢价。

借:应收利息 36 000

贷:投资收益 31 508.78

债权投资——乙债券(利息调整) 4 491.22

(4) 20×5年1月1日,债券到期收回本金和最后一期利息。

借:银行存款 436 000

贷:债权投资——乙债券(成本) 400 000

应收利息 36 000

7.2.3 终止确认

以摊余成本计量的金融资产终止确认时(包括到期收回、处置等),应结转该项资产的账面价值,包括该项资产账户的各明细余额以及相关减值准备账户余额,并将所取得对价的公允价值与该资产账面价值之间的差额确认为投资收益。

借:银行存款等

债权投资减值准备

贷:债权投资——成本

——利息调整(或借方)

——应计利息(一次还本付息)

投资收益(或借方)

当企业改变管理金融资产的业务模式时,应当按照相关会计准则的规定,对所涉及的金融资产进行重分类。企业应当在重分类日采用未来适用法对所有受影响的相关金融资产进行重分类会计处理,不能对之前已经确认的有关利得、损失或利息进行追溯调整。

7.3 以公允价值计量且其变动计入其他综合收益的金融资产

以公允价值计量且其变动计入其他综合收益的金融资产主要包括其他债权投资和其他权益工具投资,应当设置"其他债权投资""其他权益工具投资"科目进行核算。

7.3.1 初始计量

以公允价值计量且其变动计入其他综合收益的金融资产,初始确认按照公允价值计量,相关交易费用计入初始确认金额。支付的价款中包含了已宣告发放的债券利息或现金股利的,单独确认为应收项目。

分类为以公允价值计量且其变动计入其他综合收益的金融资产所产生的所有利得或损失,除减值损失或利得和汇兑损益之外,均应当计入其他综合收益,直至该金融资产终止确认或被重分类。但是,采用实际利率法计算的该金融资产的利息应当计入当期损益。该金融资产计入各期损益的金额应当与视同其一直按摊余成本计量而计入各期损益的金额相等。

【例 7-3】 乙公司于 20×8 年 1 月 1 日以 408 000 元的价格购入乙公司当日发行的公司债券 4 000 张,每张面值 100 元,另支付交易费用 8 000 元。该债券系 4 年期、每年 12 月 31 日付息、到期还本的债券,票面年利率为 9%,实际利率 7.8%。振华公司根据其管理该债券的业务模式及该债券的合同现金流量特征,将该债券分类为以公允价值计量且其变动计入其他综合收益的金融资产。编制会计分录如下。

借:其他债权投资——债券(成本)　　400 000
　　　　　　　　——债券(利息调整)　　16 000
　贷:银行存款　　416 000

【例 7-4】 丙公司于 20×8 年 7 月 1 日购入甲公司股票 200 000 股作为非交易性权益工具,每股市价 15.5 元,交易费用 30 000 元,股票买价中包含每股 0.5 元已宣告但尚未发放的现金股利,该现金股利于 7 月 15 日发放。

7 月 1 日,购入股票时编制会计分录如下。

借:其他权益工具投资——甲股票(成本)　　3 030 000
　应收股利　　100 000
　贷:银行存款　　3 130 000

7 月 15 日,领取现金股利时编制会计分录如下。

借:银行存款　　100 000
　贷:应收股利　　100 000

7.3.2 后续计量

1. 持有期间取得利息或现金股利的会计处理

该金融资产在持有区间取得的利息或者现金股利，应当确认为投资收益。

(1) 分期付息、一次还本的债券投资

借：应收利息（票面金额×票面利率）

  贷：投资收益（期初摊余成本×实际利率）

  其他债权投资——利息调整（倒挤差额）

(2) 到期一次还本付息的债券投资

借：其他债权投资——应计利息（票面金额×票面利率）

  贷：投资收益（期初摊余成本×实际利率）

  其他债权投资——利息调整（倒挤差额）

(3) 其他权益工具投资应当根据被投资单位宣告分配的现金股利份额确认投资收益。

借：应收股利

  贷：投资收益

2. 资产负债表日确认公允价值变动

由于其他债权投资和其他权益工具投资都是企业持有准备适时出售的股票、债券等有价证券，为了能够真实地反映金融资产的现时价值，在资产负债表日，企业应按相关金融资产公允价值的变化对其账面价值进行调整。与交易性金融资产不同，其他债权投资和其他权益工具投资不以获取短期价差收益为目的，故其公允价值与账面价值的差额不是计入当期损益而是计入所有者权益（其他综合收益）。

“其他综合收益”科目核算企业未在损益中确认的各项利得和损失。账户贷方登记资产负债表日相关资产公允价值高于账面价值的差额，以及出售资产时结转的原形成的公允价值变动损失；借方登记资产负债表日相关资产公允价值低于账面价值的差额，以及出售资产时结转的原形成的公允价值变动收益。

期末，其他债权投资和其他权益工具投资的公允价值高于其账面价值的差额，借记“其他债权投资——公允价值变动”或“其他权益工具投资——公允价值变动”账户，贷记“其他综合收益”账户；公允价值低于其账面价值的差额，编制相反的会计分录。

【例7-5】 承接【例7-4】的资料，假设蓝天公司在20×8年12月31日仍持有该股票，当时的市价为每股18元。

3 600 000－3 030 000＝570 000（元）

蓝天公司编制会计分录如下。

借：其他权益工具投资——甲股票(公允价值变动) 570 000

　　贷：其他综合收益 570 000

7.3.3 终止确认

当企业出售持有的其他债权投资或其他权益工具投资时，应当进行终止确认的会计处理。其他债权投资处置时，应将取得的价款与该金融资产账面价值之间的差额计入投资损益；同时，将之前计入其他综合收益的累计利得或损失转出，计入投资损益。按实际收到的金额，借记“银行存款”等账户；按其账面价值，贷记“其他债权投资——成本、应计利息”账户，贷记或贷记“其他债权投资——公允价值变动、利息调整”等账户；按应从其他综合收益中转出的公允价值累计变动额，借记或贷记“其他综合收益”账户；按其差额，贷记或借记“投资收益”账户。

其他权益工具投资处置时，应将取得的价款与该金融资产账面价值之间的差额计入投资损益；同时，将之前计入其他综合收益的累计利得或损失转出，计入留存收益(利润分配、盈余公积)。按实际收到的金额，借记“银行存款”等账户；按其账面价值，贷记“其他权益工具投资——成本”账户，贷记或借记“其他权益工具投资——公允价值变动”账户；按应从其他综合收益中转出的公允价值累计变动额，借记或贷记“其他综合收益”账户；按其差额，贷记或借记“盈余公积”“利润分配——未分配利润”等账户。

【例 7-6】 丁公司于 20×8 年 7 月 1 日购入股票 200 000 股，每股市价 15 元，交易费用 30 000 元。企业将该股票指定为其他权益工具投资。振华公司至 20×8 年 12 月 31 日所持有该股票，当时的市价为每股 18 元。20×9 年 1 月 21 日，公司因资金需要将该股票出售，售价为每股 16 元，另支付交易费用 20 000 元。

公司有关账务处理如下。

(1) 20×8 年 7 月 1 日，购入股票。

借：其他权益工具投资——成本 3 030 000

　　贷：银行存款 3 030 000

(2) 20×8 年 12 月 31 日，期末计价。

公允价值变动金额＝200 000×18－3 030 000＝570 000

借：其他权益工具投资——公允价值变动 570 000

　　贷：其他综合收益 570 000

(3) 20×9 年 1 月 21 日，出售股票。

收到银行存款＝200 000×16－20 000＝3 180 000

公允价值变动金额＝3 180 000－3 600 000＝－420 000

借：其他综合收益 420 000

贷：其他权益工具投资——公允价值变动　　420 000

借：银行存款　　3 180 000

贷：其他权益工具投资——成本　　3 030 000

——公允价值变动　　150 000

借：其他综合收益　　150 000

贷：盈余公积　　15 000

利润分配——未分配利润　　135 000

7.4 以公允价值计量且其变动计入当期损益的金融资产

7.4.1 初始计量

以公允价值计量且其变动计入当期损益的金融资产通过“交易性金融资产”账户进行核算，应当按照取得时的公允价值作为初始确认金额，相关的交易费用（如印花税、手续费、佣金等）在发生时直接冲减投资收益。如果实际支付的价款中包含已宣告但尚未发放的现金股利或已到付息期但尚未领取的债券利息，则应当单独确认为应收项目，不计入其初始确认金额。

企业取得交易性金融资产时，按取得时的公允价值，借记“交易性金融资产——成本”账户；按发生的交易费用，借记“投资收益”账户；按实际支付的价款中包含的已宣告但尚未发放的现金股利或已到付息期但尚未领取的利息，借记“应收股利”或“应收利息”账户；按实际支付的金额，贷记“银行存款”账户。

【例7-7】 20×9年3月1日，甲公司从股票市场上购入乙公司股票40 000股作为交易性金融资产，每股买价10元，另支付交易费用2 000元，款项以存入证券公司投资款支付。编制会计分录如下。

借：交易性金融资产——乙股票（成本）　　400 000

投资收益　　2 000

贷：其他货币资金——存出投资款　　402 000

【例7-8】 20×9年7月1日，乙公司从证券市场上按5 160 000元的价格购入丙公司于20×9年1月1日发行的面值5 000 000元、期限3年、票面年利率4%、每半年付息一次的公司债券作为交易性金融资产，支付的价款中包含已到付息期但尚未领取的利息100 000元以及交易费用60 000元，款项以存入证券公司投资款支付。20×9年7月5日，黄河公司收到债券利息。

（1）7月1日，购入债券时编制会计分录如下。

借：交易性金融资产——丙公司债券（成本）　　5 000 000

　　应收利息　　　　　　　　　　　　　　100 000
　　投资收益　　　　　　　　　　　　　　60 000
　　贷：其他货币资金——存出投资款　　　　　　5 160 000

(2) 7 月 5 日，收到债券利息时编制会计分录如下。

借：银行存款　　　　　　　　　　　　　　100 000
　　贷：应收利息　　　　　　　　　　　　　　100 000

7.4.2 后续计量

企业持有交易性金融资产期间，对被投资单位宣告发放的现金股利或企业在资产负债表日按债券票面利率计算的利息，应作为交易性金融资产持有期间的投资收益，借记“应收股利”或“应收利息”账户，贷记“投资收益”账户。

【例 7-9】 续例 7-7，乙公司于 5 月 1 日宣告发放现金股利，每股 0.5 元，长江公司持有乙公司股票 40 000 股，应收股利 20 000 元，于 5 月 15 日实际收到存入银行。

(1) 5 月 1 日，乙公司宣告发放现金股利时编制会计分录如下。

借：应收股利　　　　　　　　　　　　　　20 000
　　贷：投资收益　　　　　　　　　　　　　　20 000

(2) 5 月 15 日，收到现金股利时编制会计分录如下。

借：银行存款　　　　　　　　　　　　　　20 000
　　贷：应收股利　　　　　　　　　　　　　　20 000

【例 7-10】 续例 7-8，20×9 年 12 月 31 日，乙公司确认持有的丙公司债券利息收入 100 000 元。编制会计分录如下。

借：应收利息　　　　　　　　　　　　　　100 000
　　贷：投资收益　　　　　　　　　　　　　　100 000

交易性金融资产在最初取得时，按取得时的公允价值入账，反映了企业取得交易性金融资产时的实际成本。在资产负债表日，应按编表日交易性金融资产的公允价值的变化对其账面价值进行调整，将二者之间的差额计入当期损益(公允价值变动损益)。交易性金融资产的公允价值高于其账面价值时，表明交易性金融资产因公允价值上升而增值并形成变动收益，故按其差额借记“交易性金融资产——公允价值变动”账户，贷记“公允价值变动损益”账户；交易性金融资产的公允价值低于其账面价值时，表明交易性金融资产因公允价值下降而贬值并形成变动损失，应按其差额做相反的会计分录。

7.4.3 处置

企业以交易为目的而持有的股票、债券、基金等交易性金融资产，在市价上升或企业需要现金的情况下，企业可将其抛售出去。企业出售交易性金融资产时，应将出售以后实际收到的价款与交易性金融资产账面价值的差额作为损益处置。

处置交易性金融资产时，企业应按实际收到的金额，借记“银行存款”等账户；按该交易性金融资产的账面价值贷记“交易性金融资产”账户；按由售收入大于（或小于）账面价值的差额贷记（或借记）“投资收益”账户。同时，将原计入该交易性金融资产账户的公允价值变动损益转出，借记（或贷记）“公允价值变动损益”账户，贷记（或借记）“投资收益”账户。

【例 7-11】 20×2 年 1 月 8 日，甲公司购入丙公司发行的公司债券，该债券于 20×1 年 1 月 2 日发行，面值为 50 000 000 元，票面利率为 4%，债券利息按年支付。甲公司将其分类为以公允价值计量且其变动计入当期损益的金融资产，支付价款为 53 000 000 元（其中包含债券利息 2 000 000 元），另支付交易费用 600 000 元。20×2 年 1 月 15 日，收到债券利息 2 000 000 元。20×2 年 6 月 30 日，该债券的公允价值为 51 600 000 元（不含利息）；20×2 年 12 月 31 日，该债券的公允价值为 51 200 000 元（不含利息）。20×3 年 1 月 15 日，收到债券利息 2 000 000 元。20×3 年 1 月 20 日，出售该债券，售价为 51 300 000 元。

甲公司应作如下会计处理。

（1）20×2 年 1 月 8 日，购入丙公司的公司债券。

借：交易性金融资产——成本　51 000 000
　　应收利息　2 000 000
　　投资收益　600 000
　　贷：银行存款　53 600 000

（2）20×2 年 1 月 15 日，收到购买价款中包含的已宣告发放的债券利息。

借：银行存款　2 000 000
　　贷：应收利息　2 000 000

（3）20×2 年 6 月 30 日，确认公允价值变动损益。

公允价值变动损益＝51 600 000－51 000 000＝600 000

借：交易性金融资产——公允价值变动　600 000
　　贷：公允价值变动损益　600 000

（4）20×2 年 12 月 31 日，确认公允价值变动损益。

公允价值变动损益＝51 200 000－51 600 000＝－400 000

借：公允价值变动损益　400 000
　　贷：交易性金融资产——公允价值变动　400 000

（5）20×2 年 12 月 31 日，确认丙公司的公司债券利息收入。

借：应收利息　2 000 000
　　贷：投资收益　2 000 000

(6) 20×3 年 1 月 15 日，收到持有丙公司的公司债券利息。

借：银行存款　　2 000 000

　　贷：应收利息　　2 000 000

(7) 20×3 年 1 月 20 日，出售所持有的丙公司债券。

借：银行存款　　51 300 000

　　贷：交易性金融资产——成本　　51 000 000

　　　　　　　　　　——公允价值变动　　200 000

　　投资收益　　100 000

借：公允价值变动损益　　200 000

　　贷：投资收益　　200 000

本章小结

通过本章学习，了解根据其管理金融资产的业务模式和金融资产的合同现金流量特征，企业应当根据其管理金融资产的业务模式利金融资产的合同现金流量特征，将金融资产划分为以下三类：①以摊余成本计量的金融资产；②以公允价值计量且其变动计入其他综合收益的金融资产；③以公允价值计量且其变动计入当期损益的金融资产。

企业改变其管理金融咨产的业务模式时，应当按照规定对所有受影响的相关金融资产进行重分类。金融资产（主要指非衍生债权资产）可以在摊余成本计量、以公允价值计量且其变动计入其他综合收益和以公允价值计量且其变动计入当期损益之间进行重分类。

交易性金融资产是分类为以公允价值计量且其变动计入当期损益的金融资产，是企业为了近期内出售获利而持有的金融资产以及衍生工具。交易性金融资产按取得时的公允价值作为初始确认金额。相关的交易费用在发生时冲减投资收益。如果实际支付的价款中包含已宣告但尚未发放的现金股利或已到付息期但尚未领取的债券利息，则现金股利或债券利息应当单独作为应收项目，不计入交易性金融资产的初始确认金额。交易性金融资产持有期间获得的现金股利或债券利息应作为投资收益。期末，应按编表日交易性金融资产的公允价值进行期末计量，将公允价值的变动计入当期损益。

以摊余成本计量的金融资产，主要指以收取合同本金和利息为目标的金融资产，债权投资就属于这一类。债权投资是企业购入的长期债券，取得债权投资时，应当按取得时的公允价值与交易费用之和作为初始确认金额。如果实际支付的价款中包含已到付息期但尚未领取的利息，应当单独作为应收项目。债权投资在持有期间，应采用实际利率法按债券期初的摊余成本和实际利率计算各期利息收入，确认投发收益，并进行溢、折价的摊销。债权投资如果预计可能发生信用减值，则应当确认减值损失，计提减值准备。企业因持有意图或能力发生改变，使某项投资不再适合划分为债权投资的，应当将其重分类为其他债权投资,并以公允价值进行后续计量。

以公允价值计量且其变动计入其他综合收益的金融资产主要指既可以收取合同本金和利息,又可以赚价差的金融资产,以及直接指定为以公允价值计量且其变动计入其他综合收益的金融资产。以公允价值计量且其变动计入其他综合收益的金融资产包括其他债权投资和其他权益工具投资两部分。企业取得其他债权投资和其他权益工具投资时,应当按照公允价值和相关交易费用之和作为初始入账金额,实际支付的价款中包含的已到付息期尚未领取的债券利息或已宣告尚未领取的现金股利,应单独确认为应收项目。持有期间获得的债券利息和现金股利应当计入投资收益。在资产负债表日,按公允价值进行期末计量,将公允价值的变动计入其他综合收益。企业的其他债权投资预期发生信用减值,应当在其他综合收益中确认其损失准备,并将减值损失计入当期损益。企业的其他权益工具投资不需计提减值准备。其他债权投资处置时,应将取得的价款与该金融资产账面价值之间的差额计入投资损益;同时,将之前计入其他综合收益的累计利得或损失转出,计入投资损益。其他权益工具投资处置时,应将取得的价款与该金融资产账面价值之间的差额计入投资损益;同时,将之前计入其他综合收益的累计利得或损失转出,计入留存收益。

思考题

1. 什么是金融资产?金融资产包括哪些内容?

2. 摊余成本如何确定?摊余成本与历史成本有何区别?

3. 说明债券溢价及折价的形成原因,两者对持有债券期间的实际利息收益和债券账面价值有何不同影响?

4. 以公允价值计量且其变动计入当期损益的金融资产与以公允价值计量且其变动计入其他综合收益的金融资产相比,两者在初始计量、后续计量方面有何异同?

5. 处置以公允价值计量且其变动计入其他综合收益的权益工具投资时,其计入其他综合收益的公允价值变动额是否可以转入当期损益?说明理由。

练习题

【练习题1】 练习以公允价值计量其变动计入当期损益的金融资产(股票投资)核算

20×2年3月25日,甲公司按每股3.50元的价格购入每股面值1元的某公司股票1万股,作为交易性金融资产,并支付交易税费250元,股票购买价格中包含每股0.1元已宣告但尚未领取的现金股利,该现金股利于20×2年4月10日发放。

要求:编制相关会计分录。

【练习题2】 练习以公允价值计量其变动计入当期损益的金融资产(债券投资)核算

20×2 年 1 月 1 日，乙公司按 210 000 元的价格购入面值为 200 000 元的债券。该债券于 20×1 年 1 月 1 日发行，期限五年，票面利率 5%，到期一次还本付息。乙公司将该债券作为交易性金融资产，并支付交易税费 800 元。

要求：编制公司购入债券的会计分录。

【练习题 3】 练习以摊余成本计量的金融资产核算

丙公司于 20×2 年 1 月 1 日从证券市场购入 B 公司 20×1 年 1 月 1 日发行的债券，债券是 5 年期，票面年利率是 5%，每年 1 月 5 日支付上年度的利息，到期日为 20×6 年 1 月 1 日，到期日一次归还本金和最后一期的利息。丙公司购入债券的面值为 1 000 000 元，实际支付的价款是 1 005 350 元，另外支付相关费用 10 000 元，丙公司购入以后将其划分为以摊余成本计量的金融资产，购入债券实际利率为 6%，假定按年计提利息。

要求：

(1) 编制购入债券的会计分录；

(2) 编制债券利息调整摊销表。

(3) 编制 20×2 年 1 月 5 日收到利息及 12 月 31 日计息摊销的会计分录。

【练习题 4】 练习以摊余成本计量的金融资产核算

20×1 年 1 月 1 日，丁公司购买了乙公司同日发行的债券，债券期限为 3 年，债券面值为 1 000 万元，票面利率为 5%。丁公司以银行存款支付购买债券价款 960 万元，并支付交易费用 13 万元。该债券每年年末付息一次，到期还付本金(不可提前兑付)。丁公司根据其管理该债权投资的业务模式和该债券的合同现金流特征，将该债券分类为以摊余成本计量的金融资产。

要求：

(1) 编制购入债券的会计分录；

(2) 编制债券利息调整摊销表；

(3) 编制债券持有期间及到期的相关会计分录。

【练习题 5】 练习其他债权投资的核算

20×1 年 1 月 1 日，甲公司购买了乙公司同日发行的债券，债券期限为 3 年，债券面值为 1 000 万元，票面利率为 5%。甲公司以银行存款支付购买债券价款 960 万元，并支付交易费用 13 万元。该债券每年年末付息一次，到期还付本金。甲公司根据其管理该债权投资的业务模式和该债券的合同现金流特征，将该债券分类为以公允价值计量且其变动计入其他综合收益的金融资产。

其他相关资料如下：

(1) 20×1 年 12 月 31 日，乙公司债券的公允价值为 985 万元(不含利息)。

(2) 20×2 年 12 月 31 日，乙公司债券的公允价值为 990 万元(不含利息)。

(3) 20×3 年 3 月 31 日，甲公司出售了其持有的乙公司债券，取得价款 1 005 万元。

不考虑其他因素，请完成相关账务处理。

【练习题6】 练习其他权益工具投资的核算

乙公司的投资业务如下。

(1) 20×0年5月1日,从二级市场购买了丙公司的股票100万股,以银行存款支付每股购买价格为9元,以及支付相关税费1万元。乙公司根据其管理该股权投资的业务模式和该股票的合同现金流特征,将该债券分类为以公允价值计量且其变动计入其他综合收益的金融资产。

(2) 20×0年12月31日,丙公司每股股票的公允价值为10元。

(3) 20×1年4月20日,丙公司宣告发放现金股利,每股0.2元。

(4) 20×1年4月30日,收到丙公司发放的现金股利20万元。

(5) 20×1年12月31日,丙公司每股股票的公允价值为9.5元。

(6) 20×2年2月20日,乙公司出丙公司股票100万股,取得扣税费后的价款926万元。

公司每年按净利润的10%提取法定盈余公积。

要求:编制相关的会计分录。

【练习题7】 练习交易性金融资产的核算

甲公司的投资业务如下。

(1) 20×0年4月20日,从二级市场购买了丙公司的股票100万股,以银行存款支付每股购买价格为9元(含丙公司已经宣告但尚未发放的现金股利0.2元),以及支付相关税费1万元。甲公司根据其管理该股权投资的业务模式和该合同的合同现金流特征,将该债券分类为以公允价值计量且其变动计入当期损益的金融资产。

(2) 20×0年4月30日,收到丙公司发放的现金股利20万元。

(3) 20×0年12月31日,丙公司每股股票的公允价值为9.3元。

(4) 20×1年12月31日,丙公司每股股票的公允价值为9.1元。

(5) 20×2年2月20日,公司出丙公司股票100万股,取得扣税费后的价款926万元。

要求:编制相关的会计分录。

【练习题8】 练习金融资产减值的核算

丙公司有关债权投资资料如下。

(1) 20×1年1月1日,丙公司购买了乙公司同日发行的债券,债券期限为3年,债券面值为1 000万元,票面利率为5%。公司以银行存款支付购买债券价款960万元,并支付交易费用13万元。该债券每年年末付息一次,到期还付本金(不可提前兑付)。丙公司根据其管理该债权投资的业务模式和该债券的合同现金流特征,将该债券分类为以摊余成本计量的金融资产。

(2) 20×1年12月31日,收到乙公司利息50万元。

(3) 20×1年12月31日,有证据表明乙公司财务状况恶化,公司对投资乙公司债券资产进行减值测试，预计 20×2 年 12 月 31 日、20×3 年 12 月 31 日分别收到利息 40 万元、40 万元、本金 950 万元。

(4) 20×2 年 12 月 31 日，收到乙公司利息 50 万元。

(5) 20×2 年 12 月 31 日，有证据表明乙公司财务状况改善，偿债能力有所恢复，预计明年可以获得 50 万元利息，990 万元本金。

(6) 20×3 年 12 月 31 日，收到乙公司利息 50 万元，本金 990 万元。

不考虑其他因素，请完成相关账务处理。

第 8 章

长期股权投资

学习目标

- 掌握与长期股权投资相关的基本概念
- 掌握从不同渠道取得长期股权的初始计量方法
- 掌握对被投资单位是否控制、共同控制和重大影响的判断
- 掌握长期股权投资后续计量的成本法和权益法及其适用性
- 了解长期股权投资后续核算方法转换的处理
- 了解长期股权投资处置与减值的会计处理

8.1 长期股权投资的概念与分类

8.1.1 长期股权投资的概念

长期股权投资是指通过取得被投资单位的股权，投资企业成为被投资单位的股东，按所持有股份的比例享有权利并承担责任的一种投资。长期股权投资的目的，往往是为了控制或影响被投资单位的财务及经营决策；或实现企业的多元化经营、拓宽经营渠道；或改善公司的贸易关系；或实现企业收购兼并的战略目标等。长期股权投资包括企业持有的对其子公司、合营企业及联营企业的权益性投资。

8.1.2 长期股权投资的分类

长期股权投资依据对被投资企业产生影响的不同，分为以下三类。

1. 控制

控制是指有权决定一个企业的财务和经营政策，并能从该企业的经营成果中获取经济利益。这种长期股权投资类型中的被投资单位称为子公司，投资企业称为母公司。

2. 共同控制

共同控制是指按合同约定对某项经济活动所共有的控制。共同控制仅指共同控制实体,不包括共同控制经营、共同控制财产等。即共同控制是指由两个、多个企业、个人共同组建的企业,该企业的财务和经营政策必须有投资双方或若干方共同决定。这种长期股权投资类型中的被投资单位称为合营企业,实施共同控制的任何一方称为合营者。

3. 重大影响

重大影响是指对一个企业的财务和经营政策有参与决策的权力,但并不决定这些政策。当一方拥有另一方 20%或以上至 50%表决权资本,或在被投资企业的董事会或类似权利机构中派有代表,或参与政策的制定过程,或相互交换管理人员以及依赖投资方的技术资料,一般对被投资企业有重大影响。投资企业能够对被投资企业施加重大影响的,被投资单位称为联营企业。

8.2 对子公司的权益性投资

8.2.1 初始计量

企业合并是将两个或两个以上单独的企业(主体)合并形成一个报告主体的交易或事项。

企业合并从合并方式划分,包括控股合并、吸收合并和新设合并。

企业合并按照控制对象的不同而划分为同一控制下企业合并和非同一控制下企业合并。同一控制下的企业合并,是指参与合并的企业在合并前后均受同一方或相同的多方最终控制且该控制并非暂时性。非同一控制下的企业合并,是指参与合并各方在合并前后不受同一方或相同的多方最终控制的合并交易,即同一控制下企业合并以外的其他企业合并。

无论是同一控制下的企业合并还是非同一控制下的企业合并形成的长期股权投资,实际支付的价款或对价中包含的已宣告但尚未发放的现金股利或利润,应作为应收股利处理。

合并方或购买方为企业合并发生的审计、法律服务、评估咨询等中介费用以及其他相关费用,应当于发生时计入当期管理费用。

形成控股合并的长期股权投资的初始计量方法如下。

1. 形成同一控制下控股合并

对于同一控制下的企业合并,从能够对参与合并各方在合并前及合并后均实施最终控制的一方来看,最终控制方在企业合并前及合并后能够控制的净资产并没有发生变化。同一控制下企业合并本质上不作为购买，是两个或多个会计主体权益的整合，是参与合并各方资产和负债的重新组合，交易作价往往不公允。因此，同一控制下的企业合并采用权益结合法核算，采用账面价值计量，不反映非货币性资产作对价的处置损益。权益结合法视企业合并为参与合并的双方，通过股权的交换形成的所有者权益的联合，而非资产的交易。

同一控制下的企业合并，合并方以支付现金、转让非现金资产或承担债务方式作为合并对价的，应当在合并日按照被合并方所有者权益在最终控制方合并财务报表中的账面价值的份额作为长期股权投资的初始投资成本。长期股权投资初始投资成本与支付的现金、转让的非现金资产以及所承担债务账面价值之间的差额，应当调整资本公积（资本溢价或股本溢价）；资本公积不足冲减的，调整留存收益。

合并方以发行权益性证券作为合并对价的，应当在合并日按照被合并方所有者权益在最终控制方合并财务报表中的账面价值的份额作为长期股权投资的初始投资成本。按照发行股份的面值总额作为股本，长期股权投资初始投资成本与所发行股份面值总额之间的差额，应当调整资本公积（资本溢价或股本溢价）；资本公积不足冲减的，调整留存收益。

【例 8-1】 甲公司、乙公司分别为丙公司控制下的两家子公司。甲公司于 20×2 年 3 月 10 日自母公司丙处取得乙公司 100%的股权，合并后乙公司仍维持其独立法人资格继续经营。为进行该项企业合并，甲公司发行了 750 万股本公司普通股（每股面值 1 元）作为对价。合并日，甲公司、乙公司的所有者权益构成如表 8-1 所示。

表 8-1　所有者权益构成情况表

甲公司		乙公司	
项目	金额（万元）	项目	金额（万元）
股本	4 500	股本	750
资本公积	1 250	资本公积	250
盈余公积	1 000	盈余公积	500
未分配利润	2 500	未分配利润	1 000
合计	9 250	合计	2 500

甲公司的会计处理如下。

借：长期股权投资——乙公司　　25 000 000

　　贷：股本　　7 500 000

　　资本公积——股本溢价　　17 500 000

2. 形成非同一控制下控股合并

非同一控制下的企业合并视同一个企业购买另一个企业的交易行为，参与合并的各方不受同一方或相同的多方控制，是非关联的企业之间进行的合并，合并各方出于自身的利益考虑会进行讨价还价，交易以公允价值为基础，交易作价相对公平合理。因此，非同一控制下的企业合并采用购买法进行核算，采用公允价值计量，反映非货币性资产作对价的处置损益。

非同一控制下的企业合并，购买方应当按照确定的企业合并成本作为长期股权投资的初始投资成本。企业合并成本包括购买方付出的资产、发生或承担的负债、发行的权益性证券的公允价值之和。以支付非货币性资产为对价的，所支付的非货币性资产在购买日的公允价值与其账面价值的差额应分别不同资产反映资产处置损益，计入企业合并当期损益。

(1) 投出资产为固定资产或无形资产，其差额计入资产处置损益。

(2) 投出资产为存货，按其公允价值确认主营业务收入或其他业务收入，同时结转主营业务成本或其他业务成本。

(3) 投出资产为长期股权投资或金融资产的，其差额计入投资收益。

(4) 投出资产为投资性房地产的，以其公允价值确认其他业务收入，同时结转其他业务成本。

控股合并的情况下，合并成本大于被购买方可辨认资产的公允价值差额，作为商誉包含在“长期股权投资”的初始成本中，不得在账簿上单独确认商誉，只有在合并财务报表上予以列示。合并成本小于合并中取得的被购买方可辨认净资产公允价值的差额，不影响对子公司初始投资成本的确定，在编制合并财务报表时，体现在企业合并发生当期合并利润表的损益，因购买日不需要编制合并利润表，该差额体现在合并资产负债表上，应调整合并资产负债表的盈余公积和未分配利润。

【例 8-2】 乙公司于 20×2 年 3 月 31 日取得了丙公司 70%的股权。合并中，乙公司支付的有关资产在购买日的账面价值与公允价值如表 8-2 所示。本例中假定合并前，乙公司与丙公司不存在任何关联方关系。

表 8-2 购买日资产账面价值与公允价值

20×2 年 3 月 31 日　单位：元

项　目	账面价值	公允价值
土地使用权	14 000 000	21 000 000
银行存款	4 000 000	4 000 000
合计	18 000 000	25 000 000

本例中因乙公司与丙公司在合并前不存在任何关联方关系，应作为非同一控制下的企业合并处理。乙公司对于合并形成的对丙公司长期投资，应按支付对价的公允价值确定其初始投资成本。乙公司应进行的账务处理为。

借：长期股权投资　　25 000 000
　贷：无形资产　　14 000 000
　　银行存款　　4 000 000
　　资产处置损益　　7 000 000

8.2.2　后续计量

投资方能够对被投资单位实施控制的长期股权投资应当采用成本法核算。

成本法，是指投资按成本计价的方法。被投资单位实现净损益、其他综合收益、分派股票股利以及发生除净损益以外所有者权益的其他变动，投资方均不做处理。长期股权投资持有期间被投资单位宣告发放现金股利或利润时，企业按应享有的部分确认为投资收益，借记"应收股利"账户，贷记"投资收益"账户。

追加或收回投资应当调整长期股权投资的成本。成本法下长期股权投资的账面价值除非增加或减少了投资，不然一般不会调整。成本法可以简单理解为收付实现制，不管其是盈利还是亏损，被投资企业宣告发放股利的时候才确认投资收益。

处置长期股权投资，其账面价值与实际取得价款之间的差额，应当计入当期损益。

【例 8-3】 20×2 年 1 月，甲公司自非关联方处以银行存款 600 万元取得对乙公司 60％的股权，相关手续于当日完成，并能够对乙公司实施控制。20×2 年乙公司实现净利润 200 万元，20×3 年 3 月，乙公司宣告分派现金股利，甲公司按其持股比例可取得现金 10 万元。不考虑相关税费等其他因素的影响。

借：长期股权投资——乙公司	6 000 000	
贷：银行存款		6 000 000
借：应收股利	100 000	
贷：投资收益		100 000

8.3　对合营企业和联营企业的权益性投资

投资方对合营企业和联营企业的长期股权投资，应当采用权益法核算。

长期股权投资采用权益法核算时，应当分别"投资成本""损益调整""其他综合收益""其他权益变动"账户进行明细核算。

8.3.1　初始计量

对合营企业和联营企业的长期股权投资，应当按照下列规定确定其初始投资成本。

(1) 以支付现金取得的长期股权投资，应当按照实际支付的购买价款作为初始投资成本。初始投资成本包括与取得长期股权投资直接相关的费用、税金及其他必要支出。

(2) 以发行权益性证券取得的长期股权投资，应当按照发行权益性证券的公允价值作为初始投资成本。与发行权益性证券直接相关的费用，自权益性证券的溢价发行收入中扣除。权益性证券的溢价收入不足冲减的，应冲减盈余公积和未分配利润。

（3）通过非货币性资产交换取得的长期股权投资，其初始投资成本应当按照《非货币性资产交换》的有关规定确定。

（4）通过债务重组取得的长期股权投资，其初始投资成本应当按照《债务重组》的有关规定确定。

企业无论是以何种方式取得长期股权投资，取得投资时，对于投资成本中包含的应享有被投资单位已经宣告但尚未发放的现金股利或利润，应作为应收项目单独核算，不构成取得长期股权投资的初始投资成本。

长期股权投资的初始投资成本大于投资时应享有被投资单位可辨认净资产公允价值份额的，该部分差额从本质上是投资企业在取得投资过程中通过购买作价体现出的与所取得股权份额相对应的商誉及被投资单位不符合确认条件的资产价值，不调整长期股权投资的初始投资成本，入账价值等于初始投资成本，差额为商誉，商誉不单独确认，体现在长期股权投资的入账价值中。长期股权投资的初始投资成本小于投资时应享有被投资单位可辨认净资产公允价值份额的，该部分差额体现为交易作价过程中转让方的让步，其差额应当计入当期损益，确认为营业外收入，同时调整长期股权投资的成本。按照享有被投资单位可辨认净资产公允价值的份额作为长期股权投资的入账价值。

【例 8-4】 乙公司于 20×2 年 1 月 1 日取得丙公司 30%的股权，实际支付价款 2 000 万元。取得投资时被投资单位净资产账面价值为 6 000 万元（假定被投资单位各项可辨认资产、负债的公允价值与其账面价值相同）。因能够对丙公司的生产经营决策施加重大影响，乙公司对该项投资采用权益法核算。取得投资时，乙公司应进行的账务处理为。

借：长期股权投资——投资成本　　20 000 000
　　贷：银行存款　　20 000 000

长期股权投资的成本 2 000 万元大于取得投资时应享有丙公司可辨认净资产公允价值的份额 1 800 万元＝（6 000 万元×30%），不对其初始投资成本进行调整。

假定上例中取得投资时丙公司可辨认净资产公允价值为 8 000 万元，乙公司按持股比例 30%计算确定应享有 2 400 万元，则初始投资成本与应享有丙公司可辨认净资产公允价值份额之间的差额 400 万元应计入取得投资当期的损益。

借：长期股权投资——投资成本　　24 000 000
　　贷：银行存款　　20 000 000
　　　　营业外收入　　4 000 000

8.3.2 后续计量

长期股权投资账面价值随着被投资方所有者权益的变动而变动。被投资方实现净损益、其他综合收益、发生除净损益以外所有者权益的其他变动时，投资方应根据享有的份额分别确认投资收益、其他综合收益、资本公积，同时调整长期股权投资的账面价值。被投资方宣告分配现金股利时，投资方应抵减长期股权投资的账面价值。被投资方分派股票股利时，投资方不做账务处理。权益法可以理解为权责发生制，只要被投资企业年终有了利润，无论其是否分配，都按照享有的份额确认投资收益，调整长期股权投资的账面价值。

1. 投资收益和其他综合收益的确认

投资企业取得长期股权投资后，应当按照应享有或应分担被投资单位实现净利润或发生净亏损的份额，调整长期股权投资的账面价值，并确认为当期投资损益。在权益法核算下，被投资单位确认的其他综合收益及其变动，也会影响被投资单位所有者权益总额，进而影响投资企业应享有被投资单位所有者权益的份额。因此，当被投资单位其他综合收益发生变动时，投资企业应当按照归属于本企业的部分，相应调整长期股权投资的账面价值，同时增加或减少其他综合收益。其他综合收益区分以后会计期间不能重分类进损益的其他综合收益和以后会计期间在满足规定条件时将重分类进损益的其他综合收益。

【例 8-5】 乙公司持有丙公司 30%的股份，能够对丙公司施加重大影响。当期丙公司因持有的其他权益工具投资公允价值的变动计入其他综合收益的金额为 900 万元，除该事项外，丙公司当期实现的净利润为 5 000 万元。乙公司与丙公司适用的会计政策、会计期间相同，投资时丙公司有关资产、负债的公允价值与其账面价值亦相同。双方在当期及以前期间未发生任何内部交易。有关账务处理如下。

借：长期股权投资——损益调整　　15 000 000
　　　　　　　——其他综合收益　　2 700 000
　贷：投资收益　　15 000 000
　　其他综合收益　　2 700 000

在确认应享有或应分担被投资单位的净利润或净亏损时，在被投资单位账面净利润的基础上，应考虑以下因素的影响进行适当调整。

一是被投资单位采用的会计政策及会计期间与投资方不一致的，应当按照投资方的会计政策及会计期间对被投资单位的财务报表进行调整，据以确认投资收益和其他综合收益等。

二是投资方在确认应享有被投资单位净损益的份额时，应当以取得投资时被投资单位可辨认净资产的公允价值为基础，对被投资单位的净利润进行调整后确认。以取得投资时被投资单位固定资产、无形资产等的公允价值为基础计提的折旧额或摊销额，以及以投资企业取得投资时的公允价值为基础计算确定的资产减值准备金额等对被投资单位净利润进行调整。

【例 8-6】 甲公司于 20×2 年 1 月 10 日购入乙公司 30%的股份，购买价款为 1 650 万元，并自取得投资之日起派人参与乙公司的财务和生产经营决策。取得投资当日，乙公司可辨认净资产公允价值为 4 500 万元，除表 8-3 所列项目外，乙公司其他资产、负债的公允价值与账面价值相同。

表 8-3 账面价值与公允价值差异表 单位：万元

项目	账面原价	已提折旧或摊销	公允价值	乙公司预计使用年限	甲公司取得投资后剩余使用年限
固定资产	900	180	1 200	20	16
无形资产	500	100	600	10	8

假定乙公司于20×2年实现净利润400万元，甲公司与乙公司的会计年度及采用的会计政策相同。固定资产、无形资产均按直线法提取折旧或摊销，预计净残值均为0，假定甲、乙公司间未发生任何内部交易。

甲公司在确定其应享有的投资收益时，应在乙公司实现净利润的基础上，根据取得投资时乙公司有关资产的账面价值与其公允价值差额的影响进行调整(假定不考虑所得税影响)。

固定资产账面价值与公允价值的差额调减利润＝1 200/16－900/20＝30(万元)

无形资产账面价值与公允价值的差额调减利润＝600/8－500/10＝25(万元)

调整后的净利润＝400－30－25＝345(万元)

甲公司应享有份额＝345×30%＝103.50(万元)

确认投资收益的账务处理如下。

借：长期股权投资——损益调整 1 035 000

　　贷：投资收益 1 035 000

2. 超额亏损的确认

按照权益法核算的长期股权投资，投资企业确认应分担被投资单位发生的损失，原则上应以长期股权投资及其他实质上构成对被投资单位净投资的长期权益减记至零为限，投资企业负有承担额外损失义务的除外。这里所讲的“其他实质上构成对被投资单位净投资的长期权益”通常是指长期应收项目，比如，企业对被投资单位的长期债权，该债权没有明确的清收计划，且在可预见的未来期间不准备收回的，实质上构成对被投资单位的净投资，但不包括投资企业与被投资单位之间因销售商品、提供劳务等日常活动所产生的长期债权。

投资企业在确认应分担被投资单位发生的亏损时，具体应按照以下顺序处理。

首先，减记长期股权投资的账面价值。其次，在长期股权投资的账面价值减记至零的情况下，对于未确认的投资损失，考虑除长期股权投资以外，账面上是否有其他实质上构成对被投资单位净投资的长期权益项目，如果有，则应以其他长期权益的账面价值为限，继续确认投资损失，冲减长期应收项目等的账面价值。最后，经过上述处理，按照投资合同或协议约定，投资企业仍需要承担额外损失弥补等义务的，应按预计将承担的义务金额确认预计负债，计入当期投资损失。

在发生投资损失时，应借记“投资收益”科目，贷记“长期股权投资——损益调整”科目。在长期股权投资的账面价值减记至零以后，考虑其他实质上构成对被投资单位净投资的长期权益，继续确认的投资损失，应借记“投资收益”科目，贷记“长期应收款”等科目；因投资合同或协议约定导致投资企业需要承担额外义务的，按照或有事项准则的规定，对于符合确认条件的义务，应确认为当期损失，同时确认预计负债，借记“投资收益”科目，贷记“预计负债”科目。除上述情况仍未确认的应分担被投资单位的损失，应在账外备查登记。

在确认有关的投资损失以后，被投资单位自以后期间实现盈利的，应按以上相反顺序分别减记账外备查登记的金额、已确认的预计负债、恢复其他长期权益及长期股权投资的账面价值，同时确认投资收益。即应当按顺序分别借记“预计负债”“长期应收款”“长期股权投资”等科目，贷记“投资收益”科目。

3. 取得现金股利或利润的处理

按照权益法核算的长期股权投资，投资方按照被投资单位宣告分派的现金股利或利润计算应享有的部分，相应减少长期股权投资的账面价值。在被投资单位宣告分派现金股利或利润时，借记“应收股利”科目，贷记“长期股权投资(损益调整)”科目。

4. 被投资单位所有者权益的其他变动的处理

投资方对于被投资单位除净损益、其他综合收益和利润分配以外所有者权益的其他变动，投资方应按所持股权比例计算应享有的份额，调整长期股权投资的账面价值，同时计入资本公积(其他资本公积)。被投资单位除净损益、其他综合收益以及利润分配以外的所有者权益的其他变动，主要包括被投资单位接受其他股东的资本性投入、被投资单位发行可分离交易的可转债中包含的权益成分、以权益结算的股份支付等。

5. 股票股利的处理

被投资单位分派的股票股利，投资企业不作账务处理，但应于除权日注明所增加的股数，以反映股份的变化情况。被投资企业提取盈余公积、资本公积转增资本、盈余公积转增资本、盈余公积弥补亏损，所有者权益总额不变，投资企业不作账务处理。

8.4　因追加、减少投资导致的转换

8.4.1　因追加投资导致的转换

1. 金融资产转为对联营企业、合营企业的投资

投资方因追加投资等原因能够对被投资单位施加重大影响或实施共同控制但不构

成控制的，应当按照《金融工具确认和计量》确定的原持有的股权投资的公允价值加上新增投资成本之和，作为改按权益法核算的初始投资成本。原持有的股权投资指定为以公允价值计量且其变动计入其他综合收益的金融资产，其公允价值与账面价值之间的差额，以及原计入其他综合收益的累计公允价值变动应当转入改按权益法核算的当期损益。投资成本大于可辨认净资产公允价值份额的差额不调整长期股权投资的账面价值；投资成本小于可辨认净资产公允价值份额的差额应调整长期股权投资的账面价值，并计入当期营业外收入。

【例 8-7】 20×2 年 1 月 4 日，甲公司以银行存款 5 000 万元自非关联方处取得乙公司股票 500 万股，占乙公司 10%的股权，准备长期持有，因其取得该项投资时甲公司对乙公司不具有控制、共同控制或重大影响，乙公司股票在活跃市场中公允价值能够可靠计量，因此甲公司取得时指定为以公允价值计量且其变动计入其他综合收益的金融资产。20×2 年 6 月 30 日，甲公司持有的乙公司的该项股票投资公允价值为 6 250 万元。

20×2 年 6 月 30 日，甲公司又以银行存款 12 500 万元自另一非关联方处取得乙公司股票 1 000 万股，占乙公司 20%的股权。此时甲公司共计持有乙公司的股票占乙公司股权的 30%，对乙公司具有重大影响。此时，乙公司可辨认净资产的账面价值为 50 000 万元，公允价值为 55 000 万元。不考虑其他因素的影响。

(1) 取得投资时的会计处理。

借：其他权益工具投资——成本	50 000 000	
贷：银行存款		50 000 000

(2) 公允价值变动时的会计处理。

借：其他权益工具投资——公允价值变动	12 500 000	
贷：其他综合收益		12 500 000

(3) 转换时的会计处理。

借：长期股权投资——投资成本	187 500 000	
贷：银行存款		125 000 000
其他权益工具投资——成本		50 000 000
——公允价值变动		12 500 000
借：其他综合收益	12 500 000	
贷：投资收益		12 500 000

2. 对联营企业、合营企业的投资转为对子公司投资

投资方因追加投资等原因能够对非同一控制下的被投资单位实施控制的，属于通过多次交换交易，分步形成企业合并，在编制个别财务报表时，应当按照原持有的股权投资账面价加上新增投资成本之和，作为改按成本法核算的初始投资成本。购买日之前持有的股权采用权益法核算的，相关其他综合收益应当在处置该项投资时采用与被投资单位

直接处置相关资产或负债相同的基础进行会计处理，因被投资方除净损益、其他综合收益和利润分配以外所有者权益的其他变动而确认的所有者权益，应当在处置该项投资时相应转入处置期间的当期损益。

3. 金融资产转为对子公司投资

投资方因追加投资等原因能够对非同一控制下的被投资单位实施控制的，属于通过多次交换交易，分步形成企业合并，在编制个别财务报表时，应当按照原持有的股权投资账面价值加上新增投资成本之和，作为改按成本法核算的初始投资成本。购买日之前持有的股权投资按照《金融工具确认和计量》的有关规定进行会计处理的，原计入其他综合收益的累计公允价值变动应当在改按成本法核算时转入当期损益。

8.4.2 因减少投资导致的转换

1. 对联营、合营的投资转为金融资产

投资方因处置部分股权投资等原因丧失了对被投资单位的共同控制或重大影响的，处置后的剩余股权应当改按《金融工具确认和计量》核算，其在丧失共同控制或重大影响之日的公允价值与账面价值之间的差额计入当期损益。原采用权益法核算的相关其他综合收益应当在终止采用权益法核算时，采用与被投资单位直接处置相关资产或负债相同的基础进行会计处理，因被投资方除净损益、其他综合收益和利润分配以外所有者权益的其他变动而确认的所有者权益，应当在终止采用权益法核算时全部转入当期损益。

2. 对子公司投资转为对联营企业、合营企业投资

投资方因处置部分权益性投资等原因丧失了对被投资单位的控制的，在编制个别财务报表时，处置后的剩余股权能够对被投资单位实施共同控制或施加重大影响的，应当改按权益法核算，并对该剩余股权视同自取得时即采用权益法核算进行调整。成本法转化为权益法应当作为会计政策变更处理，采用追溯调整法。追溯调整法，是指对某项交易或事项变更会计政策，视同该项交易或事项初次发生时即采用变更后的会计政策，并以此对财务报表相关项目进行调整的方法。

首先，按处置或收回投资的比例结转应终止确认的长期股权投资成本。

其次，比较剩余的长期股权投资成本与按照剩余持股比例计算原投资时（假定用权益法）应享有被投资单位可辨认净资产公允价值的份额。属于投资作价中体现商誉部分，不调整长期股权投资的账面价值；属于投资成本小于应享有被投资单位可辨认净资产公允价值份额的，在调整长期股权投资账面价值的同时，应调整留存收益。

再次，对于原取得投资后至转变为权益法核算期间被投资单位实现净损益（扣除已

发放及已宣告发放的现金股利或利润)中按照持股比例计算应享有的份额,一方面应调整长期股权投资的账面价值,同时调整留存收益(原取得投资时至处置投资当期期初)和当期损益(处置投资当期期初至处置日)。

对于原取得投资后至因处置投资导致转变为权益法核算之间被投资单位实现的其他综合收益中应享有的份额,调整长期股权投资和其他综合收益。其他原因导致被投资单位所有者权益变动中应享有的份额,在调整长期股权投资账面价值的同时,应当记入"资本公积——其他资本公积"科目。

【例 8-8】 20×1 年 1 月 1 日,甲公司以银行存款 3 000 万元取得乙公司 60%的股权,能够对乙公司实施控制。20×3 年 7 月 1 日,甲公司将其持有的对乙公司长期股权投资的 1/3 出售给丙公司,出售取得价款 1 800 万元已存入银行。甲公司原取得乙公司 60%股权时,乙公司可辨认净资产公允价值总额为 4 500 万元(假定乙公司各项资产、负债的公允价值与账面价值均相同)。

自甲公司取得对乙公司长期股权投资后至部分处置投资前,乙公司实现净利润 2 500 万元,其中 500 万元系乙公司 20×3 年 1 月 1 日至 6 月 30 日实现的净利润,其他综合收益为 5 万元(满足条件时可转入损益),其他所有者权益变动为 10 万元。甲公司按净利润的 10%提取法定盈余公积。不考虑其他因素的影响。

甲公司在部分出售乙公司的股权后,对乙公司的持股比例下降为 40%。此时,甲公司乙公司具有重大影响。

(1) 取得投资时的会计处理。

借:长期股权投资——投资成本　　30 000 000
　　贷:银行存款　　30 000 000

(2) 部分处置时的会计处理。

借:银行存款　　18 000 000
　　贷:长期股权投资——投资成本　　10 000 000
　　　　投资收益　　8 000 000

(3) 转换时的会计处理。

借:长期股权投资——损益调整　　10 000 000
　　　　　　　　——其他综合收益　　20 000
　　　　　　　　——其他权益变动　　40 000
　　贷:盈余公积——法定盈余公积　　800 000
　　　　利润分配——未分配利润　　7 200 000
　　　　投资收益　　2 000 000
　　　　其他综合收益　　20 000
　　　　资本公积——其他资本公积　　40 000

投资方因其他投资方对其子公司增资而导致本投资方持股比例下降,从而丧失控制权但能实施共同控制或施加重大影响的，投资方应当区分个别财务报表和合并财务报表进行相关会计处理：在个别财务报表中，应当对该项长期股权投资从成本法转为权益法核算。首先，按照新的持股比例确认投资方应享有的原子公司因增资扩股而增加净资产的份额，与应结转持股比例下降部分所对应的长期股权投资原账面价值之间的差额计入当期损益；然后，按照新的持股比例视同自取得投资时即采用权益法核算进行调整。

3. 对子公司投资转为金融资产

投资方因处置部分权益性投资等原因丧失了对被投资单位的控制的，在编制个别财务报表时，处置后的剩余股权不能对被投资单位实施共同控制或施加重大影响的，应当改按《金融工具确认和计量》的有关规定进行会计处理，按处置投资的比例结转应终止确认的长期股权投资成本，在丧失控制权之日剩余股权的公允价值与账面价值之间的差额计入当期投资收益。

8.5　长期股权投资的处置与减值

8.5.1　长期股权投资的处置

企业处置长期股权投资时，应相应结转与所售股权相对应的长期股权投资的账面价值，出售所得价款与处置长期股权投资账面价值之间的差额，应确认为处置损益。投资方全部处置权益法核算的长期股权投资时，原权益法核算的相关其他综合收益应当在终止采用权益法核算时全部计入投资收益；投资方部分处置权益法核算的长期股权投资，剩余股权仍采用权益法核算的，原权益法核算的相关其他综合收益按比例结转计入投资收益。但由于被投资方重新计量设定受益计划净负债或净资产变动而产生的其他综合收益除外。投资方部分处置权益法核算的长期股权投资，剩余股权仍采用权益法核算的，应按处置比例将相关资本公积转入当期投资收益；对剩余股权终止权益法核算时，将相关资本公积全部转入当期投资收益。

8.5.2　长期股权投资的减值

投资方应当关注长期股权投资的账面价值是否大于享有被投资单位所有者权益账面价值的份额等类似情况。出现类似情况时，投资方应当按照《资产减值》对长期股权投资进行减值测试，可收回金额低于长期股权投资账面价值的，应当计提减值准备。

本章小结

长期股权投资是指通过取得被投资单位的股权，投资企业成为被投资单位的股东，按所持有股份的比例享有权利并承担责任的一种投资。长期股权投资包括企业持有的对其子公司控制、合营企业共同控制及联营企业重大影响的权益性投资。

对子公司的投资，分为同一控制下控股合并取得的长期股权投资和非同一控制下控股合并取得的长期股权投资。前者，应以被投资方所有者权益账面价值的份额确认长期股权投资的初始投资成本；支付对价的账面价值与初始投资成本的差额计入资本公积，资本公积不足冲减的，调整留存收益。后者，以投资方在购买日取得被投资方的控制权而付出的资产、承担的负债、发行的权益性证券等的公允价值作为长期股权投资的初始投资成本；支付对价为非现金资产的，其公允价值与账面价值的差额计入当期损益。后续计量时，采用成本法核算，被投资单位实现净损益、其他综合收益、分派股票股利以及发生除净损益以外所有者权益的其他变动，投资方均不做处理。

对合营企业(共同控制)及联营企业(重大影响)的权益性投资，应以投资方为取得投资支付的资产、承担的债务、发行的权益性证券等的公允价值作为长期股权投资的初始投资成本。支付对价为非现金资产的，其公允价值与账面价值的差额计入当期损益。后续计量时，采用权益法核算，被投资方实现净损益、其他综合收益、发生除净损益以外所有者权益的其他变动时，投资方应根据享有的份额分别确认投资收益、其他综合收益、资本公积，同时调整长期股权投资的账面价值。被投资方宣告分配现金股利时，投资方应抵减长期股权投资的账面价值。被投资方分派股票股利时，投资方不做账务处理。

因追加或减少投资，导致企业金融资产、对联营企业或合营企业的投资、对子公司的投资等分类发生变化的，需要按照变化后，所属类别的相关要求重新确认初始投资成本，并确认相关差额，记入对应的损益类账户。

企业处置长期股权投资时，应相应结转与所售股权相对应的长期股权投资的账面价值，出售所得价款与处置长期股权投资账面价值之间的差额，应确认为处置损益。同时，需要结合权益法、成本法的后续计量，核销相关账户，结转相关损益。

资产负债表日，对长期股权投资进行减值测试，可收回金额低于长期股权投资账面价值的，应当计提减值准备。

思考题

1. 比较同一控下企业合并与非同一控制下控股合并的会计处理。
2. 长期股权投资的成本法的适用范围及核算特点是什么?
3. 长期股权投资的权益法的适用范围及核算特点是什么?

4. 长期股权投资核算方法的转换如何区别不同情况进行分别处理?

练习题

【练习题 1】 练习企业合并形成的长期股权投资的会计处理

20×2 年 3 月 20 日甲公司以每股发行价 2.1 元,发行本公司 1 000 万股普通股作为对价取得乙公司 60%的股权,该项合并属于同一控制下的企业合并,合并日乙公司的净资产账面价值为 3 200 万元,公允价值为 3 500 万元。假定合并前双方采用的会计政策及会计期间均相同。

要求:做甲公司长期股权投资的会计处理。

【练习题 2】 练习企业合并形成的长期股权投资的会计处理

20×2 年 3 月 20 日甲公司以银行存款 1 000 万元及一项土地使用权,取得乙公司 80%的股权,并于当日起能够对乙公司实施控制,该项合并属于非同一控制下的企业合并,合并日该土地使用权的账面价值为 3 200 万元,假定尚未开始摊销,公允价值为 4 000 万元,乙公司净资产的账面价值为 6 000 万元,公允价值为 6 250 万元,假定甲公司与乙公司的会计年度和采用的会计政策相同,不考虑其他因素。

要求:做确认该长期股权投资的会计分录。

【练习题 3】 练习长期股权投资成本法的会计处理

甲航运公司有关的投资业务如下。

(1) 20×0 年 1 月 1 日,以银行存款支付 1 000 万元购买丁公司 75%的股权,并取得对丁公司的控制权。甲公司和丁公司不存在关联方关系。

(2) 20×0 年 4 月 2 日,丁公司宣告发放现金股利 100 万元。

(3) 20×0 年 4 月 30 日,收到丁公司发放的现金股利 75 万元。

(4) 20×1 年,丁公司实现净利润 300 万元。

(5) 20×1 年 4 月 5 日,丁公司宣告发放现金股利 80 万元;发放股票股利 80 万元。

(6) 20×1 年 4 月 30 日,收到丁公司发放的现金股利 60 万元。

(7) 20×1 年,丁公司宣告巨额亏损。年末,甲公司预计对丁公司的股权投资按市场收益率确定的未来现金流的现值为 900 万元。

(8) 20×2 年 5 月 3 日,甲公司将持有的 75%丁公司股权,全部转让给乙公司,收到扣除税费的转让款 950 万元。

要求:完成相关账务处理(不考虑增值税等其他因素)。

【练习题 4】 练习长期股权投资权益法的会计处理

乙航运公司的投资业务如下。

(1) 20×0 年 7 月 1 日,以银行存款支付 3 000 万元购买戊公司 20%的股权,并支付税费 10 万元。对戊公司有重大影响,并准备长期持有该股份。取得股权当日,戊公司可辨认资产的公允价值为1.25亿元(假设账面价值和公允价值相等)。

(2) 20×0年7月30日,戊公司因合营公司资本公积增加调整增加资本公积200万元。

(3) 20×0年度,戊公司实现净利润500万元。

(4) 20×1年4月5日,戊公司召开股东大会,审议通过的利润分配方案:按净利润10%提取法定盈余公积,净利润5%提取任意盈余公积,分配现金股利200万元;当日对外宣布。

(5) 20×1年4月30日,收到戊公司发放的现金股利40万元。

(6) 20×1年度,戊公司亏损400万元。

(7) 20×1年末,乙公司预计对戊公司的股权投资按市场收益率确定的未来现金流的现值为2 800万元。

(8) 20×2年11月3日,乙公司将持有的戊公司股权全部转让给丁公司,收到扣除税费的转让款2 990万元。

要求:完成相关账务处理(不考虑增值税等其他因素)。

【练习题5】 长期股权投资减值的会计处理

甲航运公司的投资业务如下。

(1) 20×0年1月1日,以银行存款支付6 000万元购买A公司25%的股权。甲公司对A公司的财务和经营决策具有重大影响,不考虑相关费用。A公司可辨认净资产公允价值与账面价值一致,为24 000万元。

(2) 20×0年4月8日,A公司宣告发放现金股利100万元。

(3) 20×0年4月30日,收到A公司发放的现金股利25万元。

(4) 20×0年,A公司实现净利润1 200万元。

(5) 20×1年,A公司宣告巨额亏损4 000万元。

(6) 20×1年末,甲公司预计对A公司的股权投资按市场收益率确定的未来现金流的现值为5 000万元。

(7) 20×2年5月3日,A公司因接受外币投资,资本公积增加2 000万元。

要求:暂不考虑增值税等其他因素,请完成相关账务处理。

第 9 章

应付及应交款项

学习目标

- 掌握水运企业应付和应交款项的确认及计量原则
- 掌握应付账款、应付票据、预收款项、其他应付款和长期应付款等应付款项的账务处理方法
- 掌握增值税等主要税种的账务处理方法
- 掌握职工薪酬的计量和列支原则以及账务处理方法

企业筹集资金的方式中,负债筹集资金是改善自身财务状况的主要方式。企业负债筹集资金的方式有很多种,负债的种类、结构和占资产比例的多少,都直接影响到企业的偿债能力和企业财务风险、经营风险的程度,进而影响企业内外部投资者的相关决策。

根据企业会计准则的相关要求,会计核算反映的企业负债,一般具有如下特征,第一,负债是现实的义务;第二,负债的清偿会导致的经济利益流出是确定的,或者是能够合理估计的。

本章主要讲述水运企业应付和应交款项的核算方法,主要包括应付票据、应付账款、预收款项、其他应付款、长期应付款、应交税费和应付职工薪酬的具体核算内容。

9.1 应付款项的确认和计量

9.1.1 应付款项的确认

应付款项是指水运企业在从事水上旅客和货物运输活动以及为水上运输而进行旅客接送与货物装卸等生产营运活动中形成的现时义务,包括应付票据、应付账款、预收账款、其他应付款、应付利息、长期应付款等。当与偿债义务有关的经济利益很可能流出企业,而且未来流出的经济利益的金额能够可靠地计量,即一般在形成偿债义务的交易或事项完成时,企业应当将相关的应付款项义务确认为负债。

水运企业在从事航运业务、港口业务、代理业务和船舶管理业务活动中,通常在成为

合同一方,偿债义务可以确定时,对应付款项予以确认;在确定现时义务能够解除时,对应付款项终止确认。

9.1.2 应付款项的计量

水运企业应按负债未来偿付金额的现值对负债进行计量,即按负债形成时的公允价值和相关交易费用的合计数进行初始计量,并采用实际利率法按摊余成本进行后续计量。

9.1.3 应付款项的账务处理

1. 应付票据

水运企业的应付票据是指企业购买材料或燃料、润料、物料和备品配件以及接受修理等劳务供应而开出的,付款人在指定日期无条件支付特定的金额给收款方的票据。应付票据按是否带息分为带息应付票据和不带息应付票据两种。

企业在开出票据并办妥承兑手续后,根据开具票据的目的,以票据面值,借记"材料采购""船舶固定费用"等账户,贷记"应付票据"账户。发生的银行承兑汇票手续费,作为一般的金融手续费记入"财务费用"账户核算。

(1) 带息应付票据的处理。开出票据的企业在期末,对尚未支付的应付票据计提利息,通常水运企业开出的商业汇票期限较短,利息计入当期财务费用;票据到期支付票款时,尚未计提的利息部分直接计入当期财务费用。

(2) 不带息应付票据的处理。水运企业开具不带息应付票据的,其面值就是票据到期时的应付金额。

【例 9-1】 某港口企业,20×1 年 10 月购入一批码头机械设备零配件,金额为含税价 56.5 万元,开出不带息商业承兑汇票。企业应进行账务处理如下。

(1) 采购物资入库,签发汇票时。

借:材料	50 000	
应交税费——应交增值税(进项税额)	6 500	
贷:应付票据		56 500

(2) 商业汇票到期承兑如期支付时。

借:应付票据	56 500	
贷:银行存款		56 500

2. 应付账款

应付账款是水运企业因购买材料或燃料、润料、物料和备品配件,以及接受设施设备修理、接受雇用船员等劳务供应活动而发生的债务,应支付的款项主要包括价款和相应的增值税款以及运杂费等。应付账款应在有关偿付义务成立时确认，即在与所购买物资所有权有关的风险和报酬已经转移或者劳务已经接受时确认。

水运企业各项主要业务中，应付账款的具体核算内容有。

（1）企业购买的材料或燃料、润料、物料和备品配件，验收入库后确认应付账款。适用于发票账单和所购买材料或商品同时到达，或者到达的时间间隔不长的情况。

（2）企业在月末对已经形成的偿债义务进行暂估入账。适用于企业购买的材料或燃料、润料、物料和备品配件已经入库，但发票账单月末尚未到达的情况。

（3）企业对部分成本费用项目，通过应付账款的预估进行核算。如航运企业在对运输船舶进行航次成本核算过程中，对于未完航次按照完工百分比法确认当期船舶燃油费、港口使用费和运输佣金等费用，期末应以估计金额入账，待下月初再用红字冲回；航运企业运输船舶发生事故，对于事故赔款支出金额能够预计的，船舶所有人按照估计金额计入成本费用，相应的，计入应付账款暂估入账。

（4）代理业务中，船舶代理人为运输船舶提供港口服务代理业务，应支付给港口企业的各项使费、货物费和货物中转费，计入应付账款；会计期末根据企业核算要求，代理人对相应的代理费用支出进行暂估，计入应付账款暂估；货运代理人为委托人提供订舱、报关报检等代理服务，对应支付给船公司、海关等的各项费用，计入应付账款。

【例 9-2】　某航运企业的一艘运输船舶，20×1 年 10 月根据燃油计划，购买的燃油到货入库，发票账单未到，暂估燃油含税价款 113 万元。企业进行账务处理如下。

（1）燃油入库时。

借：燃料　　1 000 000
　　贷：应付账款——应付燃油款暂估　　1 000 000

（2）收到燃油发票时，冲销应付暂估款项，确认应付款挂账。

借：应付账款——应付燃油款暂估　　1 000 000
　　贷：燃料　　1 000 000
借：燃料　　1 000 000
　　应交税费——应交增值税（进项税额）　　130 000
　　贷：应付账款　　1 130 000

【例 9-3】　某船舶代理公司接受某船东的委托，签订合同为船舶提供运输、拖轮、引航等代理服务，同时代理为船舶收取运费业务。假设在该代理业务过程中，收取费用的拖轮公司开具给船东发票，收取费用的码头公司开具给船舶代理公司发票，收取运费的船东开具给船舶代理公司发票。20×1 年 6 月末，船舶代理公司收到拖轮公司直接开给船东的发票，金额为含税金额 10 600 元，收到码头企业的发票，含税金额为 25 440 元，收到船东的运输发票，含税金额为 43 600 元。船舶代理公司进行账务处理如下。

（1）拖轮公司完成劳务，公司收到拖轮公司直接开给船东的发票。

借：应收账款——船东　　10 600
　　贷：应付账款——拖轮公司　　10 600

(2) 码头完成劳务,公司支付码头企业使费,收到开给船舶代理公司的发票。

借:代理服务支出　　24 000
　应交税费——应交增值税(进项税额)　　1 440
　贷:应付账款——码头企业　　25 440

(3) 船东提供运输业务,公司收到船东开具给船舶代理公司的运输发票。

借:代理服务支出　　40 000
　应交税费——应交增值税(进项税额)　　3 600
　贷:应付账款——船东　　43 600

(4) 船舶代理公司完成代理服务,向船东开具收取码头使费的发票,含税金额为31 800元。

借:应收账款——船东　　31 800
　贷:代理服务收入　　30 000
　应交税费——应交增值税(销项税额)　　1 800

(5) 船舶代理公司向货主开具运费收入发票,含税金额为44 520元。

借:应收账款——货主　　44 520
　贷:代理服务收入　　42 000
　应交税费——应交增值税(销项税额)　　2 520

(6) 业务完成后,船舶代理公司和船东进行运使费互抵,结清支付余额。

借:应付账款——船东　　43 600
　贷:应收账款——船东　　42 400(10 600+31 800)
　银行存款　　1 200

3. 预收账项

预收款项是指水运企业因提供运输业务、码头业务、代理业务和船舶管理业务中,按照合同规定预收的款项。根据企业会计准则规定,企业在提供业务活动之前向客户所预收的款项,应根据不同前提条件确认为预收账款或合同负债。合同负债,是指企业已收或应收客户对价而应向客户转让商品的义务。企业所预收的款项与合同规定的特定履约义务无关,应作为预收账款核算;企业在业务合同或协议中,若对客户规定了预收款的条款与要求,依照合同约定,在企业履行合同约定的义务之前,向客户收取的、用于未来业务收款抵扣的相关费用款项在当期确认为合同负债。

【例9-4】 20×1年11月,某货物代理公司为客户进口货物提供代理报关查验业务。根据合同约定,客户应预付给货物代理公司120 000元,其中100 000元用于货物报关进口时需要缴纳的关税,20 000元作为备用金,在履行合同后予以退回。公司可进行账务处理如下。

(1) 收到客户预付的款项时。

借:银行存款　　120 000
　贷:合同负债　　100 000

其他应付款　　　　20 000

(2) 如果合同中同时约定,作为予以退回的备用金可作为对客户应收款项的备抵,则公司应在发生抵扣时。

借:其他应付款　　　　20 000

　贷:应收账款　　　　20 000

4. 其他应付款

其他应付款是指水运企业除应付票据、应付账款、预收款项、应付职工薪酬、应付股利、应付利息、应交税费、长期应付款等以外的其他各项应付、暂收的款项。

企业因暂收款形成的负债,应在收到款项时,借记"银行存款""库存现金"等账户,贷记"其他应付款"账户进行核算。

5. 长期应付款

长期应付款是指水运企业除长期借款和应付债券以外的其他各种长期应付款项,如以分期付款方式购入固定资产发生的应付款项等。

企业延期支付所购买资产的价款,属于具有融资性质的延期付款购买资产。如果延期支付的价款购买价款超过正常信用条件,实质上具有融资性质的,所购入资产的成本应按照延期支付价款的现值确定,借记"固定资产""在建工程""无形资产""研发支出"等账户,以延期支付的价款贷记"长期应付款",两者的差额贷记"未确认融资费用"账户。

在信用期内,企业应采用实际利率法计算确定未确认融资费用的分摊额,借记"财务费用"或有关资本化的资产账户,贷记"未确认融资费用"账户。企业在按期支付购买资产的应付款时,借记"长期应付款"账户,贷记"银行存款"账户。

9.2 应交税费

水运企业在从事水上旅客和货物运输活动和为水上运输而进行的辅助生产营运活动中,按照我国税收法规的有关规定,承担各种税金和附加费的缴纳义务,主要有增值税、所得税和其他地方税种等。水运企业应交的税费,按照权责发生制确认,在尚未缴纳之前,形成企业的一项负债,通过"应交税费"进行账务处理。

9.2.1 应交税费的确认和计量

水运企业应根据税法规定的纳税范围计算应缴纳的税款,按照纳税环节、纳税期限等税收征收管理的规定进行纳税申报并及时缴纳税款。企业应缴纳的各项税费按照权责发生制确认,在尚未缴纳之前,形成企业的一项负债,确认为应交税费。

9.2.2 应交税费的账务处理

水运企业应设置"应交税费"账户，全面反映应交税费的核算、缴纳等情况，并根据应交税费的具体税种和费用名称开设明细账户。根据企业会计准则的规定，有些不需要经过申报、缴纳和汇算清缴的税金，可以不通过"应交税费"账户核算。

1. 应交增值税的账务处理

水运企业应在"应交税费"账户下设置"应交增值税"明细账户，进行增值税的具体核算。

(1) 一般纳税人应交增值税的账务处理

水运企业的增值税一般纳税人，发生的应税行为适用一般计税方法计税，在"应交税费"科目下设置"应交增值税""未交增值税""预交增值税"和"待抵扣进项税额"等明细科目进行核算。其中，应对"应交增值税"明细账户进一步设置专栏，主要包括借方的"进项税额""已交税金""转出多交增值税""减免税款"专栏，贷方"销项税额""进项税额转出""转出多交增值税"专栏。

企业提供运输活动和装卸等生产营运活动，属于提供应交增值税的劳务应税行为，应以不含增值税的销售额计量业务收入并记入相关收入账户，将增值税额记入"应交税费——应交增值税(销项税额)"账户核算。

企业在购进资产、接受劳务服务时，以收到的增值税专用发票上注明的资产或劳务服务价款以及增值税额，记入资产或劳务服务相关成本账户和"应交税费——应交增值税(进项税额)"账户。

企业发生税法规定的不得抵扣增值税进项税额的事项，发生时即确认是不予抵扣的，则在购进资产或接受劳务时，将取得增值税专用发票上注明的税额一并计入所购资产或接受劳务服务的成本；在发生时不能认定增值税进项税额不予抵扣的，按照一般的增值税处理方法，将增值税专用发票上注明的税额记入"应交税费——应交增值税(进项税额)"账户借方，之后发生货物或劳务用于进项税额不得抵扣事项时，再将进项税额转出，借记相关资产或劳务服务成本账户，贷记"应交税费——应交增值税(进项税额转出)"账户。

水运企业一般纳税人发生的应税行为适用简易计税方法的，提供运输活动和装卸等生产营运活动取得收入时，应缴纳的增值税额在"简易计税"明细科目核算。

【例 9-5】 20×1 年 7 月，某长江航运公司(增值税一般纳税人)从事长江沿线散杂货运输，本月向货主开具增值税专用发票，价款合计 109 000 元，运费已收款到账。公司应进行账务处理如下。

借：银行存款　　　　109 000

　　贷：主营业务收入　　　　100 000

　　　　应交税费——应交增值税(销项税额)　　　　9 000

【例 9-6】　20×1 年 8 月，某内河港口企业为增值税一般纳税人，本月从船舶机械制造企业购入河道清淤机一台，企业为购置该设备共支付总价款 508 500 元。企业取得增值税专用发票并已支付款项，设备已经验收投入使用。企业应进行账务处理如下。

借：固定资产　　450 000

　　应交税费——应交增值税（进项税额）　　58 500

　　贷：银行存款　　508 500

按照增值税有关规定，一般纳税人购进货物、加工修理修配劳务、服务、无形资产或不动产，用于简易计税方法计税项目、免征增值税项目、集体福利或个人消费等，其进项税额不得从销项税额中抵扣的，应当计入相关成本费用，不通过“应交税费——应交增值税（进项税额）”科目核算。

因发生非正常损失或改变用途等，导致原已计入进项税额但按现行增值税制度规定不得从销项税额中抵扣的，应当将进项税额转出，借记“待处理财产损溢”“应付职工薪酬”等科目，贷记“应交税费——应交增值税（进项税额转出）”科目。

【例 9-7】　某内河港口企业为增值税一般纳税人，因管理不善，导致上月购入的一批堆场备用材料发生毁损。该批材料成本为 20 000 元，购入材料适用增值税税率 13%。企业可进行账务处理如下。

借：待处理财产损溢　　22 600

　　贷：材料　　20 000

　　应交税费——应交增值税（进项税额转出）　　2 600

水运企业增值税一般纳税人发生涉及“销项税额抵减”“出口退税”等核算业务的，参照企业会计准则要求进行具体账务处理。

（2）小规模纳税人应交增值税的账务处理

小规模纳税企业通过“应交税费——应交增值税”进行增值税的核算。在购进资产、接受劳务服务时，以取得的增值税发票上的全部价款计入资产或劳务服务的成本；在提供生产经营活动取得收入时，开具增值税普通发票，借记“银行存款”或“应收账款”账户，以不含税价款贷记相关收入账户，增值税额贷记“应交税费——应交增值税”账户。

【例 9-8】　20×1 年 9 月，某支线驳船运输公司核定为增值税小规模纳税人，本期购入运输船舶备品配件，取得增值税专用发票上记载的价款为 50 万元，支付的增值税税额为 6.5 万元。企业支付了款项，备品配件已到达并已验收入库。该企业适用的增值税征收率为 3%。企业应进行账务处理如下。

借：备品配件　　565 000

　　贷：银行存款　　565 000

2. 其他应缴税费的账务处理

水运企业应交的其他税费，包括土地增值税、城市维护建设税、企业所得税、个人所得税、房产税、城镇土地使用税、车船税等，按照《企业会计准则》，等同一般企业进行应交税费账务处理。

9.3 职工薪酬

水运企业的职工,是指与企业订立劳动合同的所有人员,含全职、兼职和临时职工,也包括虽未与企业订立劳动合同但由企业正式任命的人员。具体包括。

(1) 与企业订立劳动合同的人员。

(2) 未与企业订立劳动合同但由企业正式任命的人员。

(3) 在企业的计划和控制下,虽未与企业订立劳动合同或未由其正式任命,但向企业提供服务与职工所提供服务类似的人员。

9.3.1 职工薪酬的分类

水运企业职工薪酬,根据职工薪酬企业会计准则的划分方法进行分类,具体包括短期薪酬、离职后福利、辞退福利和其他长期职工福利等。

1. 短期薪酬

(1) 货币性短期薪酬,是指职工的工资、奖金、津贴和补贴,大部分的职工福利费、医疗保险费、工伤保险费和生育保险费等社会保险费、住房公积金、工会经费和职工教育经费等;

(2) 带薪缺勤,指企业对职工因年休假、病假、短期伤残假、婚假、产假、丧假、探亲假等原因产生的缺勤进行的补偿,可分为累计带薪缺勤和非累积带薪缺勤两类;

(3) 短期利润分享计划,是指因职工提供服务而与职工达成的基于利润或其他经营成果提供薪酬的协议;

(4) 非货币性福利,如外购商品发放给职工福利、将拥有的房屋等资产无偿提供给职工使用或租赁住房等资产供职工无偿使用以及为职工提供企业支付了补贴的商品或服务等。

2. 离职后福利

离职后福利,是指企业未获得职工提供的服务而在职工退休或与企业解除劳动关系后,提供的各种形式的报酬和福利,包括退休福利及其他离职后福利。按照企业会计准则的要求,离职后福利计划分为设定提存计划和设定受益计划两种类型。

3. 辞退福利

辞退福利,是指企业在职工劳动合同到期之前解除与职工的劳动关系,或者为鼓励职工自愿接受裁减而给予职工的补偿。

4. 其他长期职工福利

其他长期职工福利，是指除短期薪酬、离职后福利和辞退福利以外的其他所有职工福利。其他长期职工福利包括：长期带薪缺勤，如其他长期服务福利、长期残疾福利、长期利润分享计划和长期奖金计划，以及递延酬劳等。

9.3.2　职工薪酬的账务处理

1. 短期薪酬的账务处理

企业应当在职工为其提供服务的会计期间，将实际发生的短期薪酬确认为负债，并计入当期损益。

（1）货币性短期薪酬

企业在职工为企业服务期间，应根据职工提供服务情况和工资标准计算应计入职工薪酬的工资总额，按照受益对象计入当期损益或相关资产成本，借记"船舶固定费用""船舶共同费用""装卸业务成本""管理费用"等科目，贷记"应付职工薪酬"科目。发放时，借记"应付职工薪酬"科目，贷记"银行存款"等科目。企业发生的职工福利费，应在实际发生时根据实际发生额计入当期损益或相关资产成本。

【例9-9】　20×1年6月，某船公司当月发放工资780万元，其中，在船船员工资500万元，船队管理部门人员工资100万元，公司管理部门人员工资180万元。

根据所在地政府规定，船公司分别按照职工工资总额的10%和8%计提医疗保险费和政府能够公积金，缴纳给当地社会保险经办机构和住房公积金管理机构。公司分别按照职工工资总额的2%和1.5%计提工会经费和职工教育经费。（不考虑相关税费）

应计入船舶固定费用的职工薪酬总额＝500＋500（10%＋8%＋2%＋1.5%）＝607.5（万元）

应计入船舶共同费用的职工薪酬总额＝100＋100（10%＋8%＋2%＋1.5%）＝121.5（万元）

应计入管理费用的职工薪酬总额＝180＋180（10%＋8%＋2%＋1.5%）＝218.7（万元）

船公司应根据上述业务，进行如下账务处理。

借：船舶固定费用　　6 075 000
　　船舶共同费用　　1 215 000
　　管理费用　　2 187 000
　　贷：应付职工薪酬——工资　　7 800 000
　　　　　　　　——医疗保险费　　780 000
　　　　　　　　——住房公积金　　624 000
　　　　　　　　——工会经费　　156 000
　　　　　　　　——职工教育经费　　117 000

（2）带薪缺勤

企业对各种原因产生的缺勤进行补偿，比如，年休假、病假、短期伤残假、婚假、产假、丧假、探亲假等。累积带薪缺勤，是指带薪权利可以结转下期的带薪缺勤，本期尚未用完的带薪缺勤权利可以在未来期间使用。企业应当在职工提供了服务从而增加了其未来享有的带薪缺勤权利时，确认与累积带薪缺勤相关的职工薪酬，并以累积未行使权利而增加的预期支付金额计量；非累积带薪缺勤，是指带薪权利不能结转下期的带薪缺勤，本期尚未用完的带薪缺勤权利将予以取消，并且职工离开企业时也无权获得现金支付。企业应在职工缺勤时确认职工享有的带薪权利，即视同职工出勤确认的相关资产成本或当期费用，在缺勤期间计提应付工资时一并处理。

（3）短期利润分享计划

企业制订有利润分享计划的，如规定当职工在企业工作了特定期限后，能够享有按照企业净利润的一定比例计算的薪酬，如果职工在企业工作到特定期末，其提供的服务就会增加企业应付职工薪酬金额，或者尽管企业没有支付这类薪酬的法定义务，但是有支付此类薪酬的惯例，或者说企业除了支付此类薪酬外没有其他现实的选择，企业应当及时按照规定进行有关会计处理。

利润分享计划同时满足下列条件的，企业应当确认相关的应付职工薪酬，并计入当期损益或者相关资产成本。①企业因过去事项导致现在具有支付职工薪酬的法定义务。②因利润分享计划所产生的应付职工薪酬义务能够可靠估计。

企业根据企业经济效益增长的实际情况提取的奖金，属于奖金计划，应当比照利润分享计划进行处理。职工只有在企业工作一段特定期间才能分享利润的，企业在计量利润分享计划产生的应付职工薪酬时，应当反映职工因离职而没有得到利润分享计划支付的可能性。如果企业在职工为其提供相关服务的年度报告期间结束后12个月内，不需要全部支付利润分享计划产生的应付职工薪酬，该利润分享计划应当适用本章其他长期职工福利。

（4）非货币性福利

企业向职工提供非货币性福利的，包括以自产产品或外购商品发放给职工、将拥有的房屋等资产无偿给职工使用或租赁住房等资产无偿提供给职工无偿使用、向职工提供企业支付了补贴的商品或服务，应当根据受益对象，分别按照产品的公允价值和相关税费计量应计入成本费用的职工薪酬金额，按照住房每期的公允价值计入当期损益或相关资产成本。如果企业以提供补贴的住房的，企业在出售住房等资产时，应当将此类资产的公允价值与其内部售价之间的差额分别情况处理，①如果出售住房的合同或协议中规定了职工在购得住房后至少应当提供服务的年限，且如果职工提前离开则应退回部分差价，企业应当将该项差额作为长期待摊费用处理，并在合同或协议规定的服务年限内平均摊销，根据受益对象分别计入相关资产成本或当期损益。②如果出售住房的合同或协议中未规定职工在购得住房后必须服务的年限，企业应当将该项差额直接计入出售住房当期相关资产成本或当期损益。

【例 9-10】 20×1年，某内河港务公司为码头作业区装卸工人提供自建单位宿舍免费使用，同时为高级管理人员每人租赁一套住房。公司共有高级管理人员 5 名，公司为每人租赁每月租金为 10 000 元的公寓；装卸作业区共有装卸作业工人 60 名，每 4 人提供一间单位宿舍免费使用，共提供单位宿舍 15 间，假定每间单位宿舍每月计提折旧 1 000 元。公司每月可进行账务处理如下。

借：管理费用　　50 000
　　装卸作业成本　　15 000
　　贷：应付职工薪酬——非货币性福利(租赁公寓)　　50 000
　　　　应付职工薪酬——非货币性福利(宿舍)　　15 000
借：应付职工薪酬——非货币性福利(宿舍)　　15 000
　　贷：累计折旧　　15 000
借：应付职工薪酬——非货币性福利(租赁公寓)　　50 000
　　贷：其他应付款　　50 000

2. 离职后福利的账务处理

职工的离职后福利，是指企业给予合同到期的职工或达到退休年龄的职工一定的生活补偿金，主要包括退休福利(如养老金和一次性的退休支付)及其他离职后福利(如离职后人寿保险和离职后医疗保障)。企业给予补偿的是职工在职时提供的服务，应当在职工提供服务的会计期间，根据离职后福利计划，对这部分福利进行确认和计量。

离职后福利计划，是指企业与职工就离职后福利达成的协议，或者企业为向职工提供离职后福利制定的规章或办法等。企业应当将离职后福利计划分类为设定提存计划和设定受益计划两种类型。

(1) 设定提存计划

是指向独立的基金缴存固定费用后，企业不再承担进一步支付义务的离职后福利计划。企业在每一期间的义务取决于该期间将要提存的金额，因此，企业应在资产负债表日确认为换取职工在会计期间内为企业提供的服务而应付给设定提存计划的提存金，并作为一项费用计入当期损益或相关资产成本。

【例 9-11】 某港口企业为装卸区作业人员设立了一项企业年金。每月该企业按照每个作业人员工资的 5%向独立于港口企业的年金基金缴存企业年金，年金基金将其计入每个作业人员个人账户并负责资金的运作。作业人员退休时可以一次性获得其个人账户的累积额，包括企业历年来的缴存额以及相应的投资收益。企业除了按照约定向年金基金缴存之外不再负有其他义务，既不享有缴存资金产生的收益，也不承担投资风险。因此，该福利计划为设定提存计划。20×1 年，按照计划安排，该企业向年金基金缴存的金额为 500 万元。港口企业的账务处理如下。

借：装卸业务支出　　5 000 000
　　贷：应付职工薪酬——离职后福利　　5 000 000
借：应付职工薪酬——离职后福利　　5 000 000
　　贷：银行存款　　5 000 000

（2）设定受益计划

是指除设定提存计划以外的离职后福利计划。在设定提存计划下，企业的法定义务是以企业同意向基金的缴存额为限，职工所取得的离职后福利金额取决于向离职后福利计划或保险公司支付的提存金金额，以及提存金所产生的投资回报。

在设定受益计划下，企业的义务是为现在及以前的职工提供约定的福利，并且精算风险和投资风险实质上由企业来承担，因此，如果精算或者投资的实际结果比预期差，则企业的义务可能会增加。

设定受益计划可能是不注入资金的，或者可能全部或部分由企业（有时由其职工）向法律上独立于报告主体的企业或者基金，以缴纳提存金形式注入资金，并由其向职工支付福利。到期时已注资福利的支付不仅取决于基金的财务状况和投资业绩，而且取决于企业补偿基金资产短缺的能力和意愿，企业实质上承担着与计划相关的精算风险和投资风险。因此，设定受益计划所确认的费用并不一定是本期应付的提存金金额。企业如果存在一项或多项设定受益计划的，对于每一项计划应当分别进行会计处理。

3. 辞退福利的账务处理

辞退福利包括两方面的内容：一是在职工劳动合同尚未到期之前，不论职工本人是否愿意，企业决定解除与职工的劳动关系而给予的补偿；二是在职工劳动合同尚未到期之前，为鼓励职工自愿接受裁减而给予的补偿，职工有权利选择继续在职或接受补偿离职。

【例 9-12】 某内河货物运输公司，20×0 年 9 月，为了能够在下一年度顺利实施运输船队的整合，公司管理层制订了一项辞退计划。计划决定，从 20×1 年 1 月 1 日起，企业将以职工自愿方式，辞退其小型驳船运输船队的职工。辞退计划的内容已与职工沟通，并达成一致意见。辞退计划将在本年末经董事会正式批准，下一个年度内实施完毕。根据制订的辞退计划的人数和补偿金额，公司预估该小型驳船运输船队职工接受辞退应支付的补偿金额为 700 万元。则公司在 20×0 年可进行如下账务处理。

借：管理费用　　　　　　　　　　　　　　　7 000 000

　　贷：应付职工薪酬——辞退福利　　　　　　　　7 000 000

4. 其他长期福利的账务处理

企业向职工提供的其他长期职工福利，符合设定提存计划条件的，应当按照设定提存计划的有关规定进行会计处理。符合设定受益计划条件的，企业应当按照设定受益计划的有关规定，确认和计量其他长期职工福利净负债或净资产。

本章小结

水运企业应付和应交款项，主要包括应付票据、应付账款、预收款项、其他应付款、长期应付款、应交税费和应付职工薪酬。

水运企业在提供航运业务、港口业务、代理业务和船舶管理业务过程中，因购买材料或燃料、润料、物料和备品配件以及接受修理等劳务供应活动中，应付给对方的款项，根据结算方式不同，应通过应付票据和应付账款进行核算；水运企业在月末需要通过应付账款预估对已经形成的偿债义务进行暂估入账，包括企业购买的材料或燃料、润料、物料和备品配件已经入库，但发票账单月末尚未到达的情况、航运企业对于未完航次按照完工百分比法确认当期费用的情况、航运企业对于事故赔款支出金额暂估入账的情况、船舶代理人对相应的代理费用支出金额进行暂估的情况等。

水运企业在提供业务活动中发生预收款项，应根据不同前提条件分别计入预收账款或合同负债。

水运企业应交的税费，主要有增值税、企业所得税和其他税费等，企业应根据税收法规的要求计算缴纳各项税费，并进行相应的账务处理。

水运企业的职工薪酬，主要包括短期薪酬、离职后福利、辞退福利和其他长期职工福利等，应根据企业会计准则的具体要求，进项相应的账务处理。

思考题

1. 水运企业应付账款核算的主要内容。
2. 按照我国企业会计准则，预收账款和合同负债有何区别？如何进行核算？
3. 水运企业应缴纳的税费主要有哪些？说明增值税一般纳税人的会计方法。
4. 什么是非货币性福利？
5. 离职后福利和辞退福利有何不同？

练习题

【练习题 1】　练习应付账款的计算

某港口企业 20×1 年 12 月根据物资采购计划，为码头水泥装卸作业区购买的机械润滑油一批，已经到货入库，发票账单未到。月末暂估所采购物资含税价款 56 500 元。增值税税率为 13%。

要求：研发该企业 12 月月末及收到发票账单时的会计分录。

【练习题 2】　练习预收款项的核算

20×1 年 11 月，某船舶代理公司为船东提供在装卸港口的代理业务，包括船舶进出港口以及在港停泊期间，因使用港口设施设备，接受装卸和申请港口有关机构提供的引航、拖轮等。根据合同约定，船东应预付给船舶代理公司 240 000 元，其中 200 000 元用于支付各项港口使费，40 000 元作为备用金，在履行合同后予以退回。请分析企业预收账款和合同负债核算的区别，并为船舶代理公司进行相应的账务处理。

【练习题 3】　练习应交税费的核算

某国际航运集团公司位于华东某大城市，为增值税一般纳税人，具备国际运输资质，

20×1 年 7 月经营业务如下。

(1) 国内运送旅客，按售票统计取得价税合计金额 96.8 万元；运送旅客至境外，按售票统计取得合计金额 26.64 万元。

(2) 运送货物，开具增值税专用发票注明运输收入金额 520 万元、装卸收入金额 36 万元。

(3) 提供仓储服务，开具增值税专用发票注明仓储收入金额 140 万元、装卸收入金额 12 万元。

(4) 购进船用燃油，取得增值税专用发票注明金额 100 万元、税额 13 万元。

要求：计算该公司 7 月应向主管税务机关缴纳的增值税税率(9%)、城市维护建设税(税率 7%)、教育费附加(3%)和地方教育附加(2%)。

【练习题 4】 练习职工薪酬的核算

甲长江航运公司是一家从事油料物资在长江运输的航运企业，20×0 年 1 月，公司外购了每部不含税价格为 2 000 元的手机 200 部，甲公司以银行存款支付了购买手机的价款和增值税进项税额，已取得增值税专用发票，适用的增值税税率为 13%。2 月份作为春节福利发放给公司每名职工。假定该公司的 200 名职工中 170 名为直接参加营运生产的职工，30 名为公司管理人员。试为该企业进行相应的账务处理。

第 10 章

银行借款与应付债券

学习目标

- 了解银行借款、应付债券的概念及特点
- 掌握短期借款、长期借款、应付债券的账务处理
- 掌握借款费用资本化的账务处理
- 了解可转换公司债券、短期融资券的核算特点

10.1 借 款 费 用

借款费用是指企业因借入资金所付出的代价。这里所指的借款是一个广义的概念，泛指企业借入的资金，包括向金融机构的借款、发行的长期债券、可转换债券、短期融资券等。

10.1.1 借款费用的范围

借款费用的范围包括借款利息、折价或者溢价摊销、辅助费用及外币借款汇兑差额。

1. 借款利息

借款利息，包括企业向银行或其他金融机构等借入资金而发生的利息、发行公司债券发生的利息，以及为购建或者生产符合资本化条件的资产而发生的带息债务所承担的利息等。

2. 折价或者溢价摊销

折价或者溢价摊销，是指企业发行债券的溢价或折价的摊销额。由于债券溢价或折价的摊销实质上是对名义借款利息的调整（即将债券票面利率调整为实际利率），因此折价或者溢价的摊销也构成借款费用的组成部分。

3. 辅助费用

辅助费用,是指企业在借入资金过程中发生的手续费、税金、佣金、印刷费和承诺费。它们也是借入资金所付出的代价,因此也归入借款费用的范畴。

4. 外币借款汇兑差额

外币借款汇兑差额,是指由于汇率变动导致市场汇率与账面汇率出现差异,对外币借款本金及其利息的记账本位币金额所产生的影响金额。

10.1.2 借款费用的会计处理方法

借款费用的会计处理方法有两种,一是费用化,即发生时直接记入当期损益;二是予以资本化,即计入相关资产的成本。我国企业会计准则规定,企业发生的借款费用,可直接归属于符合资本化条件的资产的购建或者生产的,应当予以资本化,计入相关资产成本。其他借款费用,应当在发生时根据其发生额确认为费用,计入当期损益。

1. 借款费用资本化的条件

(1) 借款费用资本化的资产范围。符合资本化条件的资产,是指需要经过相当长时间的购建或者生产活动才能达到预定可使用或者可销售状态的资产,这些资产主要是固定资产、投资性房地产和存货等。

(2) 借款费用资本化的借款范围。资本化的借款费用必须能够直接归属于上述符合资本化条件的资产的购建或者生产。专门借款,是指为购建或者生产符合资本化条件的资产而专门借入的款项。包括专门借款和一般借款。

(3) 借款费用资本化的时间范围。只有在资本化期间,符合条件的借款费用才能够予以资本化。资本化期间,是指从借款费用开始资本化时点到停止资本化时点的期间,但借款费用暂停资本化的期间不包括在内。

1) 开始资本化的时点。符合资本化范围的借款费用,必须同时符合以下三个条件才能开始资本化,资产支出已经发生、借款费用已经发生、为使资产达到预定可使用或者可销售状态所必要的购建或者生产活动已经开始。这三个条件缺一不可。

2) 停止资本化的时点。购建或者生产符合资本化条件的资产达到预定可使用或者可销售状态时,借款费用应当停止资本化。购建或者生产符合资本化条件的资产达到预定可使用或者可销售状态,可从下列几个方面进行判断。

第一,符合资本化条件的资产的实体建造(包括安装)或者生产工作已经全部完成或者实质上已经完成。

第二,所购建或者生产的符合资本化条件的资产与设计要求、合同规定或者生产要求相符或者基本相符,即使有极个别与设计、合同或者生产要求不相符的地方,也不影响其正常使用或者销售。

第三，继续发生在所购建或生产的符合资本化条件的资产上的支出金额很少或者几乎不再发生。

第四，购建或者生产符合资本化条件的资产需要试生产或者试运行的，在试生产结果表明资产能够正常生产出合格产品，或者试运行结果表明资产能够正常运转或者营业时，应当认为该资产已经达到预定可使用或者可销售状态。

3）暂停资本化的时间。符合资本化条件的资产在购建或者生产过程中发生非正常中断，且中断时间连续超过 3 个月的，应当暂停借款费用的资本化。在中断期间发生的借款费用应当确认为费用，计入当期损益，直至资产的购建或者生产活动重新开始。所谓非正常中断，通常是由于企业管理决策上的原因或其他不可预见的原因所导致的中断。但如果中断是所购建或者生产的符合资本化条件的资产达到预定可使用或者可销售状态必要的程序，借款费用的资本化应当继续进行。

2. 借款费用资本化金额的确定与会计处理

（1）专门借款利息费用的资本化

为购建或者生产符合资本化条件的资产而借入专门借款的，应当以专门借款当期实际发生的利息费用，减去将尚未动用的借款资金存入银行取得的利息收入或进行暂时性投资取得的投资收益后的金额，计算确定应予资本化的利息金额。

【例 10-1】 甲公司于 20×3 年 1 月 1 日正式动工兴建一幢办公楼，工期预计为 1 年，工程采用出包方式，分别于 20×3 年 1 月 1 日、20×3 年 7 月 1 日支付工程进度款 3 000 万元、5 000 万元。为建造该办公楼，公司于 20×3 年 1 月 1 日借入专门借款 4 000 万元，借款期限为 3 年，年利率为 6%。于 20×3 年 7 月 1 日借入专门借款 4 000 万元，借款期限为 5 年，年利率为 7%。借款利息按年支付，假定名义利率与实际利率均相同。闲置借款资金均用于固定收益债券短期投资，该短期投资月收益率为 0.5%。办公楼于 20×3 年 12 月 31 日完工，达到预定可使用状态。办公楼建造资产支出情况见表 10-1 所示。

表 10-1　办公楼建造资产支出情况　　单位：万元

日　期	每期资产支出金额	累计资产支出金额	专门借款金额	闲置借款资金用于短期投资金额
20×3 年 1 月 1 日	3 000	3 000	4 000	1 000
20×3 年 7 月 1 日	5 000	8 000	4 000	0
总计	8 000	—	8 000	1 000

根据上述资料，计算建造该办公楼应予资本化的利息金额。

借款费用资本化期间：20×3 年 1 月 1 日至 20×3 年 12 月 31 日。

20×3 年专门借款发生的利息金额＝4 000×6%＋4 000×7%×6/12＝380（万元）

20×3 年短期投资收益＝1 000×0.5%×6＝30（万元）

20×3 年的利息资本化金额＝380－30＝350（万元）

编制借款费用相关的会计分录。

借：在建工程　　　　　　　　　　　　　　　3 500 000

　　应收利息(或银行存款)　　　　　　　　　　30 000

　　贷：应付利息　　　　　　　　　　　　　　3 800 000

(2) 一般借款利息费用的资本化

在借款费用资本化期间内，为购建或者生产符合资本化条件的资产占用了一般借款的，应当根据累计资产支出超过专门借款部分的资产支出加权平均数乘以资本化率计算确定。

一般借款利息费用的资本化金额＝累计资产支出超过专门借款部分的资产支出加权平均数×一般借款的加权平均利率

累计资产支出超过专门借款部分的资产支出加权平均数＝$\sum$每笔资产支出超过专门借款部分的资产支出×该笔资产支出占用的天数/会计期间涵盖的天数

一般借款的加权平均利率＝所占用一般借款当期实际发生的利息之和/所占用一般借款本金加权平均数

所占用一般借款本金加权平均数＝$\sum$(所占用每笔一般借款本金×每笔一般借款在当期所占用天数/会计期间涵盖的天数)

【例 10-2】 沿用例 10-1 资料，假定该公司建造办公楼没有专门借款，占用的都是一般借款。该公司为建造办公楼占用的一般借款有两笔：①向银行长期贷款 3 000 万元，期限为 5 年，20×1 年 12 月 1 日至 20×6 年 12 月 1 日，年利率为 6%，按年支付利息；②20×2 年 1 月 1 日按面值发行公司债券 1 亿元，期限为 5 年，年利率为 5%，按年支付利息。假定这两笔一般借款除了用于办公楼建设外，没有用于其他符合资本化条件的资产的购建或者生产活动。

该公司 20×3 年建造办公楼占用的一般借款的利息资本化金额计算如下。

一般借款年资本化率＝(3 000×6%＋10 000×5%)/(3 000＋10 000)×100%＝5.23%

20×3 年累计资产支出加权平均数＝3 000×360/360＋5 000×180/360＝5 500(万元)

20×3 年为建造办公楼的利息资本化金额＝5 500×5.23%＝287.65(万元)

20×3 年实际发生的一般借款利息金额＝3 000×6%＋10 000×5%＝680(万元)

20×3 年一般借款实际利息的费用化金额＝680－287.65＝392.35(万元)

编制借款费用相关的会计分录。

借：在建工程　　　　　　　　　　　　　　　2 876 500

　　财务费用　　　　　　　　　　　　　　　3 923 500

　　贷：应付利息　　　　　　　　　　　　　　6 800 000

3. 借款费用会计处理应注意的问题

(1) 在资本化期间内，每一会计期间的利息资本化金额，不应当超过当期相关借款实际发生的利息金额。

(2) 购建或者生产的符合资本化条件的资产的各部分分别完工，且每部分在其他部分继续建造过程中可供使用或者可对外销售，且为使该部分资产达到预定可使用或可销售状态所必要的购建或者生产活动实质上已经完成的，应当停止与该部分资产相关的借款费用的资本化。

(3) 购建或者生产的资产的各部分分别完工，但必须等到整体完工后才可使用或者可对外销售的，应当在该资产整体完工时停止借款费用的资本化。

10.2 银行借款

10.2.1 银行借款概述

1. 银行借款的特点

银行借款是企业筹集资金的主要方式之一。与债券融资相比，银行借款的优点有，获得程序比较方便快捷，具有灵活性，与债券相比融资成本较低。同时银行借款也有一些不利之处，即银行为了控制风险，往往在协议中提出比较严格的贷款条件。这些限制条款增加了借款企业的机会成本。

2. 银行存款的分类

银行存款按照借款的保障程度可以划分为信用贷款、担保贷款和保证贷款。根据借款期限的长短可以分为短期借款和长期借款。根据贷款的用途可以分为流动资金贷款和固定资产贷款。根据利率是否发生变化分为浮动利率贷款和固定利率贷款。

3. 银行借款的信用条件和利率

银行借款的信用条件包括补偿性余额，授信额度与周转信贷协议。

根据利息支付方式不同，银行借款的利率分为简单利率(即按单利计息的利率)、贴现利率和附加利率等等。

10.2.2 短期借款

1. 短期借款的概念和特点

短期借款，是指企业向银行或其他金融机构等借入的期限在1年以下(含1年)的各种借款。短期借款主要是为了解决企业由于季节性、临时性营运资金的短缺，从而保证企业生产经营的正常进行。

2. 短期借款的会计处理

短期借款的本金，通过“短期借款”账户核算。企业借入短期借款。

借：银行存款

　　贷：短期借款

资产负债表日，一般采用实际利率法确认利息费用，会计分录如下。

借：在建工程(或制造费用、财务费用等)

　　贷：银行存款(或应付利息等)

如果实际利率与合同约定的名义利率差异不大，也可以采用合同约定的名义利率计算确定利息费用。

10.2.3 长期借款

1. 长期借款的概念和特点

长期借款是企业向银行或其他金融机构借入的期限在1年以上(不含1年)的借款。长期借款按借款条件分为抵押借款、信用借款及担保借款。抵押借款是指企业用动产或不动产作为抵押而取得的借款；信用借款是指企业不用特定的财产抵押作为保证，而是凭借企业的良好信誉而取得的借款；担保借款是指企业通过其他具有法人资格单位的担保而取得的借款。

与短期借款相比，长期贷款期限长，风险较高，因而利率高于短期借款。同时，银行审查程序更为严格，协议中的限制性条款也更多。

2. 长期借款的会计处理

企业借入长期借款，通过“长期借款”账户核算。在该账户下按照贷款单位和贷款种类，设置了“本金”“利息调整”等明细账户。“长期借款”账户期末贷方余额，反映企业尚未偿还的长期借款的摊余成本。企业借入长期借款时，按实际到账的借款额借记“银行存款”账户，按本金贷记“长期借款”的“本金”明细账户。如存在差额，贷记或借记“利息调整”明细账户。

资产负债表日，应按摊余成本和实际利率计算确定长期借款的利息费用，可以资本化的，计入“在建工程”“制造费用”“研发支出”“开发成本”账户，不能资本化的，计入当期财务费用；按合同利率计算确定的应付未付利息贷记“应付利息”账户；按其差额，贷记“长期借款(利息调整)”。

企业长期借款的到期偿还时，归还长期借款本金时，借记“长期借款”账户，贷记“银行存款”账户。同时，存在未摊销的溢折价和交易费用的，借记或贷记“在建工程”“制造费用”“开发成本”“研发支出”“财务费用”等账户，贷记或借记“长期借款（利息调整）”账户。

10.3 应付债券

10.3.1 债券概述

1. 债券的性质

债券，是指发行企业约定于一定日期支付一定本金及利息给债券持有人的契约。公司债券，是指公司依照法定程序发行、约定在一定期限还本付息的有价证券。企业发行债券要依照一定的法定程序进行，如股份公司首先由董事会制定方案，提交股东大会通过，再报经政府有关部门核准。债券的基本要素是包括债券的面值，债券的利率，债券的偿还期限和债券的发行价格。

2. 债券的分类

按债券发行有无担保，可以分为无担保债券与有担保债券；按还本方式，可以分为一次还本债券和分期还本债券；按是否记名可以分为记名债券和不记名债券；按债券的种类，还包括可转换债券、可交换债券及附认股权证的债券。

3. 债券的发行价格

债券的发行价格是指发债企业出售债券的价格，即债权人购买债券的价格。债券的发行价格通常可能有三种情况。债券的发行价格与债券的面值一致，为平价发行；债券的发行价格高于债券的面值，为溢价发行；债券的发行价格低于债券的面值，为折价发行。通常，当债券票面利率与市场利率一致时，企业按面值发行债券。当债券票面利率高于市场利率时，企业会溢价发行债券，溢价是企业以后各期需多付利息而事先从投资者那里得到的补偿。债券票面利率低于市场利率时，企业会折价发行债券，折价是企业以后各期少付利息而事先给予投资者的补偿。

（1）分期付息到期还本债券发行价格的计算

发行价格 = 债券到期偿还本金的现值 + 各期利息的现值

= (债券面值 × 复利现值系数) + (债券每期利息 × 年金现值系数)

【例 10-3】 某企业于 20×1 年 1 月 1 日发行 4 年期一次还本、分期付息的债券，面值 2 000 万元，票面利率 5%，每年 12 月 31 日付息。

假如发行时市场利率为 4%，计算企业债券的发行价格。复利现值系数为 0.854 8，年金现值系数为3.6299。

$$该债券的发行价格 = 2\,000 \times 0.854\,8 + (2\,000 \times 5\%) \times 3.629\,9$$
$$= 1\,709.6 + 362.99 = 2\,072.59(万元)$$

票面利率5%高于市场利率4%,发行价格大于面值,债券为溢价发行。

假如发行时市场利率为6%,计算企业债券的发行价格。复利现值系数为0.792,年金现值系数为3.4651。

$$该债券的发行价格 = 2\,000 \times 0.792 + (2\,000 \times 5\%) \times 3.465\,1$$
$$= 1\,584 + 346.51 = 1\,930.51(万元)$$

票面利率5%低于市场利率6%,发行价格小于面值,债券为折价发行。

(2) 到期一次还本付息债券发行价格的计算

发行价格 = 债券到期偿还本金及到期利息之和的现值

= (债券面值 + 债券利息) × 复利现值系数

10.3.2 一次还本债券及其账务处理

一次还本债券是指本金于到期日一次偿还的债券。其核算账户包括"应付债券——债券面值","应付债券——利息调整"(溢折价余额及其摊销额)及"应付债券——应计利息"(到期一次还本付息债券按票面利率计算的应计提利息)。对于分期付息的债券,每个计息日应计未付的利息,计入"应付利息"账户,不增加应付债券的账面价值。

企业应设置"应付债券"账户核算企业发行的期限超过一年的债券业务,并在此账户下设"面值""利息调整""应计利息"等明细账户进行明细分类核算。

企业发行债券时,相关的交易费用和发行期间冻结资金所产生的利息收入相抵后的差额也作为债券的溢价或折价,记入"应付债券——利息调整"科目。

1. 债券发行的核算

企业发行债券,应按实际收到的金额,借记"银行存款"等账户,按债券票面金额,贷记"应付债券(面值)"明细账户;按实际收到的金额与票面金额之间的差额,即由溢折价及交易费用形成的利息调整额,借记或贷记"应付债券(利息调整)"明细账户。

【例10-4】 沿用例10-3资料,20×1年1月1日发行4年期一次还本、分期付息的债券,面值2000万元,票面利率5%,发行时市场利率为6%,债券的发行价格1930.51万元。

会计分录如下。

借:银行存款 19 305 100

　　应付债券——利息调整 694 900

　　贷:应付债券——债券面值 20 000 000

2. 债券利息的计提和调整

债券存续期内，企业应在计息日按债券面值和票面利率计提利息，并同时进行利息调整，即按实际利率法摊销溢折价及发行费等辅助费用。

利息调整额的计算为，应计(付)利息＝债券面值×票面利率

当期利息费用＝期初债券摊余成本×实际利率

其中，实际利率为企业在债券期限内未来应付利息和本金折现为当前债券账面价值的利率，债券摊余成本为债券的账面价值。

溢价摊销额＝当期应付利息－当期利息费用

折价摊销额＝当期利息费用－当期应付利息

会计处理是，资产负债表日，应按摊余成本和实际利率计算确定的长期债券的利息费用，借记“在建工程”“制造费用”“财务费用”“研发支出”等账户；按票面利率计算确定的应付未付利息，贷记“应付利息”或“应付债券(应计利息)”；按其差额，借记或贷记“应付债券(利息调整)”。

【例 10-5】 沿用例 10-4 资料，20×1 年 1 月 1 日发行 4 年期一次还本、分期付息的债券，面值 2 000 万元，票面利率 5%，发行时市场利率为 6%，债券的发行价格 1 930.51 万元。编制债券利息调整摊销表见表 10-2 所示。

表 10-2 债券利息调整摊销表

计息日期	应付利息	利息费用	利息调整摊销	摊余成本
	①＝面值×票面利率	②＝上期④×实际利率	③＝②－①	④＝上期④＋③
20×1.01.01				19 305 100.00
20×1.12.31	1 000 000.00	1 158 306.00	158 306.00	19 463 406.00
20×2.12.31	1 000 000.00	1 167 804.36	167 804.36	19 631 210.36
20×3.12.31	1 000 000.00	1 177 872.62	177 872.62	19 809 082.98
20×4.12.31	1 000 000.00	1 190 917.02	190 917.02	20 000 000.00
合计	4 000 000.00	4 694 900.00	694 900.00	—

该公司有关利息的会计分录如下。

20×1 年 12 月 31 日。

借：财务费用　　1 158 306

　　贷：应付利息　　1 000 000

　　应付债券——利息调整　　158 306

实际支付利息时。

借：应付利息　　1 000 000

　　贷：银行存款　　1 000 000

20×2 年 12 月 31 日。

借：财务费用　　　　　　　　　　　　　1 167 804.36

　贷：应付利息　　　　　　　　　　　　　　1 000 000

　　应付债券——利息调整　　　　　　　　　167 804.36

借：应付利息　　　　　　　　　　　　　1 000 000

　贷：银行存款　　　　　　　　　　　　　　1 000 000

后两年根据表 10-2 计算结果进行相应处理。

3. 债券的偿还

债券应根据债券发行时订立的合同条款偿还本金和利息。

(1) 到期偿还

债券到期时，无论是折价发行还是溢价发行，溢价或折价均已摊销完毕，发行公司按面值偿还。

借：应付债券——面值

　贷：银行存款

(2) 提前偿还

提前偿还债券时，应注销全部提前偿还债券的账面价值，包括债券的面值、尚未摊销的溢折价及发行费用。如果提前偿还日与债券的付息日不同，还要计提上一付息日到提前偿还日的利息费用并支付给债券持有人。偿还债券所支付金额与账面价值、应付利息之间的差额一般作为借款费用及其调整记入“财务费用”“在建工程”等科目。

10.3.3 分期还本债券

分期还本债券是指按照债券契约约定的日期分期偿还本金的债券。分期还本债券发行时，若市场利率与票面利率不一致，也会产生溢价或折价。溢折价的摊销应采用实际利率法，其计算方法与一次还本债券类似。

10.4 可转换公司债券

10.4.1 可转换债券的概念和特点

1. 可转换公司债券的性质

可转换公司债券是在债券契约中规定，债券持有者可以在特定时期按照约定的转换比率或转股价格将持有的债券转换为发行公司的股票(通常为普通股)的债券。可转换公司债券是一种复合债券，兼有权益性证券和债务性证券的双重性质，其所包含的转股权和债券不可分离。

可转换公司债券的要素包括基准股票、转股价格、转股期、赎回条款及回售条款。

2. 可转换公司债券的特点

可转换公司债券的优点包括，筹资成本较低；在股票市场不景气的情况下，更易被市场接受；避免股本迅速扩张所造成的股权稀释；可控制转股的节奏和数量，从而改善资产负债比率。可转换公司债券的缺点包括：每股收益稀释的风险；转换失败的风险；回售风险。

10.4.2　可转换债券的会计处理

1. 可转换债券的发行

可转换债券的价值构成＝负债部分价值＋转股权部分的价值

在初始确认时，将相关负债和权益进行分拆：

负债部分的初始入账金额＝以市场利率为折现率的债券未来现金流量的现值

权益部分的初始入账金额＝发行收入－负债部分初始入账金额

借：银行存款

　　贷：应付债券——可转换债券(面值)

　　其他权益工具

　　应付债券——利息调整(借或贷)

2. 可转换债券的转换

当可转换债券持有人将债券转换为股票时，发行公司应将债券的面值连同尚未摊销的溢折价、发行费用一并转销，同时记录股东权益的增加。至于增加的普通股按什么价值入账，主要有账面价值法和市价法两种方法。我国企业会计准则采用的是账面价值法。

当可转换债券持有人将债券转换为股票时，会计分录如下。

借：应付债券——可转换公司债券(面值)

　　应付债券——利息调整

　　其他权益工具

　　贷：股本

　　资本公积——股本溢价

3. 可转换公司债券的偿付

如果持有人在转股期内未转股，则可转换公司债券仍然保持普通债券的特性，发行公司负有到期无条件还本付息的责任。其会计处理与普通债券到期相同。

10.4.3 附认股权证的债券

附认股权证的债券，在我国又称分离交易可转债。它由两部分组成，一是债券；二是认股权证，认股权证和债券同时发行但在公开市场上各自分开交易。认股权证是指在未来规定的期限内，按照规定的协议价买卖股票的选择权证明。

发行时，分离交易可转债的会计处理与可转换债券类似，即初始确认时应将其发行收入分拆为负债和权益。如果债券和认股权证的公允价值可以得到，通常将发行收入按债券和认股权证的公允价值份额分配，分别确认为负债和权益。发行收入与二者公允价值之和的差额作为溢价或折价。

10.5 短期融资券

10.5.1 短期融资券概述

短期融资券是企业为筹集短期资金而发行的约定在一定期限内还本付息的无担保短期债券。与应付票据不同的是，短期融资券是一种脱离了商品与劳务交易过程的债权债务凭证。

10.5.2 短期融资券的会计处理

短期融资券可在“其他流动负债”账户下设明细账户核算，或增设“应付短期融资券”账户核算。企业发行短期融资券时，按扣除利息和发行费用后实际收到的金额，借记“银行存款”账户，贷记“其他流动负债”账户。短期融资券到期按面值偿还时，做相反的会计分录。

如果短期融资券的发行日和到期日在同一个会计期间，可于到期时一次确认利息费用(包括折价和发行费用)。如果短期融资券的发行日和到期日不在一个会计期间，在资产负债表日应按实际利率法摊销确认本期的利息费用(包括折价和发行费用)。

本章小结

借款费用包括实际利率法计算确定的利息费用(包括折价或者溢价的摊销和相关的辅助费用)和因外币借款所发生的汇兑差额等。企业发生的借款费用,可直接归属于符合资本化条件的资产的构建或者生产的,应当予以资本化,计入相关资本成本;其他借款费用,应当在发生时根据其发生额确认为费用,计入当期损益。

银行借款包括短期借款和长期借款。资产负债表日,应按摊余成本和实际利率计算确定长期借款的利息费用。

债券的发行分为三种情况,面值发行、溢价发行、折价发行。在资产负债表日,应按摊余成本和实际利率计算确定利息费用。

可转换公司债券时兼具负债和权益特征的混合性金融工具,在初始确认时应分别确定负载部分和权益部分的初始入账金额。

短期融资券一般按照贴现计算利息,利息在发行时直接扣除。在资产负债表日,应按实际利率计算确定利息费用,予以资本化或计入当期财务费用。

思考题

1. 借款费用有哪两种处理方法?这两种方法对企业的财务状况的影响有何不同?
2. 短期借款和长期借款的会计处理方法有哪些不同?
3. 可转换公司债券有何特点?简单阐述其核算要点。
4. 什么是溢价折价摊销的实际利率法?和直线法相比,哪种方法更能准确地反映企业承担的实际利息?为什么?

练习题

【练习题 1】 练习借款费用的会计处理

A 公司于 20×6 年 1 月 1 日动工新建一幢厂房,工期为 1 年,工程采用出包方式,分别于 20×6 年 1 月 1 日、4 月 1 日、10 月 1 日支付工程进度款 1 000 万元、2 000 万元、1 000 万元。该厂房于 20×6 年 12 月 31 日完工,达到预定可使用状态。

公司为兴建厂房发生了两笔专门借款,分别是,20×6 年 1 月 1 日专门借款 2 000 万元,借款期限为 2 年,年利率为 5%,利息按照年支付。20×6 年 10 月 1 日专门借款 400 万元,借款期限为 3 年,年利率为 6%,利息按照年支付。闲置的专门资金 50%用于固定收益债券的短期投资,该短期投资预期月收益率为 0.5%;另外 50%存入银行,月利率为 0.1%。

该公司建造该厂房还占用了一般借款。假定所占用的一般借款有两笔,分别为 20×6

年 7 月 1 日向某银行借入长期借款 1 000 万元，期限 3 年，年利率为 6%，按年支付利息。按面值发行公司债券 2 000 万元，于 20×6 年 1 月 1 日发行，期限为 5 年，年利率为 9%，按年支付利息。

要求：计算借款利息费用资本化金额，并做利息费用的会计处理。

【练习题 2】 练习债券的发行，期末利息及偿付的会计处理

假定某公司为筹集生产经营所需要资金于 20×4 年 1 月 1 日发行 4 年期一次还本、分期付息的债券 1 000 000 元，票面年利率为 5%，每年 12 月 31 日付息。债券的发行价格是 1 036 295 元，市场利率为 4%。

要求：

（1）编制债券发行的会计分录。

（2）编制会计期末及债券到期会计分录。

第 11 章

所有者权益

学习目标

- 了解所有者权益的性质及构成
- 掌握投入资本变动的会计处理
- 掌握资本公积溢价及其他资本公积形成的会计处理
- 掌握其他综合收益的会计处理
- 掌握盈余公积提取和使用的会计处理
- 了解所有者权益的列报方法

11.1 所有者权益概述

所有者权益是企业资产扣除负债后由所有者享有的剩余权益。它是对企业所拥有或控制资源的所有权。所有者权益的金额取决于资产和负债的计量。其等于资产减去负债后的余额。

所有者权益包括以下特征：除非减资或清算否则不需要偿还所有者投入资本；所有者的财产清偿顺序位于债权人之后；所有者凭借投入资本能够参与利润的分配。

所有者权益按其产生或形成的来源不同，可分为所有者投入的资本、直接计入所有者权益的利得和损失、留存收益等。

所有者权益的构成如表 11-1 所示。

表 11-1　所有者权益的构成

项　　目	具 体 内 容
投入资本	实收资本(或股本)
	资本公积——资本溢价(或股本溢价)
直接计入所有者权益的利得和损失	资本公积——其他资本公积
	其他综合收益
留存收益	盈余公积——法定盈余公积
	盈余公积——任意盈余公积
	利润分配——未分配利润

11.2 投入资本及其变动的核算

11.2.1 投入资本的会计处理

1. 投入资本的一般账务处理

企业收到投资时,一般应根据有关原始凭证(如投资清单、银行通知单等),分别不同的出资方式作如下会计处理,收到投资者投入的现金,应在实际收到或者存入企业开户银行时,按实际收到的金额,借记“库存现金”“银行存款”等账户,按在注册资本中应享有的份额贷记“实收资本”账户;以非货币财产作价出资的,应在办理相关财产产权转移手续时,按投资合同或协议约定的价值(但投资合同或协议约定价值不公允的除外),借记有关资产账户,按在注册资本中应享有的份额贷记“实收资本”账户。

2. 股份有限公司投入资本的账务处理

股份有限公司的所有者权益又称为股东权益。股东投入公司的资本是股东权益的基本部分。股份有限公司的注册资本划分为等额的股份,每单位为一股。股票是股份有限公司发给股东的用以证明其出资的产权凭证。

股份公司发行股票时需要确定股票的发行价格。按照我国《公司法》的规定,股票可以按面值发行,也可以超过面值按溢价发行,但不得低于面值按折价发行。而股份是股份公司很重要的指标,股票的面值与股份总数的乘积为股本,股本应等于企业的注册资本。为了直观地反映股本,在会计核算上股份有限公司应设置“股本”账户。公司应将核定的股本总额、股份总数、每股面值等在“股本”账户中作备查记录。发行股票时,按实收款项借记“银行存款”等账户;无论按面值发行还是溢价发行,均按股票的面值贷记“股本”账户;在采用溢价发行股票时,高于面值的溢价部分扣除股票发行直接相关的手续费、佣金等费用后的余额贷记“资本公积——股本溢价”账户。

【例 11-1】 甲股份有限公司于 20×7 年 7 月 1 日发行普通股股票 4 000 万股,每股面值 1 元,每股发行价格 6 元。股票发行成功,股票发行费用 200 000 元,扣除发行费用后的发行款项 23 980 万元已全部收到。编制会计分录如下。

借:银行存款　　　　239 800 000
　　贷:股本　　　　　　40 000 000
　　资本公积——股本溢价　　199 800 000

11.2.2 资本减少的会计处理

企业减资的主要原因大体上有两种,一是资本过剩;二是企业发生重大亏损而需要减少实收资本。

有限责任公司和一般企业减资的会计核算比较简单，按法定程序报经批准减少注册资本时，借记“实收资本”账户，贷记“银行存款”等账户。

股份有限公司由于采用的是发行股票的方式筹集股本，所以它的减资则应采用收购本公司股票的方式减资。按照国际会计准则的有关规定公司购回其自身发行在外的权益工具，则这些权益工具称为库藏股（我国会计核算中称为库存股），又称为股票回购或股份回购，它属于股本收缩范畴，是国际上成熟资本市场常见的一种资本运作方式和公司理财行为。

我国对库存股有严格的限制条件，库存股是指股份公司在公开市场上回购而没有转让或注销，并由该公司持有的按照法定的正式手续已发行在外流通的本公司股份，并在会计上设置“库存股”账户进行核算。《公司法》规定公司不得收购本公司股份。但是，有下列情形之一的除外。①减少公司注册资本；②与持有本公司股份的其他公司合并；③将股份奖励给本公司职工；④股东因对股东大会作出的公司合并、分立决议持异议，要求公司收购其股份的。公司因第①项至第③项的原因收购本公司股份的，应当经股东大会决议。公司依照规定收购本公司股份后，属于第①项情形的，应当自收购之日起10日内注销；属于第②项、第④项情形的，应当在6个月内转让或者注销。属于第③项情形的，公司用于收购的资金应当从公司的税后利润中支出，并且所收购的股份应当在一年内转让给职工。

如果库存股在回购后不注销，而由公司自己持有，在适当的时机再向市场出售或用于对员工的激励，其特性和未发行的股票类似，不享有投票表决权，不参与每股收益的计算，也不参与分派股利，在公司解散时也不能变现。

库存股的会计处理方法，可分为成本法和面值法两种。我国会计准则规定采用成本法，即“库存股”账户以购入股份的成本予以登记，不是其面值。库存股在资产负债表上应为所有者权益的一项减少。当购买库存时，公司通过付款给股东，抵消部分所有者权益。库存股的购买是所有者权益的减少，而不是公司的一项资产的取得。所以凡涉及库存股的业务，其会计处理只能增加或减少所有者权益，不能因库存股而产生损益。

【例11-2】 乙公司为奖励公司职工而收购本公司股份，以每股10元的价格购入30 000股其发行在外的流通股，股票的面值为1元。按实际支付的金额编制会计分录如下。

借：库存股　　300 000

　　贷：银行存款　　300 000

将收购的股份奖励给本公司员工，属于以权益结算的股份支付，应同时做备查登记。奖励公司员工时，如有实际收到款项的，借记“银行存款”账户，按根据员工获取奖励股份的实际情况确定的金额，借记“资本公积——其他资本公积”账户，按奖励库存股的账面余额贷记“库存股”账户，如有差额借记或贷记“资本公积——股本溢价”账户。

假定乙公司以每股 6 元的价格将收购的股份奖励给本公司员工，且在等待期内的每个资产负债表日按照权益工具在授予日的公允价值累计确认的资本公积(其他资本公积)为 600 000 元。则编制会计分录如下。

借：银行存款　　180 000
　　资本公积——其他资本公积　　600 000
　　贷：库存股　　300 000
　　资本公积——股本溢价　　480 000

假定乙公司将回购的库存股以每股 11 元的价格转让。则编制会计分录如下。

借：银行存款　　330 000
　　贷：库存股　　300 000
　　资本公积——股本溢价　　30 000

将回购的库存股注销减资时，应按股票面值和注销股数计算的股票面值总额借记"股本"账户，按注销库存股的账面余额贷记"库存股"账户，按其差额借记"资本公积——股本溢价"账户，股本溢价不足冲减的，应借记"盈余公积""利润分配——未分配利润"等账户；购回股票支付的价款低于面值总额的，应按股票面值总额，借记"股本"账户，按所注销的库存股的账面余额，贷记"库存股"账户，按其差额，贷记"资本公积——股本溢价"账户。

【例 11-3】 沿用**【例 11-1】** 资料，若乙公司将回购的库存股注销。

假定回购时公司的资本公积(股本溢价)为 400 000 元。则编制会计分录如下。

借：股本　　30 000
　　资本公积——股本溢价　　270 000
　　贷：库存股　　300 000

如果回购时公司的资本公积(股本溢价)为 200 000 元，盈余公积 60 000 元，未分配利润 120 000 元，其他不变，则编制会计分录如下。

借：股本　　30 000
　　资本公积——股本溢价　　200 000
　　盈余公积　　60 000
　　利润分配——未分配利润　　10 000
　　贷：库存股　　300 000

11.3 资本公积和其他综合收益的核算

11.3.1 资本公积及其账务处理

资本公积是归企业投资者共享的、非收益转化形成的资本准备金，是企业收到的投资者超出其在企业注册资本(或股本)中所占份额的投资,以及直接计入所有者权益的利得和损失等。

资本公积主要包括资本溢价(或股本溢价)和其他资本公积。

1. 资本溢价(或股本溢价)的账务处理

资本溢价(或股本溢价)是因投资者超额缴入资本或溢价发行股票形成的。

股份有限公司发行股票取得的收入,无论按面值发行还是溢价发行,均按股票的面值的部分贷记"股本"账户;在采用溢价发行股票时,高于面值的溢价部分扣除股票发行直接相关的手续费、佣金等费用后的余额贷记"资本公积——股本溢价"账户。

在同一控制下的企业合并中,合并方取得的净资产账面价值(或长期股权投资的初始成本)与支付的合并对价账面价值的差额,也应当调整资本公积(资本溢价或股本溢价),资本公积溢价不足冲减的,调整留存收益。

在符合有关法规、制度的条件下,经办理增资手续后,资本公积——资本溢价(股本溢价)可以转增实收资本或股本。

2. 其他资本公积的账务处理

其他资本公积是指除资本溢价(或股本溢价)项目以外所形成的资本公积,它是除企业净损益、其他综合收益和利润分配以外所有者权益的其他变动。一般属于直接计入所有者权益的利得和损失。具体内容包括:①长期股权投资采用权益法核算的,被投资单位除净损益、其他综合收益和利润分配以外的其他所有者权益变动,在持股比例不变的情况下,投资企业按持股比例计算应享有的份额引起的长期股权投资账面价值的变动。在处置长期股权投资时,应转销与该项投资相关的其他资本公积,金额转入投资收益(除不能转入损益的项目除外)。②企业根据以权益工具结算的股份支付协议授予员工或其他方的权益工具的公允价值。在行权日,应按实际行权的权益工具数量计算确定的金额,借记"资本公积——其他资本公积"账户,按计入股本的金额,贷记"股本"账户,并将其差额记入"资本公积——股本溢价"账户。

11.3.2　其他综合收益及其账务处理

其他综合收益,是企业非日常经营活动形成的、当期未实现且不计入当期利润、会导致所有者权益变化的,与所有者投入资本无关的经济利益的净流入,是直接计入当期所有者权益的利得和损失,与净利润并列,共同构成企业当期的综合收益。其他综合收益不一定会影响企业将来的损益。为了反映企业其他综合收益的增减变动情况,应设置"其他综合收益"账户,并按核算内容设置明细账户进行核算。

其他综合收益的内容主要有两类,以后会计期间不能重分类进损益的其他综合收益项目、以后会计期间在满足规定条件时将重分类进损益的其他综合收益项目。

1. 以后会计期间不能重分类进损益的其他综合收益项目

主要包括：①在涉及职工薪酬中离职后福利的确认计量时，由于重新计量设定收益计划净负债或净资产导致的变动；②指定为以公允价值计量且其变动计入其他综合收益的非交易性权益工具投资形成的公允价值变动；③涉及长期股权投资按权益法核算时，因被投资单位不能重分类进损益的其他综合收益变动中所享有的份额等。

2. 以后会计期间在满足规定条件时将重分类进损益的其他综合收益项目

主要包括：①以公允价值计量且其变动计入其他综合收益的债务工具投资公允价值变动形成的利得或损失；②以摊余成本计量的金融资产重分类为以公允价值计量且其变动计入其他综合收益的金融资产形成的利得或损失；③自用房地产或作为存货的房地产转换为以公允价值模式计量的投资性房地产在转换日公允价值大于原账面价值的差额部分；④采用权益法核算的长期股权投资，按照被投资单位实现的其他综合收益以及持股比例计算应享有或分担的金额，调整的长期股权投资账面价值；⑤外币财务报表折算的差额；⑥其他综合收益当期变动额的所得税费用影响等。

11.4 留存收益

留存收益是企业通过其生产经营而创造积累的、为分配或限制分配给投资者的净利润，包括盈余公积和未分配利润两部分，其中盈余公积包括法定盈余公积和任意盈余公积。

11.4.1 盈余公积

盈余公积是企业按一定比例从税后利润（净利润）中提取的资本积累。提取盈余公积的主要目的，是为了增强企业自我发展和承受风险的能力，同时，是向投资者分配利润或分派股利的一种限制。

法定盈余公积按净利润的10%提取，法定盈余公积累计额达到公司注册资本的50%以上的，可以不再提取。公司的法定盈余公积不足以弥补以前年度亏损的，依照规定在提取法定公积金之前，应当先用当年利润弥补亏损。

提取法定盈余公积后，经股东会或者股东大会决议，还可以从税后利润（净利润）中提取任意盈余公积，提取比例由企业自行决定。

企业提取的法定盈余公积和任意盈余公积的主要用途有下列两项：一是用于弥补亏损；二是扩大生产经营或者转为增加资本。法定盈余公积转为资本时，所留存的该项公积金不得少于转增前注册资本的 25%。

企业用盈余公积补亏时。

借：盈余公积——法定盈余公积(或任意盈余公积)

　　贷：利润分配——盈余公积补亏

企业用盈余公积转增资本时。

借：盈余公积——法定盈余公积(或任意盈余公积)

　　贷：实收资本(或股本)

11.4.2　未分配利润

未分配利润是指截至本年度的累计未分配的利润，是企业留待以后年度分配的结存利润。未分配利润是在“利润分配”科目下设置“未分配利润”明细科目进行核算。

年终结账时，“本年利润”账户余额结转至“利润分配——未分配利润”明细账户，“利润分配”其他各明细账户的期末余额也结转至“利润分配——未分配利润”明细账户。“利润分配——未分配利润”明细账户的年末贷方余额，表示累计未分配利润；年末借方余额，则反映累计未弥补亏损。

用利润弥补亏损无须专门作会计处理。因更正以前年度会计差错等原因调整以前年度的净利润，应通过“以前年度损益调整”账户核算。

本章小结

所有者权益是指企业的资产扣除负债后由所有者享有的剩余权益。所有者权益取决于资产与负债的计量。所有者权益与负债在性质、偿还的期限和享受的权利等方面存在明显的区别。所有者权益包括投资者投入的资本、直接计入所有者权益的利得和损失、留存收益等。投入资本按法定要求可分为实收资本(股本)和资本溢价(股本溢价)两部分。留存收益包括盈余公积和未分配利润两个部分。

资本公积是归企业投资者共享，非收益转换形成的资本准备金，包括资本溢价(股本溢价)和其他资本公积。其他综合收益是企业非日常活动形成的，未在当期损益中确认的各种利得和损失，与净利润并列，共同构成企业当期的综合收益。盈余公积的形成是为了增强企业自我的发展和承受风险的能力，而对投资者分配利润或分派股利的一种限制。企业按在相关法律或股东决议，按照净利润的一定比例提取法定盈余公积或任意盈余公积。盈余公积的用途是弥补亏损和增加资本。

未分配利润是企业留待以后年度进行分配的结存利润。从数量上来讲，未分配利润是期初未分配利润，加上本期实现的净利润，减去提取的各种盈余公积和分出利润后的余额。

思考题

1. 所有者权益与负债有何区别？
2. 所有者权益的来源包括哪些？划分投入资本与留存收益的主要目的何在？
3. 什么是资本公积？其他资本公积包括哪些主要内容？
4. 什么是其他综合收益？其他综合收益有哪些特征？
5. 什么是留存收益？留存收益包括哪些内容？

练习题

【练习题 1】 发行股票的会计处理

A 股份有限公司本年 4 月 16 日首次公开发行的股票 5 000 万股，每股面值 1 元，每股发行价格为 9.4 元。本次股票发行由中海证券公司保存并承销，按其发行收入的 3%收取手承销费。

4 月 20 日，收到中海证券公司缴存的股票发行款 45 590 万元，已经扣除承销费用。

4 月 22 日，以银行存款支付中瑞会计师事务所支付的本次发行股票的验资费用 40 万元。

要求：根据以上经济业务编制相关的会计分录。

【练习题 2】 练习盈余公积的核算

A 企业期初资产负债表中“实收资本”“盈余公积”“未分配利润”“所有者权益合计”项目的金额为 50 000 000 元，3 000 000 元，－200 000 元，52 800 000 元。本期发生以下经济业务：

(1) 用法定盈余公积弥补以前年度亏损 200 000 元；

(2) 按照规定从本年实现的净利润 200 000 000 元的 10%计提法定盈余公积，经公司股东大会决议再按照净利润的 5%提取任意盈余公积。

(3) 用任意盈余公积 800 000 元转增资本。

要求：根据上述资料编制相关的会计分录。

第12章

营运收入

学习目标

- 理解收入的概念及特征
- 掌握水运企业营运收入的分类
- 掌握水运企业营运收入的核算规则
- 掌握水运企业营运收入的会计处理

12.1 营运收入概述

12.1.1 营运收入的定义和特征

水运企业营运收入，是指水运企业在日常活动中形成的、会导致所有者权益增加的、与所有者投入资本无关的经济利益的总流入。水运企业典型的营运活动有，航运企业的运输业务(又分为班轮运输和非班轮运输)、码头服务企业的装卸业务、船舶代理和货运代理企业的代理业务、船舶租赁企业的租赁业务和水运企业物流辅助业务等，这些都是水运企业的日常活动。

租赁业务形成的租赁收入在第5章“船舶租赁核算”中进行介绍。

水运企业营运收入具有如下特征，(1)营运收入是与水运企业日常经营活动相关的，收入的发生具有经常性和可预测性等特点；(2)营运收入的实质是水运企业权益的增加，可以表现为资产的增加或者负债的减少；(3)营运收入只代表水运企业本身的经济利益的流入不包括为第三方或客户代收的款项等，如增值税、船舶代理企业代收代付的船舶使费、运杂费等。

水运企业营运收入有其独特的行业特点，比如国内水路运输和国际水路运输其在结算内容、结算周期上就有很大的区别，同时码头运营企业在国内开放码头与国际航线监管码头其收入结算内容、管理复杂性等方面同样存在很大的区别。

12.1.2 营运收入的分类

营运收入按形成来源可分为商品销售收入、劳务收入和让渡资产使用权的收入。本教材不针对该分类做详细阐述。

按照水运企业业务的类型和核算方式的不同分类，营运收入可以分为航运业务收入、码头服务业务收入、代理业务收入、船舶管理收入等类型。

1. 航运业务收入

航运业务收入主要是指航运业务相关的收入，按照业务类型和核算方式的不同又可以分为。

(1) 班轮业务收入

班轮业务通常是指具有固定航线，沿途停靠若干固定港口，按照事先规定的时间表航行的运输业务。对于停靠的港口，不论货物数量多少，一般都可接受托运。具有航线、挂港、船期、运价比较固定的特点；同一航线上的船型相似并保持一定的航班密度。班轮业务的运价内一般是已含装卸费的，班轮业务收入可分为集装箱班轮业务收入、客运班轮业务收入等。

(2) 非班轮业务收入

非班轮业务是指不固定航线、没有规定航行时间表的船舶运输业务，可以按照客户的要求定制航行时间并确定始发港和目的港的运输业务，一般用于大宗散货、油品、天然气、矿石原料及特种设备等的运输。非班轮业务收入包括散货、油品、液化天然气、杂货及特种货物运输等业务收入。

非班轮业务涉及船舶程租、船舶期租等多种经营模式。

船舶程租，也可以称为航次租赁是指水运企业为租船人完成某一特定航次的运输任务并收取租赁费的业务。其中包括租赁部分舱位的租舱业务，也包括货运代理人背靠背租船业务等等。船舶期租是航运企业向船舶所有人(船东)租赁船舶在一定的期限(如一年)内使用。这个租期的长短主要由航运企业根据其需要使用的时间及其对租船市场船舶供求关系和租金水平的变化趋势的分析结果而定。这种租船方式不以完成航次数为依据，而以约定使用的一段时间为限。在这个期间内，承租人可以利用船舶的运载能力安排运输货物；也可以用以从事班轮运输，以补充暂时的运力不足等；还可以以航次租船方式承揽第三者的货物，以取得运费收入。

2. 码头服务业务收入

码头服务业务是指码头管理运营者对航运企业、货主等相关客户提供码头服务，码头服务收入是码头经营者提供相关服务取得的收入，包括对船舶的收费和货物的收费形成的收入。对船舶的收费有：船舶港务费、饮水费、码头费、船舶吨税、灯塔费、拖轮费、解系缆费等；对货物的收费有：装卸费、理货费、倒箱费、堆存费、拆箱费、港口杂费、港口设施保安费等，以及其他经营业务产生的收入。

3. 代理业务收入

代理业务，包括船舶代理和货运代理。其中船舶代理是指船舶代理企业接受船舶所有人（船东）、船舶经营人、承租人或货主的委托，在授权范围内代表委托人（或被代理人）办理与在港船舶有关的业务、提供有关服务或进行与在港船舶有关的其他法律行为的代理行为；货运代理是指货运代理企业受货物收发货人的委托，以委托人或自己的名义，为委托人办理货物运输及相关业务，收取代理服务报酬的行为。它们面向全社会服务，是货主和运力供给者之间的桥梁和纽带。代理业务收入主要指船舶代理企业、货运代理业务的提供相关服务形成的收入。

4. 船舶管理业务收入

船舶管理业务收入包括海事培训、船员劳务派遣、海事技术服务等业务收入。

12.2 营运收入的确认与计量

12.2.1 营运收入的确认

企业应当在履行了合同中的履约义务，即在客户取得了水运企业相关劳务服务以后确认收入，是指劳务服务已经完成，客户获得了合同约定的相应的利益。收入确认有几个前提条件。

(1) 合同各方已经批准该合同并且承诺履行各自义务；

(2) 合同明确了相关各方的权利义务；

(3) 合同明确了相关的支付条款；

(4) 合同是具有商业实质的，即履行合同将改变企业的现金流量的风险、时间分布和金额；

(5) 企业在履行劳务以后有权收取的对价是很有可能收回的。

水运企业因各个业务类型不同，收入确认的时点及方式各有不同。

12.2.2 营运收入的计量

水运企业的营运收入主要是以服务劳务的形式提供给客户，可以分为跨年与不跨年两种形式。对于在同一年度内完成的劳务，应当在劳务完成时确认收入，确认金额为合同或协议确定的金额；对于劳务服务开始与结束不在同一年度内的，应该按照完工百分比法来确认。劳务完成程度应该按照下列方法来确定：已完工作量的测量；已提供劳务占合同总量的比例；已经发生的成本占总估计成本的比例等。

对于在资产负债表日无法对提供劳务服务交易的完成程度进行可靠估计的，应该从下述几个情况进行计量。

(1) 如果已经发生的劳务服务成本预计能得到补偿，应该按照已经发生的劳务成本确认收入，同时结转等金额的成本。

(2) 如果发生的劳务成本预计无法得到全部补偿，应该按照已经发生的成本中预计可以得到补偿的部分确认收入；并结转相应的成本，差额部分确认为当期损失。

(3) 如果当期已经发生的成本全部无法得到补偿，则不能确认收入，全部成本确认为当期损失。

12.3 航运业务收入的核算

航运业务收入主要是指航运业务相关的收入，按照业务类型和核算方式的不同又可以分为班轮业务收入和非班轮业务收入。这两类业务都是围绕航运业务展开的业务类型，在收入确认的原则上存在一定差异。

12.3.1 班轮业务收入的核算

目前班轮业务主要包括集装箱水运、多式联运和客运班轮三种经营模式。具有航线、挂港、船期、运价比较固定的特点，得益于目前全球供应链的发展，对于定班期、运价相对固定的集装箱班轮业务而言，因其标准化、符合全球供应链降库存、低成本的需求，得到了快速发展。

集装箱班轮业务中，货主或其代理公司(货运代理企业)与船东公司签订货物运输合同，并将货物交付其进行运输。会计核算应涵盖从接货后至交货前全部的过程。客运班轮业务流程基本同集装箱班轮业务。

在多式联运业务中，货主或其代理公司(货运代理企业)与船东公司签订货物运输合同，并将货物交付其进行运输。在集装箱装船离港前会有一段或者多段内河、陆路运输或铁路运输，但会计核算应涵盖从接货后至交货前全部的过程。集装箱在装船离港前陆运部分产生的收入和成本不单独进行确认。

集装箱计算单位是 TEU，英文“Twenty-feet Equivalent Unit”的缩写，又称 20 英尺换算单位，是计算集装箱箱数的换算单位，也称国际标准箱单位。通常用来表示船舶装载集装箱的能力，也是集装箱和港口吞吐量的重要统计、换算单位。各国大部分集装箱运输，都采用 20 英尺和 40 英尺长的两种集装箱。为使集装箱箱数计算统一化，把 20 英尺集装箱作为一个计算单位，40 尺集装箱作为两个计算单位，以利统一计算集装箱的营运量。

1. 班轮业务收入的确认与计量

班轮运输收入，根据收入准则规定，属于在某一时段内履行履约义务的经营业务。

对于在某一时段内履行的履约义务，水运企业应当在该段时间内按照履约进度确认收入，履约进度不能合理确定的除外。

班轮运输收入以船舶航次为单位进行核算。对于多式联运收入以海运段船舶航次为单位进行核算，非海运段部分不单独核算航次；铁路班列运输收入需按班列设置虚拟航次进行核算。班轮运输收入的确认时点为航次完成时，在实务中大部分企业以开航后签发提单开票收款作为收入确认时点，月末对未完航次进行收入冲回和按照履约进度进行暂估。

航运企业在资产负债表日，对于未完船舶航次的结果能够可靠估计的，应当选取恰当的方法确认履约进度，并按照履约进度确认航次收入。

履约进度通常以每个资产负债表日，航次当期实际已营运天数占预计该航次总营运天数的比例来确定。

$$履约进度=\frac{航次当期实际已营运天数}{预计该航次所需总营运天数}$$

航运企业应当按照运输单证或运输合同价款确定航次收入总额，并按照航次预计总收入乘以履约进度，确认为当期收入。计算公式如下：

资产负债表日应确认的当期航次收入＝该航次预计总收入×履约进度

2. 班轮业务收入的会计处理

航运企业班轮运输业务分为四个大的流程环节：合同建立与审批、货物装箱发运至码头上船、航运运输阶段、运抵目的地卸货阶段。与核算有关的主要是集装箱上船离港、开具海运发票、月末收入确认预估以及在航次完成后的收入确认等环节。

(1) 货物装箱发运至码头上船

根据合同约定，集装箱装船离港后确认应收代理或货主的款项和海运费收入。根据我国增值税法相关规定，国际海运业务增值税为免税，开具普通增值税免税发票；国内运输开具增值税专用发票税率9%。

会计处理如下。

借：应收账款(某代理或货主)

贷：主营业务收入——海运收入

应交税费——应交增值税(销项税额)(国际海运业务无增值税)

收到货主或代理的付款时。

借：银行存款

贷：应收账款(某代理或货主)

(2) 月末收入确认预估

每月月末，对目前在运行的航次进行核算，其中对于未完航次需要先冲回当月已经确认的收入，再按照履约进度确认海运费收入。会计处理如下。

借：主营业务收入——海运收入(当月已确认收入)

贷：应收账款——未完航次收入

借：应收账款——预计未完航次收入

　　贷：主营业务收入——海运收入(按履约进度应确认收入)

(3) 航次结束

未完航次结束时，将上月末冲回的收入转回，同时将上月末按履约进度确认的收入冲销。

借：应收账款——未完航次收入

　　贷：主营业务收入——海运收入

借：主营业务收入——海运收入(冲销按履约进度确认的收入)

　　贷：应收账款——预计未完航次收入

在实务中，部分大型集装箱班轮运输公司以开航后签发提单开票收款作为收入确认时点，月末对未完航次进行收入冲回和按照履约进度进行暂估，总的确认原则与准则并不违背，只是在业务发生当月的确认时间略有区别，主要是因为集装箱船舶越来越大型化、远洋航线时间的缩短，集装箱班轮实际上是一个标准化的、循环往复的闭环运输线路，所以在集装箱上船签发提单后很短的时间开票收款，为了简化核算，一般会采用签发提单开票收款的时点进行收入确认。

班轮运输由于在运输条款上船东处于强势地位，且运输交付标准化特点，其收取对价的权利原则上不附带附加条件，因此不适用合同资产而是使用应收账款科目进行核算。

【例 12-1】 20×1 年，甲航运公司发生的相关班轮业务如下。

(1) 1 月 2 日，与乙公司签订两份固定航线运输合同，从大连运至上海，A 合同价为 50 000 元，B 合同价为 10 000 元，合同预计营运天均为 8 天。

1 月 2 日，公司与乙公司签订合同，该业务为班轮业务，暂无资金、票据往来，不做会计处理，合同备案。

(2) 2 月 25 日，A 合同标的货物装箱发运至码头上船装载，2 月 26 日装船完毕离港；

2 月 26 日，A 合同标的货物装船离港，开具发票，甲公司需要确认班轮业务收入，同时确认应收债权。

借：应收账款——乙公司　　　　　　　　　　54 500

　　贷：主营业务收入——海运收入　　　　　　　　50 000

　　　　应交税费——应交增值税(销项税额)　　　　　4 500

(3) 2 月 27 日，乙公司支付 A、B 合同货款，共计 60 000 元，以及对应的增值税销项税 5 400 元。

收到乙公司支付 A、B 合同货款，冲销应收债权。

借：银行存款　　　　　　　　　　　　　　　65 400

　　贷：应收账款——乙公司　　　　　　　　　　　65 400

(4) 2 月 28 日，月末核算。

月末，公司需要根据履约进度对 A 合同的收入和应收账款进行调整。

履约进度＝航次当期实际已营运天数/预计该航次所需总营运天数＝3/8＝37.5%

当期航次收入＝该航次预计总收入×履约进度＝50 000×37.5%＝18 750(元)

首先,冲回当月已确认收入。

借:主营业务收入——海运收入　　50 000

　　贷:应收账款——未完航次收入　　50 000

其次,按照履约进度确认海运费收入。

借:应收账款——预计未完航次收入　　18 750

　　贷:主营业务收入——海运收入　　18 750

(5) 3 月 2 日,B 合同标的货物装箱发运至码头上船,3 月 2 日装船离港,班轮业务货物离港即可确认收入。

借:应收账款——乙公司　　10 900

　　贷:主营业务收入——海运收入　　10 000

　　应交税费——应交增值税(销项税额)　　900

(6) 3 月 3 日,A 合同标的货物抵达上海,航次完成。

A 合同业务完成航次,转回上月末冲销的收入。

借:应收账款——未完航次收入　　50 000

　　贷:主营业务收入——海运收入　　50 000

同时,冲销上月按履约进度确认的收入。

借:主营业务收入——海运收入　　18 750

　　贷:应收账款——预计未完航次收入　　18 750

(7) 3 月 8 日,B 合同标标的货物抵达上海,航次完成。

3 月 8 日,B 合同月内完成,无需会计账务处理,做好相关凭证汇总备案。

12.3.2　非班轮业务收入的核算

非班轮运输的主要业务类型包括液体散货运输、干散货运输、特种船舶运输等,具有不固定班期、不固定挂靠港口等特点。非班轮业务收入包括液体散货运输、干散货运输、特种船舶运输等取得的收入,同时涉及程租、期租、租舱、背靠背租船等多种经营模式。

1. 非班轮业务收入的确认与计量

非班轮运输收入,根据与客户订立的合同约定,属于某一时段内履行履约义务的业务,企业应当在该段时间内按照履约进度确认收入。

企业以船舶营运航次(或航段)为单位核算非班轮运输收入。当期完成的船舶营运航次,应当按照实际航次总收入扣除以前会计期间累计已确认收入后的金额,确认为当期航次收入。

在资产负债表日,对于进行中的船舶营运航次的结果能够可靠估计的,企业应当按照该航次实际已营运天数占总营运天数的比例确认履约进度,并按照履约进度确认航次收入。当以下条件均能满足时,航次的结果能够可靠地估计。

① 航次收入的金额能够可靠地计量；

② 与航次相关的经济利益很可能流入企业；

③ 航次的完成程度能够可靠地确定；

④ 与航次相关的已发生和将发生的成本能够可靠地计量。

企业应当按照从租家已收或应收的运输单证或运输合同价款确定航次收入总额。向租家收取的滞期费，在航次完成时作为主营业务收入核算。滞期费是指在非班轮运输合同中，当船舶装货或卸货延期超过装卸货时间时，从而延长了船舶在港停泊时间，由租家向船东所支付的约定款项。

向租家支付的速遣费，在发生时作为主营业务收入的抵减项核算。速遣费是指在非班轮运输合同中，当船舶装货或卸货工作在规定的时间前完成，从而缩短了船舶在港停泊时间，由船东应向租家支付的费用。

发生的运输佣金，不得抵减运输收入，应当作为相应的费用。运输佣金，是指企业为有助于运输业务的完成而向代理人支付的款项，包括订舱佣金、船舶货物代理佣金和揽货佣金等。企业已经确认的运输收入，发生退运、扣租等业务款项应当冲减当期的运输收入；企业发现少收、漏收的款项应补列当期的运输收入。年度资产负债表日及以前发生的业务，在资产负债表日至财务会计报告批准报出日之间发生的退运或少收、漏收等业务款项应当按照资产负债表日后事项有关规定处理。

非班轮业务可以分为船舶程租和船舶期租，以及租仓等业务形式，其中租仓业务的会计核算基本与船舶程租的模式相同。下面主要讨论船舶程租和船舶期租两种模式下的会计处理。

2. 船舶程租业务收入的会计处理

程租业务(voyage charter，简称 VC，也可以称为航次租赁)，是指非班轮运输企业为租家完成某一特定航次的运输任务并取得航运收入的业务。程租以一个航次(即一个卸货港到下一个卸货港)为期限，按照货物重量、体积、件数或包干费支付运费，由船东控制船舶的运输方式进行运输。

程租业务的会计核算事项主要发生在合同签订、装货离港、航运、到港卸货和航次完成五个阶段。

(1) 合同签订阶段

船东与租家签订船舶服务合同，合同签订后相隔较长时间才执行的，船东为减少租家毁约给自身带来的风险与损失，根据合同约定，预先向租家收取部分运费。当船东收到租家支付的运费款项时，根据实际收款金额借记“银行存款”，贷记“合同负债”。如果需向银行缴纳手续费的，在发生时借记“财务费用”。如果需要开具增值税发票的，根据发票金额确认应交增值税销项税。

船东与租家签订运输合同中，要求租家在签订合同后支付履约保证金，该保证金不得在运费支付中扣除的，应根据收款金额借记“银行存款”，贷记“其他应付款”，航次完成后退还租家。

【例 12-2】 20×1 年 3 月 1 日 ABC 船东与 D 公司签订了程租合同，D 公司租赁 ABC 船东“向阳轮”整船运输将一批货物从上海运输到青岛，运费合计 2 500 000 元人民币，按照合同约定，签订合同后需要支付 10%的保证金，约定在开航前预付 30%租金，增值税率 9%，发生财务费用 50 元，“向阳轮”3 月 5 日装货启航。

① 3 月 1 日，船东收取租家履约保证金的账务处理。

借：银行存款　　250 000

　　贷：其他应付款　　250 000

当企业退还租家时做相反会计分录处理。

② 3 月 5 日，船东根据远期合同预收租家运 30%的账务处理。

借：银行存款　　817 450

　　财务费用　　50

　　贷：合同负债——预收未完航次收入　　750 000

　　应交税费——应交增值税(销项税额)　　67 500

(2) 装货离港阶段

由于程租业务是在某一时段内履行的履约义务，船东应该按照该航次实际已营运天数占总营运天数的比例确认履约进度，根据履约进度对收入进行确认，而不应以开具发票或收取运费为作为收入确认的时点和金额。如果船东需要开具增值税发票的，根据发票列示的销项税额借记“应收账款”，贷记“应交税费——应交增值税(销项税额)”；不需要开具增值税发票的，无需进行账务处理。

租家根据程租合同约定，在收到运费账单或发票后，按时向船东公司支付运费款。船东应根据实际收款金额借记“银行存款”，贷记“合同负债——预收未完航次收入”。

【例 12-3】 续【例 12-2】，3 月 15 日，船舶装货离港后按照合同约定，ABC 船东在开航后，再开具合同金额 30%收取运费，3 月 20 日收到款项。

① 3 月 15 日开票，具体会计处理(30%的运费＝2 500 000×30%，增值税率 9%，增值税销项税额 67 500 元)

借：应收账款——D 公司　　67 500

　　贷：应交税费——应交增值税(销项税额)　　67 500

② 3 月 20 日，船东收到与租家结算的运费 750 000 元，内扣手续费 50 元，直接由财务做账。

借：银行存款　　817 450

　　财务费用　　50

　　贷：合同负债——预收未完航次收入　　750 000

　　应收账款——D 公司　　67 500

(3) 船舶航行阶段

月末，对于当期已完航次，确认整个航次运输收入；对于当期未完航次，如果航次结果能够可靠估计的，应按航次的履约进度确认当期运输收入。

履约进度以未完航次实际已营运天数占预计该航次总营运天数的比例来确定。

$$履约进度=\frac{未完航次实际已营运天数}{预计该航次所需总营运天数}$$

次月，将未完航次按履约进度确认的航次收入全部冲销；待航次结束时，按完成航次确认整个航次的收入。

资产负债表日应确认的当期航次收入公式如下。

$$\begin{aligned}资产负债表日应确认的当期航次收入 &= 该航次预计总收入\times履约进度-\\&\quad 以前会计期间累计已确认的该航次收入\\&= 该航次预计总收入\times\frac{未完航次实际已营运天数}{预计该航次所需总营运天数}-\\&\quad 以前会计期间累计已确认的该航次收入\end{aligned}$$

月末，按照履约进度确认未完航次当期运输收入时，借记“合同资产——预计未完航次收入”，贷记“主营业务收入——海运收入(未完航次收入预估)”。由于航运运输业务通常要在航次结束时，企业才能拥有无条件的收取相应款项的权利。根据收入准则的规定，此时企业的收款权利并非仅取决于时间流逝因素，所以应使用“合同资产”科目核算。待整个航次结束，企业取得无条件收款权时才能使用“应收账款”科目。

【例 12-4】 续【例 12-2】，ABC 船东针对“向阳”轮的航次情况，预计完成 60%的履约进度，根据履约进度确认未完航次运费收入(按照业务结算单据)。

3 月 31 日会计人员按照业务单据进行核算：2 500 000×60%=1 500 000

借：合同资产——预计未完航次收入　　　　1 500 000

　　贷：主营业务收入——未完航次收入预估　　　　1 500 000

次月，冲销按履约进度确认航次运费收入。

借：主营业务收入——未完航次收入预估　　　　1 500 000

　　贷：合同资产——预计未完航次收入　　　　1 500 000

(4) 到港卸货阶段

船东对于信用等级较低或业务往来较少的租家，要求租家在船舶抵达卸货港卸空前支付运费。船东公司应在收到租家支付的运费时，借记“银行存款”，贷记“合同负债——预收未完航次收入”，开具增值税发票的应按开票金额确认增值税销项税额。

【例 12-5】 续【例 12-2】，4 月 5 日，“向阳”轮抵达青岛港锚地，等待卸货，要求 D 公司支付剩余 30%货款，并开具增值税专用发票。

借：银行存款　　　　817 500

　　贷：合同负债——预收未完航次收入　　　　750 000

　　　　应交税费——应交增值税(销项税额)　　　　67 500

(5) 航次完成阶段

航次完成后，船东公司确认实际航次总收入扣除以前会计期间累计已确认收入后的金额，确认为当期航次收入。

对于境内需要开具增值税发票的租家，在航次完成前船东未开具过增值税发票的，需要在航次完成时确认主营业务收入并核算增值税销项税额。

航次完成后，船东根据合同约定计算滞期费金额并与第三方协商一致后，确认滞期费收入。滞期费是指根据合同约定，当船舶装货或卸货延期超过装卸货时间时，由租家向船东所支付的约定款项。

航次完成后，船东与第三方就滞期费金额尚未协商一致的，应根据合同约定对滞期费金额进行计算；或基于历史经验预计滞期费可收回金额，并根据滞期费预估金额进行账务处理。待船东与租家达成一致后，按实际约定金额对滞期费收入进行调整。

航次完成后，船东就本航次中发生的由租家承担的速遣费作为主营业务收入的抵减项，通过"主营业务收入——海运收入(速遣费)"科目核算。速遣费是指根据合同约定，当船舶装货或卸货工作在规定的时间前完成，从而缩短了船舶在港停泊时间，船东应向租家支付的费用。

船东公司在航次完成后，收到租家实际支付的运费款时，根据实际收款金额核销对租家的往来款项。

具体来说，航次完成时，船东确认运费收入和应收账款，船东尚未开票的结算按预估金额入账，待开票结算后，根据实际金额进行调整。

借：应收账款

　　贷：主营业务收入——海运收入

　　　　应交税费——应交增值税(销项税额)

船东确认应收取租家的滞期费收入，

滞期费金额船东与租家已达成一致，不存在争议的。

借：应收账款

　　贷：主营业务收入——海运收入(滞期费收入)

　　　　应交税费——应交增值税(销项税额)

滞期费金额存在争议的，但根据业务数据和历史经验能够可靠估计滞期费收入的，

航次完成时，根据预估滞期费收入入账；

待船东和租家双方达成一致后，根据实际金额进行调整。

借：应收账款

　　贷：主营业务收入——海运收入(滞期费收入)

　　　　应交税费——应交增值税(销项税额)

船东公司确认支付租家的速遣费。

借：主营业务收入——海运收入(速遣费收入)

　　贷：应收账款

船东收到与租家结算的运费时，直接由财务做账。

借：银行存款/合同负债

　　财务费用(如有)

　　贷：应收账款

【例 12-6】 续【例 12-2】，"向阳轮"因为装卸原因耽误一天完成卸货，按照合同约定，

需要支付10 000元滞期费，经过双方协商最终决定支付5 000元。双方通过对账结算，相关费用均在卸货后付清。

① 确认滞期费收入

借：应收账款——D公司　　5 450
　　贷：主营业务收入——海运收入(滞期费收入)　　5 000
　　　　应交税费——应交增值税(销项税额)　　450

② 收到滞期费

借：银行存款　　5 450
　　贷：应收账款——D公司　　5 450

【例12-7】 续【例12-2】，航次完成时，ABC船东与D公司对账，确认最终的结算数据，确认运费收入和应收账款，船东尚未开票的结算按预估金额入账，经过对账D公司加上已经支付保证金，D公司海运费租金收入已经全部支付。

借：应收账款——D公司　　2 500 000
　　贷：主营业务收入——海运收入　　2 500 000
借：其他应付款——D公司　　250 000(抵充保证金)
　　合同负债——预收未完航次收入　　2 250 000
　　贷：应收账款——D公司　　2 500 000

3. 船舶期租业务收入的会计处理

期租业务(time charter，TC)，是指水运企业将配备有操作人员的船舶租给他人使用，租期内船舶由租家支配，不论是否经营，均按天向承租方收取租赁费，发生的船舶修理、保险和船员费用等船舶固定费用均由船东负责的业务。

期租业务主要涉及交船阶段、航运阶段、航次完成阶段和还船阶段四个主要阶段。

(1) 交船阶段

对于船舶期租业务，无特殊约定的情况下，船东只承担船舶固定费用，船舶在租赁期内的燃油费用由租家承担。船东在交船时，要对租出船舶的燃油进行测量并进行会计核算处理。

如果租家不需要开具增值税发票的，船东公司在交船时，将租出船舶的燃油从存货转入往来科目进行处理。根据合同中约定的燃油单价和测量的燃油量，借记"其他应收款——租出船舶船存燃油"，贷记"燃料"，合同中约定的燃油单价和账面单价的差额，借/贷记"运输成本"，交还船燃油价差归集到交船航次。

如果租家需要开具增值税发票的，船东在交船时，将租出船舶的燃油按税法要求视同销售处理并缴纳增值税，贷记"应交税费——应交增值税(销项税额)"。

具体来说，船东交船给租家并开具增值税发票的，

燃油存货转出并核算燃油价差，需要提供测量燃油报告和合同作为依据。当合同单价大于账面单价。

借：其他应收款——租出船舶船存燃油

贷：燃料

应交税费——应交增值税（销项税额）

运输成本——××航次（燃油采购价差）

当合同单价小于账面单价。

借：其他应收款——租出船舶船存燃油

运输成本——××航次（燃油采购价差）

贷：燃料

应交税费——应交增值税（销项税额）

【例 12-8】 新华轮船公司将自有船舶“新海华号”期租给华南公司，租赁期限为 20×1 年 5 月 1 日至 20×1 年 6 月 30 日，日租金为 100 000 元人民币。5 月 1 日交船时测量了船舶燃料数量，存油 30 吨，账面价值 126 000 元人民币，合同单价 4 300 元/吨。收取保证金 10 万元；5 月 30 日新华公司开具增值税专用发票向华南公司收取本月租金 310 万元，6 月 30 日，航次完成。新华轮船公司租金计算剩余租金 300 万元，开具增值税专用发票，华南公司扣除保证金后支付租金。

5 月 1 日交船转出燃油存货，增值税税率 13%。

借：其他应收款——租出船舶船存燃油　　145 770

贷：燃料　　126 000

应交税费——应交增值税（销项税额）　　16 770

运输成本——××航次（燃油采购价差）　　3 000

借：银行存款　　100 000

贷：其他应付款——华南公司　　100 000

（2）航运阶段

对于固定期限期租业务，船东和租家在合同中约定了较长的船舶租期，在租期内按日租金和营运天数定期向租家收取租金。各非班轮公司由于实际业务管理与需求不同，对航次的定义存在差异。部分船东按照自然航次（即港口到港口）管理与核算，部分船东则在租期内将每个自然月设置为虚拟航次，按虚拟航次管理与核算。设置虚拟航次后，月末不存在未完航次及相关核算处理。

对于按照自然航次管理与核算的非班轮公司应按照如下方式进行核算：

月末，未完航次按照日租金和当期计租天数确认运输收入，借记“合同资产”，贷记“主营业务收入——海运收入（未完航次收入预估）”。

船东需要向租家开具增值税发票的，根据发票列示的销项税额，借记“应收账款”，贷记“应交税费——应交增值税（销项税额）”。

租家向船东支付租金的，船东应在收到租家支付的租金时借记“银行存款”，贷记“合同资产”“应收账款”或“合同负债”（依据收入确认准则有关合同资产和合同负债的定义，看收取对价的权利是否需要依赖其他商品或服务交付作为条件）。

部分非班轮运输公司出于对业务和财务对应收款项的管理需求，要求财务账面核算的应收账款金额需与业务保持一致的情况，除完成上述会计处理外，还需要作如下核算处理：

船东开票结算租金时，借记“应收账款”，贷记“应收账款——预收未完航次收入”核算期租租金。船东需要开具增值税发票的，根据发票列示的销项税额，贷记“应交税费——应交增值税(销项税额)”。

月末，如果未完航次应收账款科目余额为贷方，则需要将贷方余额重分类到“预收账款”科目，次月将该重分类分录转回。

对于按照虚拟航次(每个自然月)管理与核算的非班轮公司应按照如下方式进行核算。

月末，确认当期航次运输收入时，借记“应收账款”，贷记“主营业务收入——海运收入(船舶期租)”。船东需要开具增值税发票的，根据发票列示的销项税额贷记“应交税费——应交增值税(销项税额)”。

租家向船东支付租金的，船东应在收到租家支付的租金时借记“银行存款”，贷记“应收账款”。

月末，如果船东公司存在预收租家期租租金的，需要将预收金额记入“预收账款”科目。

具体来说，按照自然航次管理与核算的非班轮公司：

月末，确认未完航次收入。

借：合同资产——预计未完航次收入

　　贷：主营业务收入——海运收入(未完航次收入预估)

次月，依据上月预估数据冲销确认航次收入。

借：主营业务收入——海运收入(未完航次收入预估)

　　贷：合同资产——预计未完航次收入

船东需要向租家开具增值税发票的。

借：应收账款

　　贷：应交税费——应交增值税(销项税额)

船东收到与租家支付的租金，直接由财务做账。

借：银行存款

　　财务费用(如有)

　　贷：合同资产/应收账款/合同负债

【例 12-9】 续【例 12-8】，5 月 31 日，新华轮船公司按照履约进度预估期租业务收入，并按照合同约定开具第一个自然月租金的增值税专用发票。

5 月份租金为：100 000×31＝3 100 000(元)

借：合同资产——预计未完航次收入　　　　3 100 000

　　贷：主营业务收入——海运收入(未完航次收入预估)

　　　　　　　　　　　　　　　　　　　　　　3 100 000

借：应收账款——华南公司　　　　　　　　279 000

　　贷：应交税费——应交增值税(销项税额)　　　279 000

6 月 1 日冲回

借：主营业务收入——海运收入(未完航次收入预估)

3 100 000

贷：合同资产——预计未完航次收入　　3 100 000

(3) 航次完成阶段

航次完成后，船东确认实际航次总收入扣除以前会计期间累计已确认收入后的金额，确认为当期航次收入。

对于按照虚拟航次(自然月)管理和核算的非班轮公司，月末核算航次租金收入时已是完成航次，不适用航次完成阶段的处理，此处不再赘述。

前述提及的部分非班轮运输公司出于业务和财务对应收款项的管理需求，船舶装货离港时借记“应收账款”，贷记“应收账款——预收未完航次收入”科目的，船东公司应在航次完成时，确认航次收入，借记“应收账款——预收未完航次收入”，贷记“主营业务收入——海运收入——船舶期租”，并对“应收账款——预收未完航次收入”科目借贷方进行核销。

具体来说，航次完成时，船东按实际租金入账。

借：应收账款

贷：主营业务收入——海运收入(船舶期租)

应交税费——应交增值税(销项税额)

【例 12-10】 续【例 12-8】，6 月 30 日，航次完成。新华轮船公司计算剩余租金，并开具增值税专用发票。

6 月份租金为：100 000×30＝3 000 000(元)

借：应收账款——华南公司　　6 370 000

贷：主营业务收入——海运收入(船舶期租收入)　　6 100 000

应交税费——应交增值税(销项税额)　　270 000

6 月 30 日，收到华南公司租金

借：银行存款　　6549 000

其他应付款　　100 000

贷：应收账款　　6 649 000

(4) 还船阶段

租家还船时，船东要对船舶的燃油再次进行测量，对于交船时已将燃料与租家进行结算的，借记“燃料”，贷记“应付账款”等往来科目；对于交船时不结算待还船时结算的，根据归还燃油的数量记入“燃料”科目，同时冲销交船时计入“其他应收款”中的金额，差额通过“银行存款”科目核算。

租家还船时，船东收到租家实际支付的租金和燃油款项时，根据实际收款金额核销对租家的全部往来款项。

前述提及的部分非班轮运输公司出于对银行未达账的管理需求，当租家支付的租金到账时，先由业务人员初次认领，财务当天进行账务处理，通过“合同负债”科目过渡，最终由业务人员在系统中进行确认(即：业务人员在业务系统中对于应收客户的往来账款与实收银行账款进行匹配，确认收款所对应的船舶、航次、租家等相关信息)。

12.4 码头服务业务收入的核算

码头服务业务主要包括：装卸业务、堆存业务、港务业务、港口设施保安业务和其他业务。

装卸业务是指港口对到港的集装箱、散杂货等进行的各种装卸搬运及其相关的作业。包括岸港口作业产生的班轮装卸服务、驳船装卸服务、散货装卸船服务以及杂货装卸船服务、集装箱以及散杂货装卸汽车的服务、集装箱以及散杂货装卸火车的服务及其他岸边作业包干服务；包括堆场内龙门吊、正面吊等场内设备装卸作业提供的一般货物搬移服务、查验服务、捣载服务、翻倒服务、拆装箱服务、换船服务、转栈服务、进出场包干服务等。

堆存业务是港口对集装箱、散杂货等进行存放、仓储、保管等服务。包括堆存保管服务、超期堆存服务、库场使用服务、危险品堆存监控服务等。

港务业务：按照相关监管机构的要求，在港口经营过程中应对货物进出港口收取港务费用。该业务不作为一项单独的合同与客户进行签署，通常按照集装箱、散杂货的费率标准进行收取。

港口设施保安业务是指经国家发展改革委员会和交通部批准，由取得有效《港口设施保安符合证书》的港口设施经营人，向进出港口的外贸进出口货物(含集装箱)的托运人(或其代理人)或收货人(或其代理人)收取的费用，专项用于为履行国际公约所进行的港口保安设施的建设、维护和管理。该业务不作为一项单独的合同与客户进行签署，通常按照集装箱、散杂货的费率标准进行收取。

码头其他业务包括开关舱服务、修理服务、过磅服务、对船舶的供水、供油、供电服务及其他相关服务等。

12.4.1 装卸业务收入的核算

1. 装卸业务收入的确认与计量

装卸业务应在整船装船完毕、整船卸船完毕并执行账单确认后，确认有关装卸业务收入。对于装卸相关的其他服务，如搬移、捣载等，应在完成相关服务并执行账单确认后即确认收入。按照国际会计准则18号收入准则，境外码头企业应在资产负债表日对装卸业务合同下已执行的各类单项履约义务确认收入。

企业对取得的各项装卸收入应根据合同约定的具体计费内容，按照各项计费账单等单证中确认的金额计量当期收入。

涉及商业折扣的，应当按照扣除商业折扣后的金额确定收入金额。若在合同与协议中约定了达量返还的折扣形式，应在年末对相应的折扣进行预估，冲减相应收入，在第二年实际确认折扣后对冲销前一年的预估与已冲减的收入凭证，并按照企业有关业务部门出具并签认的单证中的实际折扣，对收入进行冲减。

2. 装卸业务的会计处理

（1）前期预收款结算

若有明确的履约合同义务，在预收客户装卸服务款项后，相关部门进行款项认领，完成认领后财务进行以下核算。

借：银行存款/现金

　　贷：合同负债——某客户

若未成立明确的合同或协议，在预收客户的装卸服务款项后，相关部门进行款项认领，完成认领后财务进行以下核算。

借：银行存款/现金

　　贷：预收账款——某客户

（2）收入确认

在完成装卸及装卸相关服务后，根据确认的报账明细确认收入并开具发票。

借：应收账款——某客户

　　贷：主营业务收入——码头收入（装卸收入）

　　　　应交税费——应交增值税（销项税额）

如果未开发票。

借：应收账款——预估（某客户）

　　贷：主营业务收入——码头收入（装卸收入）

在开票后转为应收账款，计入税金。

借：应收账款——某客户

　　贷：应收账款——预估（某客户）

　　　　应交税费——应交增值税（销项税额）

若对该项收入存在预收款，则进行以下核算处理。

借：合同负债——某客户

　　预收账款——某客户

　　贷：应收账款——某客户

对于存在达量返还或其他需要在一定履约义务的执行期间后方可确认折扣的情况，若本年内无法执行优惠，需在年末确认需要计提的优惠，在第二年实际处理与执行优惠时，冲销上年末计提，并按照实际优惠的金额冲减收入。

计提优惠，根据已完成的计费账单的达量情况，判断是否已经达到合同中约定的折扣限度。

借：主营业务收入——码头收入（装卸收入）

　　贷：合同负债——某客户

(3) 处理与执行优惠

冲销计提的合同负债，根据确认的优惠冲减收入，若在上一期间未计提合同负债，直接可确认折扣金额，则直接扣减收入及应收账款。

借：合同负债——某客户

　　贷：主营业务收入——码头收入(装卸收入)

借：主营业务收入——码头收入(装卸收入)

　　贷：应收账款——某客户

(4) 退款时(若已完成收款需进行退款)

借：应收账款——某客户

　　贷：银行存款/现金

(5) 收款时抵减上年应收款项，收取差额款项。若上一年度已完结收款的，将抵减本年应收款项。

借：银行存款/现金(折后的价格)

　　贷：应收账款——某客户(折后的价格)

(6) 收款核销

根据合同的收款要求，收取客户支付的装卸相关费用，在认款后进行收款核销处理。

借：银行存款/现金

　　贷：应收账款——某客户

【例 12-11】 某码头服务公司甲在青岛码头提供装卸服务。20×1 年 12 月、20×2 年 1 月部分装卸业务相关资料如下。

(1) 21 日，与乙公司签订装卸合同，收到客户银行存款支付的预付款 20 000 元。

借：银行存款　　20 000

　　贷：合同负债——乙公司　　20 000

(2) 25 日，装卸完成，确认收入 50 000 元，并开具增值税发票，税金 30 000 元，剩余货款暂未收到。

借：应收账款——乙公司　　33 000

　　合同负债——乙公司　　20 000

　　贷：主营业务收入——乙公司(装卸收入)　　50 000

　　　　应交税费——应交增值税(销项税额)　　3 000

(3) 31 日，按照与乙公司的约定，乙公司当年共购买装卸服务 750 000 万元，可以获得合同金额 2%的返利，于次年 1 月返现。

借：主营业务收入——码头收入(装卸收入)　　15 000

　　贷：合同负债——乙公司　　15 000

次年 1 月 15 日，与乙公司结清上年返利和 25 日的往来款项。

① 15 日，冲销计提的合同负债

借：合同负债——乙公司　　15 000

　　贷：主营业务收入——码头收入(装卸收入)　　15 000

② 15日，确认优惠冲减收入

借：主营业务收入——码头收入(装卸收入)　　15 000

　　贷：应收账款——乙公司　　15 000

“应收账款——乙公司”借方余额＝33 000－15 000＝18 000元，结清往来款。

借：银行存款　　18 000

　　贷：应收账款——乙公司　　18 000

12.4.2 堆存业务收入的核算

堆存业务是港口对集装箱、散杂货等进行存放、仓储、保管等服务。包括堆存保管服务、超期堆存服务、库场使用服务、危险品堆存监控服务等。

1. 堆存业务收入的确认与计量

对于一个月以内的堆存业务，堆存收入应在货物离场并执行账单确认后，按照离场时点确认为当期收入。对于一个月以上的长期堆存，需在月末结账日对本月已发生的堆存服务确认收入。

企业对取得的各项堆存收入应根据合同约定的具体计费内容，按照各项计费单等单证中确认的天数、费率等要素计量当期收入。若存在免堆期，从免堆期结束时点后开始计量收入。

涉及商业折扣的，应当按照扣除商业折扣后的金额确定收入金额。

2. 堆存业务的会计处理

(1) 前期预收款结算

若有明确的履约合同义务，在预收客户堆存服务款项后，相关部门进行款项认领，在完成认领后财务进行以下核算。

借：银行存款/现金

　　贷：合同负债——某客户

若未成立明确的合同或协议，在客户预支付堆存服务款项后，相关部门进行款项认领，在完成认领后财务进行以下核算。

借：银行存款/现金

　　贷：预收账款——某客户

(2) 收入确认

在完成堆存及堆存相关服务后，根据确认的报账明细确认收入并开具发票，在货物离场并执行账单确认后，按照离场时点确认为当期收入(对于一个月以上的长期堆存，需在月末关账日对本月已发生的堆存服务确认收入)。

借：应收账款——某客户

　　贷：主营业务收入——码头收入(堆存收入)

应交税费——应交增值税(销项税额)

若对该项收入存在预收款,则进行以下核算处理。

借:合同负债——某客户

预收账款——某客户

贷:应收账款——某客户

借:应收账款——预估(某客户)

贷:主营业务收入——码头收入(堆存收入)

在开票后转为应收账款,计入税金。

借:应收账款——某客户

贷:应收账款——(预估)某客户

应交税费——应交增值税(销项税额)

(3) 收款核销

根据合同的收款要求,收取客户支付的相关费用,在认款后进行收款核销处理。

借:银行存款/现金

贷:应收账款——某客户

【例 12-12】 某码头服务公司甲在青岛码头提供堆存服务。20×1 年 1 月部分堆存业务相关资料如下。

(1) 2 日,收到客户乙的预付款 30 000 元。

因为暂无合同约定,按预收账款入账。

借:银行存款	30 000	
贷:预收账款——乙公司		30 000

(2) 3—22 日,客户乙货物存放在青岛码头,22 日离场,甲确认堆存收入 50 000 元,并按 6%开具增值税专用发票,货款暂未收到。

借:应收账款——乙公司	23 000	
预收账款——乙公司	30 000	
贷:主营业务收入——码头收入(堆存收入)		50 000
应交税费——应交增值税(销项税额)		3 000

(3) 31 日,丙公司货物仍存放于青岛码头,甲公司确认堆存业务收入 55 000 元。

借:应收账款——预估(丙公司)	55 000	
贷:主营业务收入——码头收入(堆存收入)		55 000

(4) 次月 1 日,冲销暂估收入。

借:主营业务收入——码头收入(堆存收入)	55 000	
贷:应收账款——预估(丙公司)		55 000

(5) 5 日,丙公司货物离场,甲确认收入 60 000 元,并按 6%开具增值税专用发票,税额 3 600 元,收取货款。

借:应收账款——丙公司	63 600	
贷:主营业务收入——码头收入(堆存收入)		60 000

应交税费——应交增值税(销项税额)　　3 600

(6) 6 日,收到乙公司的货款 23 000 元。

借:银行存款　　23 000

　　贷:应收账款——乙公司　　23 000

12.4.3　港务业务收入的核算

按照相关监管机构的要求,在港口经营过程中应对货物进出港口收取港务费用。该业务不作为一项单独的合同与客户进行签署,通常按照集装箱、散杂货的费率标准进行收取。

1. 港务业务收入确认与计量

对于港务收入,根据合同规定,在完成装卸、堆存等相关服务后,与装卸、堆存等相关业务同时在当期确认收入。对于港务服务、港杂等,在完成提供的服务后确认收入。

应按照合同约定,按照箱型、货种的费率及数量,计量当期港务费收入。涉及商业折扣的,应当按照扣除商业折扣后的金额确定收入金额。

2. 港务业务收入的会计处理

(1) 前期预收款结算

若有明确的履约合同义务,在预收客户港务费款项时。

借:银行存款/现金

　　贷:合同负债——某客户

若未成立明确的合同或协议,在客户预支付港务费款项后,相关部门进行款项认领,在完成认领后财务进行以下核算。

借:银行存款/现金

　　贷:预收账款——某客户

(2) 收入确认

对合同中约定的服务完成履约后,按照港务费收取标准确认收入。完成履约包括完成装卸、堆存等相关服务,确认箱型、货种、数量等港务收入计费信息并执行账单确认,对于港务服务、港杂等,在完成提供的服务后确认收入。

借:应收账款——某客户

　　贷:主营业务收入——码头收入(港务收入)

　　　　应交税费——应交增值税(销项税额)

若对该项收入存在预收款,则进行以下核算处理。

借:合同负债——某客户/预收账款

　　贷:应收账款——某客户

(3) 收款核销

根据合同的收款要求,收取客户支付的相关费用,在认款后进行收款核销处理。

核算时点,完成收款确认后。

借:银行存款/现金

　　贷:应收账款——某客户

12.4.4 港口设施保安收入的核算

港口设施保安业务是指经国家发展改革委员会和交通部批准,由取得有效《港口设施保安符合证书》的港口设施经营人,向进出港口的外贸进出口货物(含集装箱)的托运人(或其代理人)或收货人(或其代理人)收取的费用,专项用于为履行国际公约所进行的港口保安设施的建设、维护和管理。该业务不作为一项单独的合同与客户进行签署,通常按照集装箱、散杂货的费率标准进行收取。

根据合同规定,在完成装卸、堆存等相关服务后,按照一定的费率,在当期确认港口设施保安费收入。根据合同规定,在完成开票后的一定时间内收到客户支付的款项。

1. 港口设施保安收入的确认和计量

港口设施保安业务,在完成装卸、堆存等相关服务后,与装卸、堆存等相关业务同时在当期确认收入。

应按照合同约定,按照箱型、货种的费率,计量当期港务费收入。

涉及商业折扣的,应当按照扣除商业折扣后的金额确定收入金额。

2. 港口设施保安收入的会计处理

(1) 前期预收款结算

若有明确的履约合同义务,在预收客户港口设施保安费用款项后,相关部门进行款项认领,在完成认领后财务进行以下核算。

借:银行存款/现金

　　贷:合同负债——某客户

若未成立明确的合同或协议,在客户预支付港口设施保安费用款项后,相关部门进行款项认领,在完成认领后财务进行以下核算。

借:银行存款/现金

　　贷:预收账款——某客户

(2) 收入确认

对合同中约定的服务完成履约后,按照港口设施保安费费收取标准确认收入。

借:应收账款——某客户

　　贷:主营业务收入——码头收入(港口设施保安费收入)

　　　　应交税费——应交增值税(销项税额)

若对该项收入存在预收款，则进行以下核算处理。

借：合同负债——某客户/预收账款

　　贷：应收账款——某客户

(3) 收款核销

根据合同的收款要求，收取客户支付的相关费用，在认款后进行收款核销处理。

借：银行存款/现金

　　贷：应收账款——某客户

12.4.5 码头其他主营业务收入的核算

码头其他业务包括开关舱服务、修理服务、过磅服务、对船舶的供水、供油、供电服务及其他相关服务等。

1. 码头其他主营业务收入的确认与计量

码头其他主营业务中，提供劳务服务的，需要在完成劳务服务后确认收入，提供物资供应的，需在完成商品控制权转让后确认收入。

企业对取得的各项码头其他收入应根据合同约定的具体计费内容，按照各项计费账单等单证中确认的金额计量当期收入。涉及商业折扣的，应当按照扣除商业折扣后的金额确定收入金额。

2. 码头其他主营业务收入的会计处理

(1) 前期预收款结算

若有明确的履约合同义务，在预收客户付款项后，相关部门进行款项认领，在完成认领后财务进行以下核算。

借：银行存款/现金

　　贷：合同负债——某客户

若未成立明确的合同或协议，在客户预支付服务款项后，相关部门进行款项认领，在完成认领后财务进行以下核算。

借：银行存款/现金

　　贷：预收账款——某客户

(2) 收入确认

在完成相关服务或完成商品销售后，根据确认的报账明细确认收入并开具发票。

借：应收账款——某客户

　　贷：主营业务收入——码头其他收入(某客户)

　　应交税费——应交增值税(销项税额)

若对该项收入存在预收款，则进行以下核算处理。

借：合同负债——某客户/预收账款(某客户)

贷：应收账款——某客户

(3) 收款核销

根据合同的收款要求，收取客户支付的相关费用，在认款后进行收款核销处理。

借：银行存款/现金

贷：应收账款——某客户

12.4.6 其他非主营业务收入的核算

其他非主营业务包括总部的技术服务、码头的废旧物资出售、润滑油循环利用、集装箱拍卖、自动售货机收入、出租房屋产生的房屋租金及水电收入、设备出租收入等。此类其他非主营业务收入的确认与计量可参考上述几个业务类型。

12.5 代理业务收入的核算

海上运输中的代理有船舶代理和货运代理两种，都属于海运辅助业。船舶代理人和货运代理人分别根据承运人或货主的业务需要开展相应的代理服务。代理人与被代理人之间的关系属于委托代理关系，代理人通常运用委托人的资金进行业务活动，代理人一般不以自己的名义与第三人签订合同，代理人赚取佣金或代理费作为报酬。

船舶在各个港口间进行客货运输过程中，当其依靠于船舶所有人或经营人所在地以外的其他港口时，船舶所有人或经营人无法亲自处理与这些船舶有关的业务，一般会委托代理人(当地专门从事代办船舶营运业务和提供服务的机构)代办船舶一切在港业务。船舶代理是指船舶代理企业接受船舶所有人(船东)、船舶经营人、承租人或货主的委托，在授权范围内代表委托人(或被代理人)办理与在港船舶有关的业务、提供有关服务或进行与在港船舶有关的其他法律行为的代理行为。

货运代理是指货运代理企业受货物收发货人的委托，以委托人或自己的名义，为委托人办理货物运输及相关业务，收取代理服务报酬的行为。货运代理处于货主与承运人之间，接受委托方的委托，代办订舱、仓储、集装箱拼拆箱、报关、报检、报验、保险、缮制有关单证、结算运杂费等业务活动。

代理企业营运收入按照业务类型可以分为船舶代理业务收入和货运代理业务收入。

12.5.1 船舶代理业务收入的核算

1. 船舶代理业务收入的确认与计量

合同开始日，企业应当对签订的代理合同进行评估，识别该合同所包含的各单项履约义务，属于在某一时点履行的履约义务(如船舶使费业务中的拖轮、引航、装卸、检验等)，在履行了合同中约定各单项履约义务的当期确认收入。

按照结算时间方式划分，船舶使费业务为定期结算业务，在船舶离港若干天后，生成航次结账单时，确认业务完结，并于当月月底前确认代理收入。

公司船舶代理收入确认所计量的金额应反映公司因交付船舶代理服务而预期有权收取的金额。在符合收入确认时点原则的前提下，按照合同中约定的单项服务履约情况确认单项收入。当出现以下情况时，应按照相应规定确认收入金额。

（1）已完成履约义务，按照与船东核对的应收费用清单和发票金额进行收入确认并计量。

（2）会计期末，未到结算期的使费结算，根据合同约定的具体计费内容，按照预计应收费用明细单等单证中确认已完成的应收费用项目、各项目费率等，暂估收入金额。

在船舶使费与运费互抵的业务中，应按照合同的金额足额开具发票给船东客户。待收到船东足额运费发票后，在支付环节进行抵扣，将差额部分付款至船东，运费不及代理使费时，不足部分船东再给予支付（一般运费大于使费）。

2. 船舶代理业务收入的会计处理

船舶代理企业主要依据交通部有关收费标准收取船舶代理费，主要依据船舶吨位、货量两个标准同时计费，可以是长期代理也可以是航次代理。船舶代理企业代理国家港航管理部门、海关等职能部门收取的国家规费作为代收代付项目，不在收入中核算。

代理手续费，如果船舶代理企业代理委托人收取运费、支付船舶备用金或其他费用的可以收取代理手续费。

港口使费，船舶代理企业代理委托人向港口码头或其他船舶相关事项支付的费用，列入港口使费实行代收代付，营改增以后，实务中此类代收代付业务向港口码头等企业支付的港使费列入船舶代理企业成本，按照协议向委托人收取的港使费列入主营业务收入。

（1）备用金收取

① 若有明确的履约合同义务，在预收客户备用金银行到账后，商务进行款项认领，在完成认领后财务进行以下核算。

对于明确作为业务收款备抵项的预收款

借：银行存款

　　贷：合同负债——备用金

在合同中约定履行合同后予以退回和可作为应收账款的备抵项、但履约完成后未抵扣则予以退回的预收款项

借：银行存款

　　贷：其他应付款——备用金

② 在合同约定可作为应收账款的备抵项、但履约完成后未抵扣则予以退回的预收款项，在发生抵扣时进行以下核算。

借：其他应付款——备用金

　　贷：应收账款

(2) 收到发票

收到供应商发票后，根据相关核算依据在当期计提应付、确认分包成本金额(非原票原转)，即有受船舶所有人、船舶承租人或船舶经营人的委托，以委托人的名义或者自己的名义向引航费、拖轮费、理货费、装卸费、代理费等政府规费单位支付的成本。

① 原票原转业务

对于供应商发票直接开具船东的业务，公司进行代收代付核算，仅在往来中核算，不计入收入和成本。

借：应收账款——代收款

　　贷：应付账款——代付款

② 非原票原转业务

对于供应商发票开具代理方的业务，公司应在要求对账期内，与船舶靠离港相关的供应商核对应付费用清单时，确认代理收入与船舶使费成本。部分单项履约义务完成的业务在会计期末按照实际发生的成本费用确认成本金额。

由于营改增后国际船舶代理业务免征增值税，所以收到的增值税发票不能抵扣进项税额。

(3) 开具发票与结算

在业务完成后，按协议规定根据与客户对账无误的航次对账单提交开票申请。财务人员开具发票后，根据相关核算依据计提应收并确认船舶代理业务收入金额，包括但不限于为委托人办理船舶进出港口、联系安排引航、拖轮、靠泊和装卸、检验及船东委托事项处理等业务活动而收取的相关代理费手续费及价外费用收入，对于境外委托人(船东或者承运人)可以开具 DEBIT NOTE(收款的一方向缴款的一方开出的票据，也称水单、形式发票，可以理解为催款通知书)不必开具增值税专用发票。

具体的会计处理如下。

① 代收代付运费、进口文件费、进口 THC 费(Terminal Handling Charge，码头操作费用，包括了从船到堆场或堆场到船之间所产生的所有费用，一般包括集装箱装卸费、码头过磅费、拖头使用费、底盘车费、绑扎费等)等业务进行以下核算处理。

借：银行存款

　　贷：应付账款——代收款

② 根据客户完成对账后的对账单，开具发票后进行以下核算处理。

借：应收账款——已开票

　　贷：主营业务收入——已开票(船舶代理费收入/港口使费收入)

　　　　主营业务收入——已开票(延伸服务收入)【若有延伸服务】

　　　　应交税费——应交增值税(销项税额)【可以开具增值税免税发票】

③ 若有运使费互抵业务，进行以下核算。

借：应付账款——代收款

　　贷：应收账款——已开票/代收款

(4) 若代收运费金额大于港口使费金额,支付代收运费差额,进行以下核算。

借:应付账款——代收款(运使费互抵差额)

　　贷:银行存款(运使费互抵差额)

(5) 船舶代理业务收款

借:银行存款

　　合同负债——备用金

　　贷:应收账款——代收款/已开票

若有运使费互抵业务,代收运费金额小于港口使费金额,互抵后差额。

(6) 期末暂估与期初冲销

期末稽核所有已开航但未完成费用关账操作的业务明细清单,财务人员依据相关核算依据暂估当期应确认的收入和成本,下期初冲销暂估。

对于跨自然月的船舶代理业务,根据权责发生制,在服务提供的每月月末,按商务人员稽核通过的预估收支单,暂估核算代理服务当月已完成的单项履约义务的收入和成本。完成所有办理船舶进出港口、联系安排引航、靠泊、装卸和检验以及船东事项等合同约定的单项履约义务、收到和开具发票后,确认已开票收入和成本,并对进销项税进行核算记账。

① 月末暂估收入与成本。

暂估收入

借:应收账款——待开票

　　贷:主营业务收入——待开票(船舶代理费收入)

暂估成本

借:主营业务成本——待开票(港口使费支出)

　　贷:应付账款——待开票

② 下期初,全额冲销待开票收入、成本。

冲销收入

借:应收账款——待开票【红字】

　　贷:主营业务收入——待开票(船舶代理费收入)【红字】

冲销成本。

借:主营业务成本——待开票(港口使费支出)【红字】

　　贷:应付账款——待开票【红字】

【例12-13】 甲国际船舶代理公司,负责船舶在黄骅港的国际船舶代理业务,提供进港清关、船员换班以及代收运费相关服务。2月有如下业务。

(1) 11日,与乙运输公司签订代理合同,乙公司预付100 000元备用金。

收到备用金的核算

借:银行存款　　100 000

　　贷:合同负债——备用金　　100 000

(2) 15 日,乙公司船舶进港,甲公司完成相关船舶代理业务,发送对账单给乙公司,共发生船员换班手续费 34 000 元,引航费 15 000 元,拖轮费 53 000 元,其他杂费 13 000 元,船东代理费 20 000 元。其中,引航费、拖轮费,由相关单位直接开票给乙公司。甲公司转交发票,并就手续费 34 000 元、其他杂费 13 000 元、船东代理费 20 000 元,开具增值税免税发票。

15 日完成代理业务后,需代收代付引航费、拖轮费等,同时需要确认代理收入。

① 代收代付引航费、拖轮费等(原票原转)

借:应收账款——乙(代收款)　　68 000

　　贷:应付账款——引航站("** 轮"引航费)　　15 000

　　应付账款——拖轮公司("** 轮"拖轮费)　　53 000

② 确认收入,开具增值税免税发票(并附明细账单给客户:船东代理费、换班费和其他手续费收入等汇总)

借:应收账款——乙(已开票)　　67 000

　　贷:主营业务收入——已开票(船舶代理费收入)　　67 000

(3) 17 日,与乙公司进行结算,支付剩余款项。

17 日,与乙公司进行货款结算的核算。

借:银行存款　　35 000

　　合同负债——备用金　　100 000

　　贷:应收账款——乙(代收款)　　68 000

　　　　——乙(已开票)　　67 000

(4) 18 日,与丙公司签订代理合同,并约定由甲公司代收代付运费。

该业务,不涉及资金和债权债务,无须做会计处理,合同等资料备案即可。

(5) 25 日,甲公司收到丙公司客户支付的运费 5 000 000 元。

收到代收代付运费的核算

借:银行存款　　5 000 000

　　贷:应付账款——丙(代收款)　　5 000 000

(6) 27 日,丙公司货船到港,甲公司支付拖轮费 10 000 元、引航费 20 000 元,相关发票开具给丙公司。

支付拖轮费、引航费的核算,该业务为原票原转业务。

借:应收账款——丙(代收款)　　30 000

　　贷:银行存款　　30 000

(7) 28 日,甲公司月末核算丙公司业务,暂估收入 15 000 元;暂估已发生的港口使费支出 8 000 元。

月末,暂估收入

借:应收账款——待开票　　15 000

　　贷:主营业务收入——待开票(船舶代理费收入)　　15 000

同时,暂估成本

借：主营业务成本——待开票(港口使费支出)　8 000

　　贷：应付账款——待开票　8 000

3 月，月初冲销

借：应收账款——待开票　[15 000]

　　贷：主营业务收入——待开票(船舶代理费收入)　[15 000]

借：主营业务成本——待开票(港口使费支出)　[8 000]

　　贷：应付账款——待开票　[8 000]

(8) 3 月 2 日，船舶离港，甲公司就装卸费 50 000 元、其他杂费 10 000 元、船东代理费 25 000 元，开具增值税免税发票。并结算货款。

船理离港，涉及开发票并结算货款。

① 开具发票

借：应收账款——丙(已开票)　85 000

　　贷：主营业务收入——已开票(船舶代理费收入)　85 000

② 货款结算

借：应付账款——丙(代收款)　5 000 000

　　贷：应收账款——丙(已开票)　85 000

　　　　　　　　丙(代收款)　30 000

　　　　　　银行存款　4 885 000

12.5.2　货运代理业务收入的核算

1. 货运代理业务的收入确认与计量

货运代理业务，是指接受客户的委托办理进出口报关、仓储、运输等，以及接受客户订舱委托，并向客户确定运价和舱位，还涵盖接货、报关、报检、装箱、贴签、交运、缮制运输单证、货物跟踪查询、信息咨询、费用结算及与前述业务关联的其他业务。内贸业务除进出口环节以外，其他业务与进出口代理业务流程相同。

在货运代理业务完成后，按协议规定根据与客户对账无误的货运代理业务应收清单提交开票申请。财务人员开具发票后，根据相关核算依据计提应收并确认收入金额。

合同开始日，企业应当对货运代理业务签订的合同进行评估，识别该合同所包含的各单项履约义务，货运代理业务中可明确区分的单项履约义务包括订舱服务、报关报检服务、装箱服务、分包航运服务、分包仓储服务等，均应在履行了各单项履约义务的当期分别确认收入。

按照结算时间方式划分，货运代理业务分为即时结算业务、定期结算业务和批次结算业务。在完成合同条款中所约定单项履约义务后，即进口货物抵航或出口货物开航时，业务或商务人员取得业务交付完成单据后确认业务完结，于当月月底前确认货代收入。

货运代理业务收入确认所计量的金额应反映公司因交付服务而预期有权收取的金额。具体金额按照合同确定的计价方式、计价标准确定。当出现以下情况时，应按照相应规定确认收入金额：

(1) 已完成履约义务，按照与客户核对的应收费用清单和发票金额进行收入确认并计量。

(2) 会计期末，未完成和未到结算期的货运代理业务，根据合同约定的具体计费内容，按照预计应收费用明细单等单证中确认已完成的应收费用项目、各项目费率等，暂估收入金额。

2. 货运代理业务收入的会计处理

1) 收备用金，付押金

在合同或协议中，若对客户规定了预收款(如备用金、关税)的条款与要求，依照合同约定，在企业履行合同约定的义务之前，向客户收取的、用于未来业务收款抵扣的相关费用款项在当期确认为合同负债。

对于合同中约定履行合同后予以退回的预收款项，应在当期确认为其他应付款；对于合同中约定可作为应收账款的备抵项、但履约完成后未抵扣则予以退回的预收款项，应在当期确认为其他应付款，若发生抵扣，从其他应付款直接冲抵应收款项。

【例 12-14】 20×1 年上海甲国际货运代理有限公司，承接了乙央企援助非洲赞比亚项目物流服务，合同总额 500 万元人民币分两个批次，第一个批次为在目的港交货，即货物在目的港交付给收货人就算完成交付义务，第二个批次的货物需要将货物送至乙公司目的地工地完成签收才能算运输业务完成。第一个批次于 20×1 年 3 月 1 日在上海港出运，第二批次在 3 月 10 日在上海港完成集货并发运，按照协议约定甲公司可以收取合同金额的 10%作为备用金。

本案例中明确作为业务收款备抵项的预收款，因此可以编制分录。

借：银行存款　　　　500 000

　　贷：合同负债　　　　500 000

如果甲公司与这家央企在合同中约定履行合同后予以退回和可作为应收账款的备抵项但履约完成后未抵扣则予以退回的预收款项，则分录为。

借：银行存款

　　贷：其他应付款——备用金

在合同约定可作为应收账款的备抵项但履约完成后未抵扣则予以退回的预收款项，在发生抵扣时进行以下核算。

借：其他应付款——备用金

　　贷：应收账款

2) 业务完成开具发票

在业务完成后，商务人员按协议规定根据与客户对账无误的货运代理业务应收清单提交开票申请。财务人员开具发票后，根据相关核算依据计提应收并确认收入金额。

【例 12-15】　续【例 12-14】,3 月 25 日上海甲国际货运代理公司完成第一批次的集装箱发运并配送至客户在非洲赞比亚的工地现场,根据与客户完成对账后的应收清单,确认本批次 100 个集装箱,应收 350 万元人民币运费及相关港口、拖车等代理服务收入,其中 50 万元国内陆运拖车服务客户要求开具 6%的增值税专用发票,其余的开具 0%增值税普通发票,第二批次 40 个集装箱代理收入尚未完成运输任务,开具发票后进行以下核算处理。

借:应收账款——已开票(乙央企)　　3 530 000
　　贷:主营业务收入——代理业务收入　　3 500 000
　　　　应交税费——应交增值税(销项税额)　　30 000

3) 财务收款

业务人员按协议规定及时催收款项,财务人员根据与客户的协议合同、发票、双方的对账清单和银行托收单据,办理银行托收手续或直接收款。收款后,按照相关核算依据核销相关应收、合同负债并进行银行账处理。

【例 12-16】　续【例 12-14】,甲公司于 3 月 30 日收到了乙公司支付的费用 303 万元。

借:银行存款　　3 030 000
　　合同负债　　500 000
　　贷:应收账款——已开票(乙央企)　　3 530 000

4) 期末暂估与期初冲销

稽核期末所有未完成服务和已完成服务但未完成费用关账操作的业务明细清单,财务人员依据相关核算依据暂估当期应确认的收入和成本,下期初全额冲销暂估。

对于会计期末未完结的和已完成、跨自然月结算的货运代理业务,根据权责发生制,在服务提供的每月月末,按稽核通过的预估收支单,暂估核算货运代理服务当月已完成的单项履约义务的收入和成本。此时未收到、开具发票,为满足税务管理要求和财税差异统计需求,通过待开票科目全额确认已完成履约义务的收入和成本,同时暂估税金。次月初全额冲销,完成所有订舱、装箱、境内运输、仓储等合同约定的单项履约义务、收到和开具发票后,确认已开票收入和成本,并对进销项税进行核算记账。

特殊的,对于未完结的服务周期长、单一包干、配送到门的货运代理服务,由于此类业务通常在配送到门时,企业才能拥有无条件的收款权。根据《企业会计准则第 14 号——收入》规定,此时企业的收款权利并非仅取决于时间流逝因素,所以应使用“合同资产”科目核算。待整个配送到门服务结束,企业取得无条件收款权时才能使用“应收账款”科目。

【例 12-17】　续【例 12-14】,甲公司第二批次发运的货物 40 个集装箱,预计完成了整个合同要求的 50%。

可以确认的收入为(150 万元×50%=75 万元),分录如下。

(1) 月末暂估收入与成本。

3 月 31 日暂估收入

借:合同资产　　750 000

贷：主营业务收入——代理业务收入 750 000

(2) 下期初,全额冲销暂估收入。

冲销收入

借：主营业务收入——代理业务收入 750 000

贷：合同资产 750 000

【例 12-18】 续【例 12-14】,4 月 15 日,第二批 40 个集装箱发运至工地,客户签收确认。开具全额增值税专用发票向乙央企收款。增值税税率为 0。

借：应收账款——乙央企 1 500 000

贷：主营业务收入——代理业务收入 1 500 000

12.6 船舶管理业务收入的核算

12.6.1 船舶管理业务收入确认与计量

船舶管理业务主要涉及各项航运服务业务,包括海事培训服务、船员劳务派遣、海事技术服务(船舶试航、引航等)。应在船舶管理业务完成协议约定的劳务服务时确认收入。

12.6.2 船舶管理企业收入会计处理

1. 船员劳务派遣

船员劳务派遣是指水运企业通过船员劳务派遣取得收入的业务类型。主要的收入类型包括包干费收入、非包干费收入、管理费收入等。船员劳务派遣同时涉及单个公司派员以及混合派员的经营模式。

(1) 实际派员后,应按月确认包干费收入(即船员租金收入)、非包干费收入(即特殊修理费、清舱费、冗余船员收入等)、管理费收入等。借记“应收账款”科目,贷记“主营业务收入”及“应交税费——应交增值税(销项税额)”等科目。

(2) 如已预收相关款项,应按照客户将“应收账款”与预收的“合同负债”核销,借记“合同负债”,贷记“应收账款”。

(3) 在实际预收下月包干费时,借记“银行存款”,贷记“合同负债账款”。

2. 海事技术服务(引航、试航、带教)

海事技术服务收入包括引航收入(包含带教收入)、试航收入。

(1) 引航业务指为航运公司船舶提供引航服务,引航业务按月确认收入及核销收款。

(2) 试航业务指为船厂检测新船航行性能而提供的试验性航行服务。试航业务在业务完成时确认收入及核销收款。

(3) 带教船长业务指根据船员公司的需求，为培养新船长牢固树立安全航行理念、提升狭水道航行及靠离泊操作技能的实操平台。

确认收入时，应借记“应收账款”科目，贷记“主营业务收入”及“应交税金——应交增值税(销项税额)”等科目。

实际收到款项时，借记“银行存款”科目，贷记“应收账款”科目。

3. 第三方管船业务

第三方管船业务指企业向第三方客户提供船舶管理服务，向船东收取的管理费收入。

管船业务根据船舶管理合同按月确认收入及核销收款。确认收入时，应借记“应收账款”科目，贷记“主营业务收入”及“应交税金——应交增值税(销项税额)”等科目。

实际收到款项时，应借记“银行存款”科目，贷记“应收账款”科目。

本章小结

水运企业营运收入，是指水运企业在日常活动中形成的、会导致所有者权益增加的、与所有者投入资本无关的经济利益的总流入。水运企业典型的营运活动有：航运企业的运输业务(又分为国内运输和国际运输)、码头运营企业装卸堆存港务业务、船舶代理企业的代理业务、船舶管理业务和水运企业物流辅助业务等等，这些都是水运企业的日常活动。

水运企业营运收入具有如下特征：(1)营运收入是与水运企业日常经营活动相关的，收入的发生具有经常性和可预测性等特点；(2)营运收入的实质是水运企业权益的增加，可以表现为资产的增加或者负债的减少；(3)营运收入只代表水运企业本身的经济利益的流入不包括为第三方或客户代收的款项等，如增值税、企业代收代付的各项费用等。

思考题

1. 什么是水运企业营运收入？其主要特征是什么？包括哪些内容？
2. 如何对水运企业营运收入进行确认和计量？
3. 班轮业务收入与非班轮业务收入有什么区别？

练习题

【练习题 1】　练习班轮业务营运收入确认的会计处理

(1) 20×1 年 5 月 20 日，A 航运公司在中美航线上海至旧金山航线“青岛号”轮 201803 航次 8000TEU(标准箱)满载，由其上海口岸代理 B 代理公司接受货主及代理订舱，并收取运费。货轮航行19天，预计在6月9日靠泊旧金山。该航线订舱单价为8 500美元/TEU，80%预付，20%到付。提单在开航后已经签署，A公司与B公司签订有长期协议。

（2）C公司是A公司上海口岸船舶代理企业，代理A公司支付船舶吨税、海关关税和港务费合计285 000美元，口岸港使费374 000美元，协助办理船员看病及调换船员等业务代垫费用人民币5 000元，整个航次代理费包干价85 000美元。

（3）5月份及6月份记账汇率人民币兑美元按照6.5∶1计算。

要求：试编制A公司2021年5月份、6月份营运收入相关会计分录

试编制C公司20×1年5月份营运收入相关会计分录。

【练习题2】 练习非班轮业务营运收入会计处理

20×8年12月1日，甲公司与乙航运公司签订合约，程租一艘6 000吨散货轮运输设备从德国汉堡到青岛港，合同金额24.5万美元，合同约定12月11日在汉堡港装货，装载期2天，航行期间25天。1月12日顺利抵达青岛港，卸货期2天。开航前收取5万美元的押金；开航后支付10万美元预付款，到港卸货前支付全款。1月13日完成卸货，实际卸货时延误支付1.5万美元滞期费。记账汇率人民币总美元按6.5∶1计算。

要求：编制乙航运公司营运收入的会计分录。

【练习题3】 码头装卸业务收入的核算

某航运服务公司甲在上海某码头提供装卸服务。20×1年12月、20×2年1月部分装卸业务相关资料如下。

（1）20日，收到丙客户银行存款支付的预付款15 000元；

（2）28日，完成装卸业务确认100 000元收入，发票暂未开具，收到客户银行存款支付的部分服务费用80 000元；

（3）29日，开具增值税专用发票，税金6 000元；

（4）31日，计提甲公司对丙公司的奖励金30 000元；

（5）次年1月30日，与丙公司结清上年奖励金和28日的往来款项。

要求：编制甲公司营运收入的会计分录。

【练习题4】 码头堆存业务收入的核算

某航运服务公司甲在上海码头提供堆存服务。20×1年4月部分堆存业务相关资料如下。

（1）5日，与客户乙签订合同，收到客户乙的预付款45 000元；

（2）31日，客户乙货物存放在青岛码头未离港，甲确认堆存暂估收入60 000元；

（3）次月1日，冲销暂估收入；

（4）6日，丙公司货物离场，甲确认收入80 000元，暂未开票，剩余货款未付；

（5）7日，开具增值税专用发票，税额4 800元，收取货款。

要求：编制甲公司营运收入的会计分录。

【练习题5】 船舶代理业务收入的核算

甲国际船舶代理公司，负责船舶在黄骅港的国际船舶代理业务，提供进港清关、船员

换班以及代收运费相关服务。5 月有如下业务。

(1) 13 日，收到丙公司预付款 80 000 元，暂未签订合同。

(2) 15 日，收到丙公司客户支付的运费 2 000 000 元。

(3) 28 日，丙公司货船到港，甲公司支付拖轮费 2 000 元、引航费 1 000 元，相关发票开具给甲公司。

(4) 30 日，甲公司月末核算丙公司业务，暂估收入 25 000 元；暂估已发生的港口使费支出 4 000 元。

(5) 5 月 5 日，船舶离港，甲公司就装卸费 25 000 元、其他杂费 15 000 元、船东代理费 45 000 元，开具增值税免税发票。并结算货款。

要求：编制甲公司营运收入的会计分录。

【练习题 6】 货运代理业务收入的核算

20×1 年甲国际货运代理有限公司，5 月货运代理业务资料如下。

(1) 5 月 1 日，承接了乙公司国际物流服务，合同总额 800 万元人民币；共分两个批次，一个批次货物 5 月 2 日从上海港出发，合同约定甲公司将货物运抵目的港交付给收货人就算完成交付义务，合同价格为 380 万元人民币；第二批次的货物，5 月 12 日从上海港出发，合同约定甲公司需要将货物送至乙公司的目的地工地完成签收，才能算运输业务完成，合同价格 420 万元人民币。按照协议约定甲公司可以收取合同金额的 10%作为备用金。

(2) 5 月 21 日，第一批货物运抵目的地，确认 380 万元人民币收入，其中 80 万国内陆运拖车服务需要开具 6%增值税专用发票，其余开具 0%增值税普通发票，货款暂未收到。

(3) 5 月 31 日，第二批货物到港，但是暂未运输至乙公司验收目的地，甲公司暂估收入 400 万元人民币。

(4) 6 月 3 日，第二批货物完成交付，确认收入 420 万元人民币，100 万元开具 6%增值税专用发票，其余开具 0%增值税普通发票，收取货款。

要求：编制甲公司营运收入的会计分录。

第 13 章

营运费用

学习目标

- 了解费用的概念及特征
- 了解水运企业营运费用的分类
- 掌握水运企业营运费用的核算规则
- 掌握水运企业营运费用的会计处理

13.1 营运费用概述

13.1.1 营运费用的定义

费用是企业在日常活动中发生的、会导致所有者权益减少的、与向投资者分配利润无关的经济利益的总流出。水运企业的日常活动,是指水运企业为完成其经营目标所从事的营运活动以及与之相关的活动,如航运企业的运输业务、码头服务企业的装卸、堆存活动等。

水运企业的营运费用,是水运企业为了获取运输收入、装卸收入、堆存收入、代理收入、船舶管理收入等,在提供运输、装卸、堆存、代理、船舶管理等劳务过程中发生的、会导致所有者权益减少的、与向投资者分配利润无关的经济利益的总流出。

13.1.2 营运费用的分类

根据费用的发生与业务的关系,营运费用包括经营业务成本和期间费用两大类。

1. 经营业务成本

构成经营业务成本的费用是指企业为从事经营业务活动而发生的各种耗费。这些费用应当计入业务成本,所以也称为营运成本。经营业务成本可以按不同标准进行分类。

(1) 按经济性质分类

经营业务成本按经济性质可分为劳动对象、劳动手段和活劳动消耗三大类,主要项目包括职工薪酬、材料、燃料、动力、折旧费、修理费、租赁费、保险费、码头服务费、装卸费、代理费等。

构成营运成本的费用按照经济性质进行分类,可以反映企业在一定时期内发生了哪些营运费用,数额各是多少,用以分析企业各个时期各种费用占整个费用的比重,有利于编制费用预算和控制费用支出。

(2) 按经济用途分类

经营业务成本按经济用途进行分类,包括直接费用和需要分摊计入的间接费用,这些费用项目构成了各种营运业务的成本项目。航运业务成本项目包括航次运行费用、船舶固定费用、船舶租费、舱(箱)位租费、集装箱固定费用、集装箱空箱调运费用,码头服务业务成本项目包括装卸直接费用、堆存直接费用、港务管理直接费用、营运间接费用。

(3) 按计入成本的方法分类

按费用计入成本的方法不同,可把费用分成直接费用和间接费用两类。

可以直接计入某项业务成本的费用称为直接费用。上述航次运行费用、船舶租费、舱(箱)位租费、装卸直接费用、堆存直接费用等项目一般作为各类营运业务成本的直接费用;

需要按照某种标准分摊到不同业务成本的费用称为间接费用。船舶固定费用、船舶共同费用、集装箱固定费用、集装箱空箱调运费用、船舶维护费用、营运间接费用项目一般作为各类营运业务成本的间接费用。此外水运企业的辅助营运费用(包括辅助船舶费用和辅助生产费用)就营运业务而言,也应视作营运业务成本的间接费用。

直接费用和间接费用的划分是相对而言的,不是绝对的、一成不变的,它根据成本核算对象的分类粗细而相应变化。如码头服务企业装卸队、机械队的费用,对整个装卸业务来说,是装卸业务的直接费用。但如果按码头、按泊位、按货种、按操作过程分别计算装卸业务成本,那么装卸队、机械队的不少费用就成为营运间接费用,需要在不同的成本对象之间按一定的方法进行分配。

成本计算对象确定后,营运业务成本中直接费用的比重越大,则成本计算的精确性就越高。因此在成本核算对象确定后,要认真区分直接费用和间接费用,凡能直接计入某项业务成本的直接费用应尽可能直接计入。同时,合理的选择间接费用的归集和分配方法,也是提高成本核算准确性的一个重要条件。

2. 期间费用

期间费用是指不能直接归属于某项营运业务成本的费用,包括销售费用、财务费用和管理费用。期间费用在发生的当期应全部转入损益。

13.2 营运费用的确认

13.2.1 确认费用的会计基础和基本原则

费用确认要研究和解决应归属于哪个会计期间，应归属何种产品、何项营运业务，应归属哪个成本计算对象或哪个成本费用中心等问题。作为研究这些问题的基础，这里分别论述确认费用的会计基础和基本原则。

1. 确认费用的会计基础

确认费用应当以权责发生制为会计基础。权责发生制以责任的发生为基础来确认费用的发生，只要发生了应该承担的责任，不管该项费用何时支付，均确认为责任发生当期的费用。如水运企业发生船损、机损、货损或人身伤亡事故，事故发生后，企业必然要承担事故的处理费用，事故的处理是一个漫长的过程，事故费用的支付也是断断续续漫长的过程，但该项事故损失费用按权责发生制原则应确认为事故发生当月或当年的费用支出，并计入事故发生当月或当年的有关业务成本。

2. 确认费用的基本原则

（1）配比原则

配比原则是指企业取得的营业收入要与取得此项收入所发生的费用相配合，以正确计算经营业务的损益的原则。遵循配比原则，对发生的费用要分成两类。一类是构成产品成本或劳务成本的费用，在产品制造或劳务提供过程中发生，但只有在产品销售收入或劳务收入实现后才能确认为当期主营业务成本，与该期间的主营业务收入相配比。另一类是期间费用，应归属一定的会计期，在责任发生的当期便确认为费用。

（2）区分收益性支出与资本性支出的原则

收益性支出是指为了取得当期的收益而发生的支出，如支付的码头服务使费、发放的工资、福利费等。资本性支出是指不仅为了本期盈利，而且可以在以后多个会计期间为企业获利的支出，如企业购置固定资产、无形资产等支出，属于资本性支出项目。对于资本性支出，不能在支出当期全部作为费用处理，而应在受益期内逐步转为费用。

（3）受益原则

受益原则是指费用应根据受益期间和受益对象予以确认的原则。如水运企业支付的船舶等资产的保险费，一般一次支付全年或半年费用，但受益期是全年或半年，因此遵循受益原则应按月确认保险费用支出。遵循受益原则，企业发生的辅助营运费用、营运间接费用应分配计入有关月份、有关业务的成本，确认为该期、该项业务的费用。

（4）谨慎原则

谨慎原则要求企业对交易或者事项进行会计确认、计量和报告时应当保持应有的谨慎,不应高估资产或者收益、低估负债或者费用。当企业资产的可收回金额低于其账面价值,也就是资产发生减值时,原则上都应当及时加以确认和计量。水运企业在有关费用的确认程中应注意谨慎原则的应用,包括应收账款坏账损失的估计;固定资产折旧年限和残值的估计;无形资产的确认、计价和摊销;事故损失费用的估算;已完航次未达成本费用的预估等。

13.2.2　经营业务成本的确认

经营业务成本是指企业为取得营运业务收入而发生的各种耗费。可分为以下三类。

1. 直接费用

直接费用包括航运业务发生的航次运行费用,码头服务业务发生的装卸直接费用,堆存直接费用和港务管理直接费用等。直接费用与运输周转量、装卸吞吐量、货物堆存量等劳务作业数量直接相关,均应当在确认劳务收入的同时,确认为该期或该航次的费用。

2. 固定费用

固定费用包括航运业务发生的船舶固定费用、船舶共同费用、集装箱固定费用、集装箱空箱调运费用等。固定费用在一定生产规模下与运输周转量的大小不直接相关,而与航次时间长短有关。因而固定费用需按会计核算期予以确认,并按一定的标准(如已完航次和未完航次直接费用的比例)分配计入航次运输成本。

3. 非营运期间的费用

非营运期间的费用指航运业务发生的船舶非营运期费用和内河码头服务业务封冻期间发生的费用。非营运期间费用虽然是为获取营运收入而发生的,但与营业收入的实现并无明显的关系,因此一般在发生时即可确认费用,与当期营运收入相配比。

如果企业全部船舶、全部码头都进入非营运期,如内河进入封冻期,航运业务和码头服务业务都无法经营,则封冻期间发生的费用归集后须按月计入营运期间,确认为营运期费用的一部分,与营运期取得的营运收入相配比。

13.2.3　期间费用的确认

水运企业的期间费用包括销售费用、管理费用和财务费用。销售费用和管理费用都是为获取营业收入所发生的间接费用,与营业收入的实现均无明显的关系,因此都在发生时即可确认,直接记入当期损益。

企业发生的利息支出、汇兑净损失以及向金融机构支付的有关手续费与企业取得的营业收入没有直接关系，因此一般也在发生时予以确认。但应把握好以下几个问题。

（1）明确此类费用发生的时间。发生在筹建期间的，应确认为筹建期间费用，直接计入管理费用；可直接归属于符合资本化条件的资产的构建或者生产的，应当予以资本化；发生在清算期间的，确认为清算费用；发生在经营期间的，确认为财务费用。

（2）明确此类费用发生的原因。企业经营期间因需要经过长时间的购建或者生产活动才能达到预定可使用或者可销售状态的固定资产、投资性房地产和存货等资产等资本性支出举债发生的利息支出、汇兑净损失及金融机构手续费，在资产尚未交付使用前，应计入相关资产的成本。

（3）明确此类费用确认的时间。利息支出虽然按季或按年支付，但一般应按月确认；汇兑损失一般应按月确认，或在外汇买卖发生时确认；金融机构手续费一般应在发生时予以确认。

13.3 航运业务成本的核算

13.3.1 航运业务成本的计算对象、计算单位与计算期

1. 成本计算对象

航运业务成本的计算对象为：

（1）运输综合业务成本，以企业的旅客、货物运输业务为成本计算对象；

（2）客、货运的运输业务成本，以客运、货运（包括集装箱、干散货、油运等）业务为成本计算对象；

（3）单船（或船舶类型）成本，以不同的船舶（或船舶类型）的运输业务为成本计算对象；

（4）航次运输业务成本，以经营船舶航次的运输业务为成本计算对象；

（5）航线运输业务成本，以经营船舶航行的不同区域、线路的运输业务为成本计算对象。

2. 成本计算单位

航运业务成本的计算单位如下。

（1）运输综合成本计算单位为“千换算吨海里（公里）”；

（2）客运成本计算单位为“千人海里（公里）”；

（3）货运成本计算单位为“千吨海里（公里）”。

3. 成本计算期

航运业务应以航次作为成本计算期。内河航运业务由于航程短，一般以会计期作为

成本计算期。

作为成本计算期的航次，是指一个载货（客）单程航次。若单程空航，则以一个往返航次为一个成本计算期。航次时间的划分，根据运输生产统计办法的规定。

企业应按会计期汇总计算航运业务成本。以航次作为成本计算期的，自航次开始日起至结束日止航次期内所发生的全部营运支出，一般计算为各航次结束日所在会计期的成本。

13.3.2　航运业务的成本项目

航运业务成本项目包括航次运行费用、船舶固定费用、船舶租费、舱（箱）位租费、集装箱固定费用、集装箱空箱调运费用。

1. 航次运行费用

航次运行费用，是指船舶在运输生产过程中发生的直接归属于航次负担的费用。航次运行费用分设以下明细项目，归集有关营运支出。

（1）燃料费，是指船舶在营运期内航行、装卸、停泊等时间内耗用的全部燃料费用。

（2）码头服务费，是指船舶在营运期内进出码头服务、航道、停泊港内所发生的各项费用，如引水费、停泊费、拖轮费、围油栏费、油污水处理费、船舶代理费、运河费、海峡费、灯塔费、船舶吨税、海关检验费、检疫费、移民局费用等。

（3）货物费，是指船舶载运货物所发生的应由船方负担的业务费用，如装卸费、使用码头服务装卸机械费、理货费、开关舱、扫舱、洗舱、验舱、烘舱、平翻舱、货物代理费、货物检验费、货物保险费等。

（4）集装箱货物费，是指船舶载运集装箱所发生的应由船方负担的业务费用，如集装箱装卸费、集装箱站场费用、集装箱货物代理费用等。

（5）中转费，是指船舶载运的货物到达中途码头服务换装其他运输工具运往目的地、在码头服务中转时发生的应由船方负担的各种费用，如汽车接运费、铁路接运费、水运接运费、驳载费等，但不包括由本企业船舶承运后在境外改由其他运输企业承运所发生的中转费。

（6）客运费，是指船舶为运送旅客而发生的业务费用，如旅客生活设备生活用品费、旅客医药支出、客运代理费等。

（7）垫隔材料费，是指船舶在同一货舱内装运不同类别货物需要分票、垫隔或装运货物需要防止摇动、移位以及货物通风需要等耗用的木材、隔货网、防摇装置、通风筒等材料费用。

（8）速遣费，是指有装卸协议的船舶，码头服务或代理单位提前完成装卸作业，按照协议支付的速遣费用。

（9）事故损失费，是指船舶在营运生产过程中发生海损、机损、货损、货差、火警、污染、人身伤亡等事故的费用，包括施救、赔偿、修理、诉讼、善后等直接损失费用。

（10）航次其他运行费用，是指不属于以上各项费用但应直接归属于航次负担的其他费用,如淡水费、通讯导航费、交通车船费、邮电费、清洁费、国外码头服务招待费、航次保险、领事签证、代理行费、业务杂支、冰区航行破冰费等。

2. 船舶固定费用

船舶固定费用,是指为保持船舶适航状态所发生的费用。船舶固定费用分设以下明细项目,归集有关营运支出。

(1) 职工薪酬,是指在航船员的各类工资、津贴、奖金、补贴、航行津贴等按有关规定由成本列支的工资性费用,按比例提取的医疗保险、养老保险、企业年金、失业保险、工伤保险和生育保险等社会保险费,以及职工福利费、住房公积金、工会经费、教育经费、非货币性福利等人工费用。

(2) 船员伙食费,是指在船船员发生的伙食费。

(3) 润料,是指船舶耗用的各种润滑油剂。

(4) 物料,是指船舶在运输生产中耗用的各种物料、低值易耗品。

(5) 船舶折旧费,是指按确定的折旧方法按月计提的折旧费用。

(6) 船舶修理费,是指已完工的船舶实际修理费支出、日常维护保养耗用的修理料、备品配件等。

(7) 保险费,是指向保险公司投保的各种船舶险、运输船员的人身险以及意外伤残险所支付的保险费用。

(8) 船舶非营运期费用,是指船舶在非营运期(如厂修、停航、自修、事故停航等)内发生燃料费、码头服务费等有关支出,具体包括,

① 燃料,是指船舶非营运期内耗用的燃料。

② 码头服务费用,是指船舶非营运期内靠泊码头服务所发生的费用。

③ 其他非营运期费用,是指船舶非营运期内发生的不属于以上各项的费用。

(9) 船舶共同费用,是指企业所有运输船舶共同受益,但不能分船直接负担,需经过分配由各船负担的费用,具体包括:

① 职工薪酬,是指替补公休船员、后备船员、培训船员等按规定支付的工资、津贴、奖金、补贴等工资性费用,以及社会保险费、职工福利费、住房公积金、工会经费、教育经费、非货币性福利等。

② 船员服装费,是指按规定向船员发放制服的费用和零星服装补助费。

③ 船员差旅费,是指船员因报到、出差、调动、公休、学习、探亲、国外就医等发生的差旅费。

④ 文体宣传费,是指用于船员文体活动而购置的书报杂志、电影片、录像带、录音带、幻灯片、体育用品等的费用及相应物品的租费。

⑤ 单证资料费,是指船舶营运中应用的客运票据、货运提单、仓单、海图及航海图书、技术业务资料及各项船用单证等的购置、印刷、寄递等费用。

⑥ 电信费,是指船舶与管理部门通过电台、卫星、高频电话等通信联络而发生的通信费用。

⑦ 研究试验费，是指应用于船舶的科学研究、技术开发而发生的、不构成固定资产的费用，以及购置样品、样机、测试仪器、制作模型等的费用。

⑧ 专有技术使用费，是指引进不属于无形资产性质的船舶专有技术所支付的使用费或转让费。

⑨ 营运间接费用，是指企业营运过程中所发生的不能直接计入运输成本计算对象的各种间接费用。包括企业各个分公司或船队为组织和管理运输生产所发生的运输生产管理人员职工薪酬、折旧费、租赁费（不包括融资租赁费）、材物料消耗、低值易耗品、取暖费、水电费、办公费、差旅费、运输费、保险费、设计费、试验检查费、劳动保护费以及其他营运间接费用。

⑩ 其他船舶共同费用，是指不属于以上各项的其他船舶共同费用，如船员体检费、签证费、考证费、国外医疗费、特殊船员（油轮）疗休养费的费用，以及船舶技术改进和合理化建议奖、油料化验费、护航武器弹药等。

(10) 其他船舶固定费用，是指不属于以上各项的其他船舶固定费用。如船舶证书费、船舶检验费、船员劳动保护费等。

3. 船舶租费、舱(箱)位租费

船舶租费、舱（箱）位租费，是指企业租入运输船舶或舱（箱）位营运，按规定应支付给出租人的租费。船舶租费或舱（箱）位租费分设以下明细项目，归集有关营运支出。

(1) 期租费，是指在期租形式下，企业按租约规定，在租船起讫期限内按期支付的租金。

(2) 程（航次）租费，是指在程（航次）租形式下，企业按租约规定自接船码头服务起至还船码头服务止支付的租费。

(3) 光租费，是指在光租形式下，企业按租约规定，在租船起讫期限内按期支付的租金。

(4) 舱（箱）位租费，是指企业按租约规定按期支付约定舱（箱）位数的租费。

4. 集装箱固定费用

集装箱固定费用，是指企业自有或租入的集装箱及其底盘车在营运过程中发生的固定费用。集装箱固定费用按集装箱费用和底盘车费用两部分，分别设置明细项目，归集有关营运支出。

(1) 集装箱费用

① 空箱保管费，是指空箱存放在自有堆场或码头服务站场而支付的堆存费、检验费、整理起吊费、整理拖运费等。

② 集装箱折旧费，是指自有集装箱根据原值和规定的折旧率按月计提的折旧费。

③ 集装箱修理费，是指自有集装箱厂修费用、零配件购置费、站场零星修理费等。

④ 集装箱保险费，是指向保险公司投保自有集装箱财产险而支付的保险费。

⑤ 集装箱租费，是指租入集装箱按租箱合约规定按期支付的租金及其租约规定的还

箱时的修复费用、还箱手续费、起吊费等。

⑥ 底盘车费用分摊，是指按规定由使用底盘车的集装箱分摊负担的底盘车费用。

⑦ 其他集装箱固定费用，是指不属于以上各项的其他集装箱固定费用，如滞期费、清洁费、检疫费、熏箱费、铅封及标志费等。

(2) 底盘车费用

① 底盘车保管费，是指自有底盘车存放在自有堆场或码头服务站场而支付的费用。

② 底盘车折旧费，是指自有底盘车根据原值和规定的折旧率按月计提的折旧费。

③ 底盘车修理费，是指自有底盘车厂修费用、零配件购置费、站场零星修理费等。

④ 底盘车保险费，是指向保险公司投保自有底盘车财产险而支付的保险费。

⑤ 底盘车租费，是指租入底盘车按租车合约规定按期支付的租金及其租约规定的还车时修复费用等。

⑥ 其他底盘车固定费用，是指不属于以上各项的其他底盘车固定费用。

5. 集装箱空箱调运费用

集装箱空箱调运费用，指调运集装箱空箱所发生的费用，包括集装箱空箱保管费、陆路运输费以及其他集装箱空箱调运费用。空箱保管费指空箱存放在堆场或港口站场而支付的堆存费、检验费、装卸费等；陆路运输费指空箱在内陆调运而发生的费用；其他空箱调运费指发生的不属于上述两项的空箱调运费用。

从事内河航运的企业，由于航程短，成本项目相对简化，成本项目可以划分为：船舶运行费用(包括航次运行费用和船舶固定费用)、船舶维护费用、集装箱固定费用、船舶租费等。

船舶维护费用，是指有封冻、枯水等非通航期的企业在非通航期发生，但应由通航期运输成本负担的船舶维护费用。船舶维护费用分设以下明细项目，归集有关营运支出：职工薪酬、燃料、材料、保卫费、破冰费和其他费用。

13.3.3 航运经营业务费用的归集及账务处理

1. 船舶不同营运方式下营运费用的分担

航运业务分为班轮与非班轮业务二大类，航运业务的费用按照业务类型和核算方式的不同又可以分为班轮业务费用和非班轮业务费用。非班轮业务费用包括液体散货运输、干散货运输、特种船舶运输等发生的费用，涉及程租、期租等多种经营模式。

船舶不同营运方式下营运费用的分担方见表 13-1 所示。

企业与一个(含)以上运输企业合作经营某航线，各自配置若干船舶，相互租用合作方船舶一定数量箱位，或者己方不投入船舶而租用合作方一定数量箱位时：租入箱位的一方，应负担所承运集装箱的货物费、货物保险费(指在货主投保以外、由承运单位负担的保险费和兵险费等)、货损货差损失、集装箱固定费用等集装箱运输的各项业务费用，以及合约规定箱位数的租费。

表 13-1　船舶不同营运方式下营运费用的分担

营运方式		定期船(班轮)		不定期船			
				程租		期租	
经营管理	任命船长	船舶所有人任命		船舶所有人任命		船舶所有人任命	
	承运人	船舶所有人		船舶所有人		承租人	
	承运货物	部分舱位订舱		整船或部分舱位		整船舱位	
运费		根据运价表按货物数量计收		根据租船合同协议费率按货物数量计收		根据租船合同协议按租期计收	
营运费用的分担		船舶所有人负担	承租人负担	船舶所有人负担	承租人负担	船舶所有人负担	承租人负担
		船员工资、伙食		船员工资、伙食	* 装卸费	船员工资、伙食	燃料
		维护和修理		维护和修理	* 垫舱物料	维护和修理	港口费
		物料供应及装备		物料供应及装备		物料供应及装备	装卸费
		润滑油		润滑油		* 润滑油	洗舱费
		淡水		淡水		淡水	垫舱物料
		保险		保险		保险	压舱物
		检验		检验		检验	* 淡水
		经常费用		经常费用		经常费用	代理费
		折旧		折旧		折旧	* 索赔的一部分
		燃料		燃料		佣金	
		港口费		港口费		索赔	
		装卸费		* 装卸费			
		洗舱费		洗舱费			
		垫舱物料		* 垫舱物料			
		压舱物		压舱物			
		代理费及佣金		代理费及佣金			
		索赔		索赔			

注：有 * 号的应根据租船合同条件办理。

企业如为租入箱位的一方，应按上述费别负担有关费用，按实际装运的集装箱数核算运输业务成本。企业如为出租箱位的一方，应从该船该航次全部业务成本中扣除箱位出租成本后，核算集装箱运输业务成本。

2. 账户设置

营运费用核算的目的是根据营运费用的性质和用途把其归集到各项营运业务支出，为计算各项营运业务成本提供依据。为了归集各类营运费用，企业一般应设置相关的成本费用账户。

从成本计算的需要出发,航运业务成本应设置的核算科目有运输成本、船舶固定费用、船舶共同费用、集装箱固定费用、集装箱空箱调运费用、辅助营业费用、营运间接费用等。

（1）运输成本

“运输成本”科目核算航运业务运输过程中发生的各项费用,设置航次运行费用、船舶固定费用、集装箱固定费用、集装箱空箱调运费用等成本项目,其中航次运行费用直接记入“运输成本”科目。航次运行费用是指航运业务发生的直接归属于船舶航次或会计期间的费用,包括燃料费、码头服务费、货物费、集装箱货物费、中转费、客运费、垫隔材料费、速遣费、事故损失费、航次其他费用等。企业根据运输业务特点,可按船舶、按航次开设成本明细账,进行明细核算。

（2）船舶固定费用

“船舶固定费用”科目核算计算航次成本的航运业务为保持船舶适航状态所发生的费用,包括职工薪酬、船员伙食费、润料、物料、船舶折旧费、船舶修理费、保险费、船舶共同费用分摊、船舶非营运期费用以及其他船舶固定费用。

本科目包括的船舶租费是指租入船舶经营,定期租船支付的船舶租费与属于经营租赁的光租船支付的船舶租费。

船舶非营运期费用是指船舶在厂修、坞修、停航自修、无货停航、事故停航以及为修理目的空驶至异地船厂等非营运期内发生的费用,包括码头服务费用、燃料费用以及其他非营运期费用。对于船舶非营运期费用,在发生时根据原始凭证或成本计算表编制记账凭证,直接记入本船船舶固定费用明细账“船舶非营运期费用”栏目内;或先将不包括非营运期费用的船舶固定费用按日历天比例分配计入船舶各航次成本、出租成本和本船非营运期费用,然后计算全部非营运期费用(燃料、码头服务费用、其他非营运期费用和分配记入的本船固定费用之和),按当年营运天数分配记入本船各航次成本和出租成本。

本科目应按单船设置明细账,并按规定的费用项目进行明细核算。期末分配结转到“运输成本”账户,结转后没有余额。

（3）船舶共同费用

“船舶共同费用”科目核算计算航次成本的航运业务的运输船舶发生但须经分配后由船舶共同负担的各项费用,包括职工薪酬、船员服装费、船员差旅费、文体宣传费、单证资料费、电信费、研究试验费、专有技术使用费以及其他船舶共同费用等。

本科目应按费用项目设置明细账,进行明细核算。期末,通常按各船的营运艘天、吨天或其他比例进行分配,分配转入各船的“船舶固定费用——船舶共同费用”科目,期末结转后无余额。

（4）集装箱固定费用

“集装箱固定费用”科目核算航运业务所发生的集装箱固定费用,包括集装箱和底盘车的空箱保管费、折旧费、修理费、保险费、租费等。

本科目应按航线(有条件的企业还应分别箱型)设置明细账,并按规定的费用项目进行明细核算。期末分配结转到“运输成本”账户,结转后没有余额。

(5) 集装箱空箱调运费用

“集装箱空箱调运费用”科目核算航运业务所发生的集装箱卸空以后空箱调运的各项费用,包括集装箱空箱保管费、陆路运输费以及其他集装箱空箱调运费用。本科目分别设置明细账,归集有关营运支出。期末分配结转到“运输成本”账户,结转后没有余额。

(6) 辅助营运费用

“辅助营运费用”科目核算航运业务发生的辅助船舶费用和辅助生产部门生产产品和供应劳务所发生的辅助生产费用。辅助船舶费用是指企业辅助营运部门为营运生产服务的拖轮、驳船、浮吊、供应船、交通船等辅助船舶发生的各项费用支出;辅助生产费用是指企业所属的机修车间、工具车间、供水、供电、供汽车间、养护队、航修站等辅助生产部门为营运生产提供产品和劳务所发生的各种费用。

本科目应按“辅助船舶费用”和“辅助生产费用”设置明细账,并按规定的费用项目进行明细核算。期末按受益对象分配,结转后没有余额。

(7) 营运间接费用

“营运间接费用”科目核算航运业务所发生的不能直接计入成本核算对象,又不能归属期间费用核算范围的各项费用支出。企业内部实行独立核算的车站、车队、装卸队、自营港埠以及不实行独立核算的专设业务机构所发生的费用都可以在本科目核算。

本科目应按照发生费用的不同部门设置明细科目,并分别按费用项目设置专栏进行明细核算。期末,将当期实际发生数按受益对象进行分配,结转后没有余额。

3. 核算程序

航运业务成本的直接费用项目和需要间接分摊的费用项目,其账户处理的流程可以归集如图 13-1 所示。

期末,已完航次未达费用按照船舶行驶航线、运输量、货种、所挂靠港口的作业情况,依据在各港口的费率标准、装卸量、运输条款、汇率等,估算航次运行费用,列入该会计期间该航次的成本。

月末,对于未完航次应负担的燃油费用、港口使费、运输佣金等船舶运行费用应按照合同的履约进度进行确认,将船舶离港时计入当期损益的整个航次成本已确认金额先全部转出,再按照整个航次成本预计总额乘以履约进度确认当期损益(下月初,将按履约进度确认的航次成本进行冲销,并将船舶离港时预估的整个航次成本转回);对于当期完成的船舶营运航次,应当按照实际航次总航次运行费用已预估的金额,确认为当期损益金额。

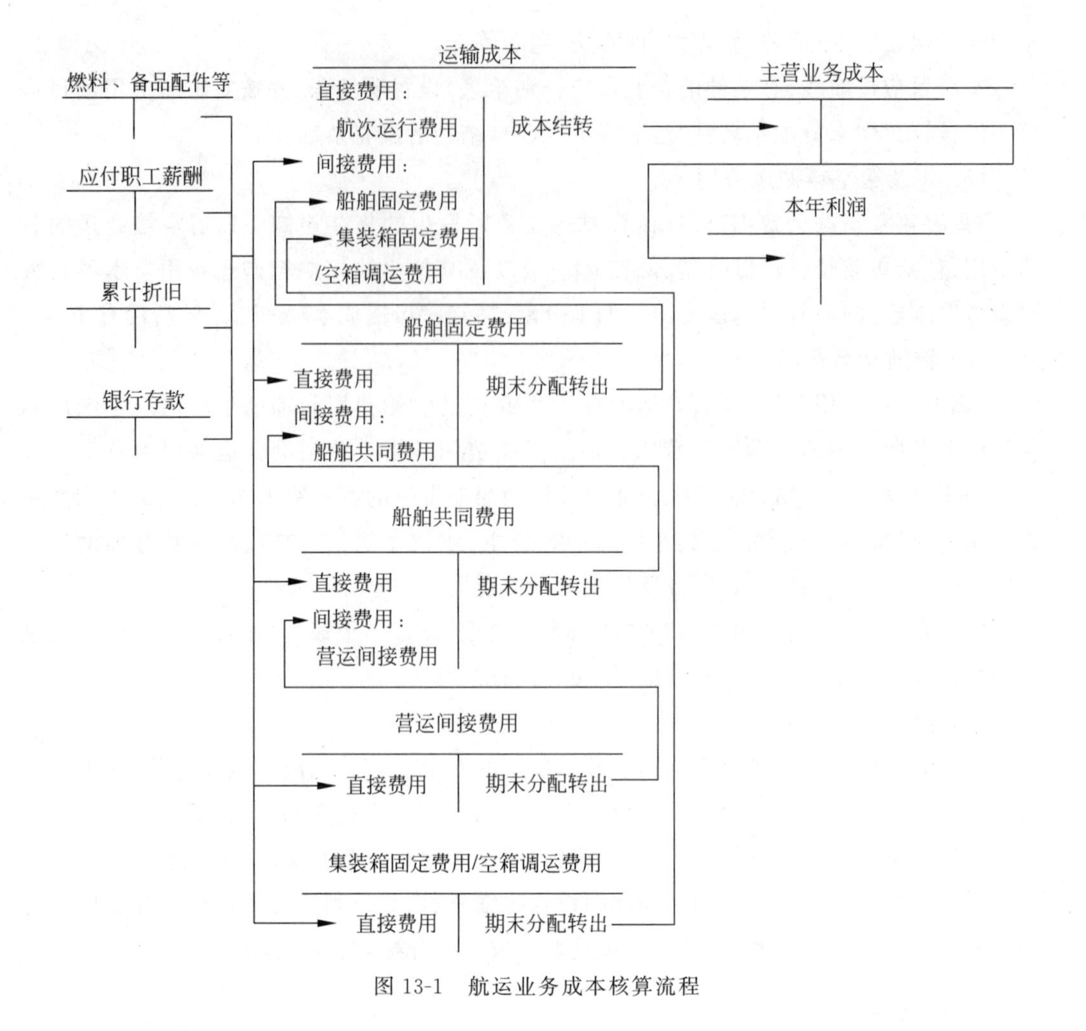

图 13-1 航运业务成本核算流程

4. 航运业务成本的明细核算

运输企业应当按照每一运输船舶、每一营运航次，分别设置航次成本明细账或明细卡。企业如租入外单位船舶或舱（箱）位营运，也应同样为在租用期内的每一航次，设置成本明细账。

航次成本明细账应详细记载该航次运营资料，包括航次序号、行驶航区（线）、航次起止时间、挂靠码头服务名称及到离港时间、航行里程、到目的港及沿途挂靠码头服务的运量（装卸量）、燃料补给量与耗用量，以及其他成本管理需要的航次运营资料。

航次内发生的各项运行费用直接记入该航次成本明细账，各项分配性费用于航次结束时按规定分配记入。若办理会计决算时，代理单位尚未将该会计报告期内已完航次的运行费用账单寄达，可根据代理单位电传或估算单，或根据船舶、航运调度部门提供的资料，按照船舶行驶的航线、运输量、货种、运输条款、所到码头服务作业情况和费率标准、船舶各类定额汇率等，计算有关运行费用，由财务会计部门入账。

已完航次的航次成本明细账，应及时结算，计算出航次总成本和单位成本，以备随时提供。

13.3.4 航运业务各项间接费用的分配

在明确了运输业务的成本项目之后，间接费用分配的程序与方法，是航运业务成本核算的主要问题。

1. 营运间接费用的分配

营运间接费用应按受益对象的直接费用比例计算分摊，分别计入各受益对象的营运业务成本。计算公式为

营运间接费用分配率＝应由相关营运业务成本负担的营运间接费用／各受益对象的直接费用总额

某受益对象成本应负担该受益对象营运间接费用＝该受益对象直接费用×营运间接费用分配率

运输企业也可以根据实际情况自行确定营运间接费用的分配方法。

月终，企业应将发生的营运间接费用分摊完毕，不留余额。

2. 船舶共同费用的分配

船舶共同费用在期末通常按各船的营运艘天、吨天或其他比例进行分配，编制“船舶共同费用分配表”，分配转入各船的“船舶固定费用——船舶共同费用”科目。船舶共同费用分配计算的公式为

$$\text{船舶共同费用分配率}=\frac{\text{当期共同费用总额}}{\sum \text{船舶营运艘天数(吨天)}}$$

某船舶固定费用应负担船舶共同费用数＝该船营运艘天（吨天）×船舶共同费用分配率

船舶共同费用月末分配后，没有余额。分摊于各船舶的船舶共同费用随同船舶固定费用按月分配计入船舶的各航次成本或出租成本。

【例13-1】 20×1年1月，甲航运公司发生船舶共同费用共计72 000元，本月，A船营运天数为30天，B船营运天数为26天，C船营运天数为24天。

船舶共同费用分配率＝当期共同费用总额/$\left(\sum \text{船舶营运艘天数}\right)$＝72 000÷(30＋26＋24)＝900元/艘天数

A船分配共同费用＝900×30＝27 000(元)

B船分配共同费用＝900×26＝23 400(元)

C船分配共同费用＝900×24＝21 600(元)

借：船舶固定费用——A船　　27 000
　　　　　　　　——B船　　23 400
　　　　　　　　——C船　　21 600
　贷：船舶共同费用　　72 000

3. 船舶固定费用的分配

对于船舶固定费用，按每一在册船舶设置明细账，归集和核算有关营运支出，按月结算。如果企业租入按合同需要负担固定费用的船舶（如光租），应视同自有船舶，设置明细账，归集有关营运支出并结算。

企业应为每一在册船舶（包括租出船舶）编制年度固定费用预算（包括分配记入固定费用的各项分配性费用），并按该船全年计划营运天数，计算出每营运天固定费用，作为计划分配率。船舶每一航次结束，或出租届临月终，根据该航次实际营运天数、当月出租天数，按照计划分配率计算应列入航次成本或出租成本的固定费用。船舶固定费用的分配计算公式为：

$$某船固定费用计划分配率=\frac{该船全年固定费用预算数}{该船全年计划营运天数}$$

某船某航次应负担固定费用数＝该船该航次实际营运天数×该船固定费用计划分配率

该船某出租月份应负担固定费用数＝ 该船该月实际出租天数×该船固定费用计划分配率

如果企业出租部分舱（箱）位，应按出租舱（箱）位占该船舱（箱）位总数的比例，计算舱（箱）位出租成本应负担的固定费用。分配计算公式为

$$\begin{aligned}&舱（箱）位出租成本应负担的固定费用\\&=该船该航次实际营运天数\times\frac{出租舱（箱）位数}{该船舱（箱）位总数}\times该船固定费用计划分配率\end{aligned}$$

年终决算时，企业应按各船实际发生的固定费用数和实际营运天数，调整原已列入各船有关航次的计划分配数。船舶固定费用经过年终按实际数分配调整后，不保留余额。

船舶固定费用也可按实际营运天数进行分配。

【例 13-2】 20×1 年，甲航运公司有"瞭望号"和"希望号"两艘船舶，相关资料如表 13-2 所示。

表 13-2 "瞭望号"和"希望号"的船舶固定资料　　单位：天

	"瞭望号"	"希望号"
船舶固定费用	23 058 000 元	36 459 000 元
营运天数	360 天	300 天
对外出租天数	20 天	30 天

“瞭望号”每营运天固定费用＝23 058 000÷360＝64 050 元／营运天

航次运行承担船舶固定费用＝64 050×340＝21 777 000 元

出租业务承担船舶固定费用＝64 050×20＝1 281 000 元

“希望号”每营运天固定费用＝36 459 000÷300＝121 530 元／营运天

航次运行承担船舶固定费用＝121 530×270＝32 813 100 元

出租业务承担船舶固定费用＝121 530×30＝3 645 900 元

借：运输成本——“瞭望号”(航次)　　21 777 000
　　其他业务成本　　1 281 000
　　贷：船舶固定费用　　23 058 000

借：运输成本——“希望号”(航次)　　32 813 100
　　其他业务成本　　3 645 900
　　贷：船舶固定费用　　36 459 000

4. 船舶租费、舱(箱)位租费的分配

船舶租费包括程租费和期租费。程租费按船舶航次计入航次结束月度的单船成本，期租费按航次日历天数分摊计入有关航次成本。分配计算公式为

某租入船舶某航次成本应负担租费＝该航次实际营运天数×每天租费

航次跨年度时，按会计核算年度日历天数分配，属于未完航次的租费，记入“未完航次支出”项目。

舱(箱)位租费，应按租入的每批同属一船的舱(箱)位设置明细账，核算所支付的租金和记入运输业务成本的租费。分配计算公式为

某租入舱(箱)位船舶某航次成本应负担的租费

＝该航次实际营运天数×该航次租用舱(箱)位数×每舱(箱)位每天租费

5. 集装箱固定费用的分配

(1) 按全部箱天分摊集装箱折旧费、租费和修理费等共同性费用。分配计算公式为

$$\text{集装箱共同性费用分摊额}=\frac{\text{集装箱共同性费用实际发生数}}{\sum\text{各码头服务在岸箱天}+\sum\text{各航次在船箱天}}$$

码头服务(地区、国家)分摊的集装箱共同性费用

＝该码头服务(地区、国家)在岸箱天×集装箱费用分摊额

航次分摊的集装箱共同性费用＝该航次在船箱天×集装箱共同性费用分摊额

(2) 将各码头服务、地区或国家发生的集装箱固定费用，包括(1)中所分摊的共同性费用，以及在该码头服务设账归集的集装箱堆存费、空箱调运费等区域性费用，分别由有关船舶的航次成本和集装箱出租成本负担。分配计算公式为

$$区域集装箱费用分摊额=\frac{该码头服务分摊的共同性费用+该码头服务发生的区域性费用}{\sum 各航次进出箱量+\sum 出租箱量}$$

航次分摊的区域集装箱费用

=该航次该码头服务(地区、国家)进出箱量×区域集装箱费用分摊额

集装箱出租业务分摊的区域性集装箱费用

=该码头服务(地区、国家)集装箱出租箱量×区域集装箱费用分摊额

底盘车一般在航区(线)内使用。月末,将当月发生的底盘车费用,结转至所在码头服务的集装箱费用内,然后随同集装箱费用分配。

若底盘车出租,参照上述集装箱出租的计算办法,先按当月出租车天数,将出租期内由底盘车出租成本负担的底盘车费用,从所在码头服务当月发生的全部底盘车费用内扣除,余额再转入该港集装箱费用,分配计入运输业务成本。

集装箱固定费用向各船舶年度内已完航次分配后,不保留余额。

【例 13-3】 20×1 年,甲航运公司共有 A 和 B 两个码头,发生的集装箱固定费用中,共同性集装箱固定费用为 5 400 000 元。A 码头服务在岸箱天为 3 000 000 箱天,B 码头为 3 600 000 箱天。其他各航次在船箱天为 2 400 000 箱天。

A 码头发生的单独归集的集装箱固定费用为 3 900 000 元,全年各航次进出箱量为 20 000 箱,出租箱量为 5 000 箱。B 码头发生的单独归集的集装箱固定费用为 4 000 000 元,全年各航次进出箱量为 22 000 箱,出租箱量为 6 000 箱。

首先分摊共同性集装箱固定费用到 A、B 码头,以及各航次。

集装箱共同性费用分摊率=集装箱共同性费用实际发生数/$\left(\sum 各码头服务在岸箱天+\sum 各航次在船箱天\right)$=5 400 000÷(3 000 000+3 600 000+2 400 000)=0.6(元/箱天)

A 码头分摊集装箱共同性费用=3 000 000×0.6=1 800 000(元)

B 码头分摊集装箱共同性费用=3 600 000×0.6=2 160 000(元)

其他各航次分摊集装箱共同性费用=2 400 000×0.6 元=1 440 000(元)

借:集装箱固定费用——A 码头(集装箱共同费用)　　1 800 000

　　　　　　　　——B 码头(集装箱共同费用)　　2 160 000

　　　　　　　　——各个航次(集装箱共同费用)　1 440 000

　贷:集装箱固定费用——集装箱共同费用　　　　　　5 400 000

其次,对各码头共同性费用和单独固定费用进行汇总,之后分摊至各项业务中。

A 码头发生的集装箱固定费用总额=1 800 000+3 900 000=5 700 000(元)

B 码头发生的集装箱固定费用总额=2 160 000+4 000 000=6 160 000(元)

A 码头集装箱费用分摊率=(该码头服务分摊的共同性费用+该码头服务发生的区

域性费用)/$\left(\text{各航次进出箱量} + \sum \text{出租箱量}\right)$

=(1 800 000+3 900 000)÷25 000=228 元/箱量

航次运行成本 A 码头分摊=228×20 000=4 560 000(元)

其他业务成本 A 码头分摊=228×5 000=1 140 000(元)

借：运输成本　4 560 000

　其他业务成本　1 140 000

　贷：集装箱固定费用——A 码头(集装箱共同费用)　1 800 000

　　　　　　　　——A 码头(单独归集)　3 900 000

B 码头集装箱费用分摊率=(该码头服务分摊的共同性费用+该码头服务发生的区域性费用)/$\left(\text{各航次进出箱量} + \sum \text{出租箱量}\right)$

=(2 160 000+4 000 000)÷28 000=220 元/箱量

航次运行成本 B 码头分摊=220×22 000=4 840 000(元)

其他业务成本 B 码头分摊=220×6 000=1 320 000(元)

借：运输成本　4 840 000

　其他业务成本　1 320 000

　贷：集装箱固定费用——B 码头(集装箱共同费用)　2 160 000

　　　　　　　　——B 码头(单独归集)　4 000 000

6. 集装箱空箱调运费用的分配

期末，应将当期的集装箱空箱调运费用根据各航次集装箱量进出口差额与集装箱出租业务量进出口差额进行分配。计算公式为

集装箱空箱调运费用分配率

$$=\frac{\text{当月当地空箱调运费用实际发生数}}{\sum \text{当月各航次箱量进出口差额} + \sum \text{当月出租业务箱量进出口差额}}$$

某航次当月应分摊的集装箱空箱调运费用

=该航次当月实际箱量进出口差额×集装箱空箱调运费用分配率

集装箱出租当月应分摊的集装箱空箱调运费用

=出租业务当月实际箱量进出口差额×集装箱空箱调运费用分配率

集装箱空箱调运费月末分配后，不保留余额。

7. 船舶直接费用的分配

内河航运业务归集的船舶直接费用，应按下列规定分别由客运、货运、油运、排运等运输种类负担。

① 客轮费用应全部由客轮客运成本负担；

② 货轮费用应全部由货轮货运成本负担；

③ 油轮费用应全部由油轮油运成本负担；

④ 客货轮费用应分摊计入客货轮客运成本和货运成本中；

⑤ 拖(推)轮费用应分摊计入拖(推)驳客运成本和拖(推)驳货运(油运、排运)成本；

⑥ 驳船费用应按驳船种类分摊计入拖(推)驳客运成本和拖(推)驳货运(油运)成本；

⑦ 拖轮排运的扎排费用,应直接记入拖轮排运成本。

客货轮的船舶直接费用应按下列办法在客货轮客运和客货轮货运之间分摊。

① 客货轮的船舶直接费用中可以直接由客运和货运成本负担的费用,应分别直接计入客货轮客运和客货轮货运成本。

② 客货轮费用中不能直接计入客运或货运成本的共同性费用,应按客货运换算周转量的比例分摊。计算公式为

$$每千换算吨公里费用=\frac{客货轮船舶直接费用}{客货运换算周转量}$$

$$客货轮客运应负担费用=客货轮客运换算周转量\times每千换算吨公里费用$$

$$客货轮货运应负担费用=客货轮货运换算周转量\times每千换算吨公里费用$$

为了简化分摊手续,对客货轮费用中不能直接计入客运或货运成本的共同性费用,也可按客货轮载客定额(人)和载货定额(吨)的比例分摊。

拖(推)轮的船舶直接费用应按下列公式计算分摊：

$$每营运千瓦天拖(推)轮费用=\frac{拖(推)轮船舶直接费用}{拖(推)轮营运千瓦天}$$

$$某运输种类应负担拖(推)轮费用=某运输种类使用拖(推)轮营运千瓦天\times每营运千瓦天拖(推)轮费用$$

驳船的船舶直接费用应按下列公式计算分配：

$$每营运吨天驳船费用=\frac{驳船的船舶直接费用}{驳运船舶营运吨天}$$

$$某运输种类应负担的驳船费用=某运输种类使用驳船吨天\times每营运吨天驳船费用$$

企业拖驳运输(包括分节驳顶推运输)若拖(推)轮和驳船固定搭配使用,搭配使用的拖(推)轮和驳船的船舶费用可合并归集,在计算拖驳运输成本时不再进行分配。如临时使用其他船舶生产营运,可按上述办法计算分配。

企业各类运输船舶的船舶直接费用,在计算运输成本时,应扣除与运输成本无关的费用(临时从事非运输工作所应负担的船舶直接费用),其中客轮、客货轮、货轮、油轮、驳船应按每营运吨天的船舶直接费用和船舶从事非运输工作营运吨天计算。拖(推)轮应按每营运千瓦天船舶直接费用和船舶从事非运输工作营运千瓦天计算。计算公式分别为

$$每营运千瓦天的船舶直接费用=\frac{船舶直接费用}{船舶营运千瓦天}$$

与运输成本无关的费用＝每营运千瓦天的船舶直接费用×船舶从事非运输工作营运千瓦天

企业应将各运输种类负担的船舶直接费用，按月编制“船舶直接费用分配表”据以计入各运输种类成本。

8. 船舶维护费用的分配

内河航运业务在非通航期发生的船舶维护费用，航期前的费用视同“待摊费用”处理，航期后的费用视同“预提费用”处理。

通航期前的船舶维护费用的分摊公式为

$$计划分配率=\frac{通航前实际发生船舶维护费用}{全年计划通航期天数}$$

通航期某月份运输成本应负担船舶维护费用＝该月份通航天数×计划分配率

通航期后的船舶维护费用的分摊公式为

$$计划分配率=\frac{通航后的船舶维护费预算数}{全年计划通航期天数}$$

通航期某月份运输成本应负担船舶维护费用＝该月份通航天数×计划分配率

企业应将通航期每月运输成本应负担的船舶维护费用，按照各运输种类船舶费用的比例分摊，编制“船舶维护费用分配表”据此记入各运输种类成本。

年度终了，企业应将全年的船舶维护费用实际发生数与分配数的差额，调整当年的运输成本。

13.3.5 期末未完航次成本的确定及会计处理

对于在某一时段内履行的履约义务，水运企业应当在该段时间内按照履约进度确认成本费用，期末未完航次成本按照航次运输的履约进度进行确认，履约进度按照未完航次实际已营运天数占预计该航次总营运天数的比例来确定。

【例 13-4】 甲货轮投入中国至美东的集装箱班轮运输，沿途挂靠 9 个港口，航次运营天为 30 天。该轮第 30 航次营运期间为 20×1 年 3 月 18 日至 4 月 12 日，实际发生航次运行费用 300 万元，其中航次运行费用 180 万元，分摊船舶固定费用 90 万元，分摊集装箱固定费用 30 万元；该轮第 31 航次营运期间为 20×1 年 4 月 13 日至 5 月 12 日，预计航次运行费用 318 万元，其中航次运行费用因燃油价格上涨和承运箱量增加而上升预计发生 192 万元，分摊船舶固定费用 90 万元，因承运箱量增加预计分摊集装箱固定费用 36 万元。船舶营运费用如表 13-3 所示。

未完航次的成本按照完工百分比法的履约进度计算，履约进度按照未完成航次实际已营运天数占该航次总营运天数的比例来确定。

20×1年2季度4月份　　**表13-3　船舶营运费用计算表**　　单位：万元人民币

船　名	甲　货　轮	
上期未完航次费用	航次	30
	航次营运期间	3月18日—4月12日
	航次运行费用	108.00
	船舶固定费用分摊	54.00
	集装箱固定费用分摊	18.00
	小计	180.00
本期已完航次费用	航次	30
	航次运行费用	72.00
	船舶固定费用分摊	36.00
	集装箱固定费用分摊	12.00
	小计	120.00
30航次成本合计		300.00
本期未完航次费用	航次	31
	航次营运期间	4月13日—5月12日
	航次运行费用	115.20
	船舶固定费用分摊	54.00
	集装箱固定费用分摊	21.60
	小计	190.80
本月营运成本总计		310.80

注：实际工作中，该类型表是竖向填充的表格。

因此，4月份该轮的营运成本由按30航次本月的履约进度及31航次本月的履约进度计算的两部分成本组成，如表13-4所示。

表13-4　20×1年4月份30航次和31航次费用明细表　　单位：万元

		营运天数	航次营运费用	船舶固定费用	集装箱固定费用	履约进度	费用小计
V30	预计	30	180.00	90.00	30.00		300.00
	上月	18	108.00	54.00	18.00	60%	180.00
	当月	12	72.00	36.00	12.00	40%	120.00
V31	预计	30	192.00	90.00	36.00		318.00
	当月	18	115.20	54.00	21.60	60%	190.80
	下月	12	76.80	36.00	14.40	40%	127.20

20×1年4月份营运成本分航次确认。

30航次本月履约进度为12/30=40%，本月营运成本=300×40%=120(万元)

31航次本月履约进度为18/30=60%，本月营运成本=318×60%=190.80(万元)

当期主营业务成本(运输支出)=按履约进度计算的归属本期的航次费用

=120+190.80=310.80(万元)

借：主营业务成本　　3 108 000

　　贷：运输成本——甲货轮(V30)　　1 200 000

　　　　　　　——甲货轮(V31)　　1 908 000

13.3.6　航运业务成本的计算

航运业务总成本和单位成本，以会计报告期(年、季、月度)内已完航次成本为计算基础。会计期内全部船舶已完航次成本之和即为该会计期运输业务总成本，并根据相应的已完航次运量计算单位成本。

上年度决算后，上年度已完航次未达支出的实际数与入账数的差额，计入本年度的运输业务总成本与单位成本。

在计算运输业务成本时，与运输无关的费用应当扣除。

与运输成本无关费用应按本期从事运输工作和非运输工作天数的比例分船计算。计算公式为

$$每营运天费用额=\frac{本月船舶费用额}{本月营运天数}$$

$$非运输工作应分配船舶费用额=非运输工作天数\times每营运天费用额$$

对能够分清属于非运输工作的其他业务应负担的费用如燃料费用、码头服务费用等项目，应直接记入“其他业务成本”，在分配时剔除这些直接计列的费用项目。

航运业务可以按不同的成本计算对象计算成本。成本计算对象主要有，航次、航区(线)、单船、船舶类型等。

支线运输是在干线运输的基础上，对于干线运输其辅助作用的运输形式。支线运输业务的成本核算，分如下情况办理。

(1) 支线船舶为干线服务，从干线运费收入中划分一部分作为支线船舶收入时，等同于单独营运核算航次成本，并按期并同该干线其他营运船舶，核算该航区(线)成本。

(2) 支线船舶为特定干线服务，不分享收入时，于核算航次成本后，按期并同该干线其他营运船舶，核算该航区(线)成本。

(3) 支线船舶为数条干线服务，不分享收入时，于核算航次成本后，按期区分所载各干线重箱比例划分成本，分别合并于有关干线其他营运船舶，核算有关航区(线)成本。

(4) 支线船舶为合作经营的若干企业服务，如按载运重箱数计收运费，则等同于单独营运核算航次成本，并按期并同己方其他营运船舶，核算该航区(线)成本；如不收取运费而按箱位计收租费，则计算箱位出租成本；如各合作单位约定分担支线船成本，则除集装箱货物费等业务费用由接运的企业各自负担外，其余费用按约定占用箱位的比例，分别由有关单位负担。

1. 航次成本计算

航次成本、航次单位成本按以下公式计算。

航次货运业务成本＝航次运行费用＋船舶固定费用分配数或船舶舱(箱)位租费＋集装箱船舶的集装箱固定费用分配数

有客运业务的船舶,应扣除由客运业务负担的航次运行费用和船舶固定费用(或租费)后,计算航次货运成本。计算公式为

$$航次货运单位成本=\frac{航次货运业务成本}{航次货运量}$$

航次客运业务成本的计算公式为

$$航次客运单位成本=\frac{航次客运业务成本}{航次客运量}$$

客货轮航次客货运综合成本的计算公式为

$$客货轮航次客货运综合单位成本=\frac{航次业务总成本}{航次综合运输量}$$

2. 航区(线)成本计算

航区(线)业务成本、单位成本和货种总成本、单位成本按以下公式计算:

$$航区(线)货运业务总成本=\sum 行驶该航区(线)各航次货运业务成本$$

$$航区(线)货运业务单位成本=\frac{航区(线)业务总成本}{\sum 行驶该航区(线)各航次货运量}$$

航区(线)还可进一步分货种计算成本:

$$货种总成本=\sum 各航区(线)各轮各航次该货种成本$$

散装船载运单一货种,该航次成本即计算入该货种成本;如载运两个货种以上货物,按照统计部门统计归属的货种,计算为该货种成本;如果统计部门分析为数个货种统计时,该航次成本按运量比例分别计入各货种成本:

$$货种单位成本=\frac{货种总成本}{\sum 各航区(线)各轮各航次该货种运量}$$

$$航区(线)货种总成本=\sum 该航区(线)各轮各航次该货种成本$$

$$航区(线)货种单位成本=\frac{航区(线)货种总成本}{\sum 该航区(线)各轮各航次该货种运量}$$

企业还可以比照上述公式计算货种航区(线)总成本、货种航区(线)单位成本、航区(线)客运业务总成本、航区(线)客运业务单位成本等。

3. 单船、船舶类型成本计算

单船业务成本、单船单位成本按以下公式计算：

$$单船业务总成本 = \sum 该船各航次成本$$

$$单船单位成本 = \frac{单船业务总成本}{\sum 该船各航次运量}$$

各类型船舶业务成本、各类型船舶单位成本按以下公式计算：

$$船舶类型总成本 = \sum 该类型船舶单船业务总成本$$

$$船舶类型单位成本 = \frac{该船舶类型总成本}{\sum 该类型单船运量}$$

该类型船如为客货轮，可参照以上公式分别计算货运业务成本、货运单位成本、客运业务成本、客运单位成本、客货运综合总成本、客货运综合单位成本。

4. 全部运输业务成本计算

全部运输业务总成本及全部运输业务单位成本按以下公式计算：

$$全部货运业务总成本 = \sum 货运船舶航次成本 + \sum 客货轮航次货运业务成本$$

$$全部货运业务单位成本 = \frac{货运业务总成本}{\sum 航次货运量}$$

$$全部客运业务总成本 = \sum 客货轮航次客运业务成本$$

$$全部客运业务单位成本 = \frac{客运业务总成本}{\sum 航次客运量}$$

$$全部客货运输综合总成本 = 全部货运业务总成本 + 全部客运业务总成本$$

$$全部客货运输综合单位成本 = \frac{全部客货运输综合总成本}{\sum 航次综合运输量}$$

13.4　码头服务业务成本的核算

码头服务业务和航运企业的运输业务有所不同，故其成本的核算与航运企业的成本核算亦有所不同，其成本核算的程序与方法体现了码头服务业务的特点。

13.4.1　码头服务业务成本的计算对象、计算单位与计算期

1. 成本计算对象

码头服务业务成本的计算对象有如下几类。

(1) 装卸业务,以货物装卸业务为成本计算对象。

企业根据管理的需要,还应分别主要货物种类、按货种按装卸操作过程、成本责任部门、作业场所等作为成本计算对象。

① 以煤炭、石油、矿石、散化肥、木材、粮食、集装箱、杂货等主要货种的装卸业务作为成本计算对象;

② 根据装卸费率结构,以分货种、分操作过程的装卸业务作为成本计算对象;

③ 以装卸队、机械队等成本责任部门的装卸业务作为成本计算对象;

④ 以码头、泊位等作业场所的装卸业务作为成本计算对象。

(2) 堆存业务,以仓库、堆场、油罐、筒仓、货棚等的货物堆存业务作为成本计算对象。

(3) 港务管理业务,以港务管理业务为成本计算对象。

企业根据经营管理的需要,还可以核算码头管理、引航管理、航道管理、铁路专用线管理、系解缆管理等单项港务管理业务成本。

2. 成本计算单位

码头服务业务成本的计算单位如下。

① 装卸成本计算单位为“千自然吨”,也可为“千操作吨”“千吞吐吨”。集装箱装卸成本计算单位可采用“TEU”和“千吨”两种,换算比例为,1TEU 等于 10 吞吐吨。

② 堆存成本计算单位为“千堆存吨天”。

③ 港务管理业务一般计算总成本,不计算单位成本。

3. 成本计算期

码头服务业务成本一般以会计期作为成本计算期。

13.4.2 账户设置

从成本计算的需要出发,码头服务业务成本设置的核算科目如表 13-5 所示。

表 13-5 码头服务业务营运费用科目一览表

企业类别	码头服务企业
营运费用核算科目	装卸业务成本 堆存业务成本 港务管理业务成本 辅助营运费用 营运间接费用

1. 装卸业务成本

“装卸业务成本”科目核算海、河码头服务企业经营货物装卸业务所发生的各项成本。

企业应以会计期内完成的装卸业务为单位核算装卸业务成本，按专业作业区或货种开设成本明细账，设置装卸直接费用、营运间接费用两个成本项目归集费用，进行明细核算。

2. 堆存业务成本

“堆存业务成本”科目核算海、河码头服务企业经营仓库、场地的货物堆存业务所发生的各项成本。

企业应以会计期内完成的堆存业务为单位核算堆存业务成本，按库场或货种开设成本明细账，设置堆存直接费用、营运间接费用两个成本项目归集费用，进行明细核算。

3. 港务管理业务成本

“港务管理支出”科目核算海、河码头服务企业经营各类港务管理业务所发生的各项成本。

企业应以会计期内完成的港务管理业务为单位核算港务管理业务成本，按码头管理、航道管理、铁路专用线管理、系解缆管理等开设成本明细账，设置港务管理直接费用、营运间接费用两个成本项目归集费用，进行明细核算。

4. 辅助营运费用

“辅助营运费用”科目核算码头服务企业发生的辅助生产部门生产产品和供应劳务所发生的辅助生产费用。辅助生产费用是指企业所属的机修车间、工具车间、供水、供电、供汽车间、养护队、航修站等辅助生产部门为营运生产提供产品和劳务所发生的各种费用。

本科目应按“辅助生产费用”设置明细账，并按规定的费用项目进行明细核算。

5. 营运间接费用

“营运间接费用”科目核算码头服务企业所发生的不能直接计入成本核算对象，又不能归属管理费用、财务费用核算范围的各项费用支出。企业内部实行独立核算的车站、车队、装卸队、自营港埠以及不实行独立核算的专设业务机构所发生的费用都可以在本科目核算。

本科目应按照发生费用的不同部门设置明细科目，并分别按费用项目设置专栏进行明细核算。

13.4.3 装卸业务成本的核算

1. 装卸业务成本项目

(1) 装卸直接费用

装卸直接费用，是指在装卸生产过程中发生的直接归属于装卸业务负担的费用。装

卸直接费用分设以下明细项目,归集有关营运支出:

1）职工薪酬,是指从事装卸业务的装卸工人、现场指导人员,机械司机、机械队保修人员,各种机械化装卸系统的操作人员、装卸工具的维修、保管人员,以及装卸队、机械队、工具队管理人员的工资、津贴、奖金、补贴、各项社会保险、福利费等人工成本。企业机修车间和从事装卸工具制造人员的人工成本支出,记入“辅助营运费用”科目,不包括在内。

2）材料,是指装卸作业中实际耗用的各种材料费用,以及装卸队、机械队、工具队自行维修保养装卸机械、装卸工具耗用的材料费用。企业的辅助生产部门为制造装卸工具、维修装卸机械所耗用的各种材料费用,记入“辅助营运费用”科目,不包括在内。

3）燃料,是指各种装卸机械实际耗用的燃料费,包括装卸工具维修耗用的燃料费。

4）动力及照明,是指装卸作业中发生的动力及照明费,包括发生的全部外购动力及照明用电费,以及由本企业供电变电部门结算或分配的动力及照明费用。

5）低值易耗品,是指按照规定的摊销方法计算的抓斗、漏斗、网络、货盘工具等低值易耗品的摊销额。集中保管使用的劳保用品和应由本企业负担的港际成组工具费,也列入本项目。

6）折旧费,是指各种装卸机械、机械化装卸系统,机械队、工具队自行保养装卸机械、装卸工具所使用的机器设备,以及机械库、工具库、队部办公用房等固定资产的折旧费。辅助生产部门固定资产的折旧费计入“辅助营运费用”,不包括在内。

7）修理费,是指为保证上述固定资产正常运转而发生的修理费。

8）租费,是指租用外单位装卸机械、场地、设备、工具等而发生的租费。

9）保险费,是指与装卸业务相关的财产物资的保险费用。

10）外付劳务费,是指企业聘用外单位人员进行作业所支付的劳务费。

11）劳动保护费,是指与装卸业务相关的劳动安全保护费用。

12）安全生产费用,是指按国家安全生产管理规定计提或列支的安全生产费用。

13）事故损失费,是指在装卸作业过程中,发生的机损、货损、货差、人身伤亡等事故所发生的损失费用,以及损坏所装卸船舶设备所支付的修理费等各种费用。

14）其他装卸直接费用,是指在装卸作业过程中发生的不属于以上项目的其他费用。

（2）营运间接费用

营运间接费用,是指应由装卸业务成本负担的营运间接费用。包括:

1）作业区间接费用,是指按规定方法分配由装卸业务成本负担的作业区间接费用。

2）企业间接费用,是指按规定方法分配由装卸业务成本负担的企业间接费用。

2. 装卸业务成本的计算

（1）装卸直接费用归集方法

1）以货物装卸业务为成本核算对象的企业,应设置多栏式“装卸成本”明细分类账,按规定的成本项目设置专栏归集有关费用。

2）以主要货种的装卸业务为成本核算对象的企业，可按货种设“主营业务成本——装卸成本”明细账，并按成本项目设专栏归集有关费用。

3）以货种和操作过程的装卸业务为成本核算对象的企业，可参照以上办法设置“装卸业务成本”明细账归集有关费用。

4）以成本责任部门的装卸业务为成本核算对象的企业，可按装卸队、机械队、工具队等装卸作业部门设置“装卸业务成本”明细账，并按成本项目设置专栏归集有关费用；对难以归口到责任部门的装卸直接费用，另设“装卸成本”明细账，按成本项目设置专栏归集有关费用。

5）以码头、泊位等作业场所的装卸业务作为成本计算对象的企业，应按作业区和专业码头设置“装卸成本”明细账，按成本项目设置专栏归集有关费用。

（2）装卸业务无关费用的处理

企业装卸队、机械队、工具队等装卸生产部门从事另有收费来源的杂项作业（如机械出租等），应根据非装卸作业的工时记录、机械台时记录、工具领用记录和规定的单位费用或结算价格，编制“与装卸业务无关费用分配表”，据以扣除与装卸业务无关支出，结转由其他业务支出负担。为简化核算工作，也可按所取得的非装卸收入的一定比例作为扣除标准。

（3）装卸业务总成本、单位成本和主要货种装卸总成本、单位成本的计算

装卸业务总成本、单位成本和主要货种装卸总成本、单位成本的计算公式为，

$$\text{装卸总成本} = \text{装卸直接费用} - \text{与装卸无关支出} + \text{分摊的营运间接费用}$$

$$\text{装卸综合单位成本} = \frac{\text{装卸总成本}}{\text{装卸工作量(千操作吨)}}$$

$$\text{某货种装卸业务总成本} = \text{该货种装卸业务直接费用} + \text{分摊的营运间接费用}$$

$$\text{某货种装卸单位成本} = \frac{\text{该货种装卸总成本}}{\text{该货种装卸工作量(千操作吨)}}$$

货种装卸成本一般年终一次计算。月度按专业码头、泊位或其他成本责任部门归集装卸直接费用，分配营运间接费用，年末计算货种的装卸总成本和单位成本。

非专业码头从事多种货物装卸作业，可根据按责任部门归集的直接费用，分别按以下方式计算货种装卸成本。

1）装卸队的费用按实际从事货种装卸作业的工时比例分摊到有关货种。

2）机械队的费用可按实际从事各货种装卸作业的机械台时比例分摊到有关货种。

3）工具队的费用应分成两部分。工具的采购、制造成本可根据统计资料先分摊到相关货种，工具队的其他费用按各货种分摊的工具采购、制造费用的比例分摊。

4）事故费用、劳动保护费等无法直接计入有关责任部门费用按上述计入货种成本的装卸队、机械队、工具队的直接费用的比例分摊。

5）应扣除的与装卸成本无关的费用参照上述事故费用、劳动保护费用的分摊方法按比例扣除。

财务部门根据各单位上报的分货种装卸成本汇总资料，按各货种成本项目费用比例分摊直接支付的装卸支出，并编制年度装卸成本计算表。

专业化码头临时兼营其他货物装卸业务，也视同专业码头货种计算。非专业码头经营的货物装卸业务，如果某种货物的数量较少，可忽略不计，按从属多数的方法，归并到其他货种计算。

【例 13-5】 甲航运公司在青岛有一用于装卸、堆存的码头，20×1 年 1 月，共装卸货物 10 万吨，其中 A 货物 3 万吨，B 货物 3.5 万吨，C 货物 2.5 万吨。当月码头装卸费用如下，

（1）该月码头用于装卸的机器设备折旧额为 20 000 元；

（2）该月码头工人工资总额 100 000 元，相关福利费支出 15 000 元；

（3）该月燃油消耗 10 000 元；

（4）该月发生修理费 20 000 元；

（5）该月该码头分摊的营运间接费用为 45 000 元。

首先，归集装卸业务成本。

借：装卸业务成本——折旧费　　20 000
　　贷：累计折旧——起重吊机　　20 000

借：装卸业务成本——人工　　115 000
　　贷：应付职工薪酬——工资　　100 000
　　　　　　　　　　——福利费　　15 000

借：装卸业务成本——燃料费　　10 000
　　贷：原材料——燃料　　10 000

借：装卸业务成本——修理费　　20 000
　　贷：银行存款　　20 000

借：装卸业务成本——营运间接费用　　45 000
　　贷：营运间接费用　　45 000

装卸总成本 = 20 000 + 115 000 + 10 000 + 20 000 + 45 000 = 210 000 元

其次，分配装卸成本至各类货物装卸费用。

$$装卸综合单位成本 = \frac{装卸总成本}{装卸工作量(千操作吨)} = 210\,000 \div 100\,000 = 0.21 元/吨$$

A 货物承担的装卸费为 0.21×3 万吨 = 0.63 万元

B 货物承担的装卸费为 0.21×3.5 万吨 = 0.725 万元

C 货物承担的装卸费为 0.21×2.5 万吨 = 0.525 万元

13.4.4　堆存业务成本的核算

1. 堆存业务成本项目

(1) 堆存直接费用

堆存直接费用,是指在货物堆存过程中发生的直接归属于堆存业务负担的费用。堆存直接费用分设以下明细项目,归集有关营运支出:

1) 职工薪酬,是指从事堆存业务人员的工资、津贴、奖金、补贴、各项社会保险、福利费等人工成本支出。

2) 材料,是指库场实际耗用的各种材料。

3) 燃料,是指库场专用机械设备实际耗用的煤、汽油、柴油等燃料。

4) 动力及照明费,是指库场耗用的照明费及冷藏库、机械化粮仓耗用的动力费。

5) 低值易耗品,是指与堆存业务相关的油布、防风网罩、垫仓板等堆存工具和其他低值易耗品的摊销额。

6) 折旧费,是指堆存作业中使用的仓库、货棚、筒仓、油罐等堆存设备,按照规定计提的折旧费。

7) 修理费,是指为保证堆存设施正常使用而进行的各类修理所支付的费用。

8) 租费,是指租入库场等堆存设备按规定应列入成本的租费。

9) 保险费,是指与堆存业务相关的财产物资的保险费用。

10) 外付劳务费,是指企业聘用外单位人员进行堆存作业所支付的劳务费。

11) 劳动保护费,是指用于堆存作业的职工劳动保护费用。

12) 事故损失费,是指在堆存作业过程中,因人身伤亡等事故所发生的损失费用。

13) 其他堆存直接费用,是指不属于以上项目的堆存直接费用。

(2) 营运间接费用

营运间接费用,是指应由堆存成本负担的营运间接费用。包括:

1) 作业区间接费用,是指按规定方法分配由本期堆存业务成本负担的作业区间接费用。

2) 企业间接费用,是指按规定方法分配由本期堆存业务成本负担的企业间接费用。

2. 堆存业务成本的计算

(1) 堆存直接费用归集方法

企业对于堆存业务支出,应设置多栏式“堆存业务成本”明细分类账,按成本归集部门(各库场队)或仓库、油罐、粮仓等设置账页,按规定的成本项目设置专栏。

(2) 堆存业务无关费用的处理

企业在计算堆存成本时,应扣除"堆存无关支出"。堆存无关支出的计算可根据不同情况区别对待。

1) 部分仓库(堆场)长期出租,应扣除的无关支出可按仓库(堆场)发生的全部支出、出租仓库(堆场)面积与全部仓库(堆场)面积的比例计算,结转到"其他业务成本"科目。部分仓库(堆场)长期出租应扣除的无关支出的计算公式如下:

$$应扣除与堆有与堆存无关支出=仓库(堆场)全部费用\times\frac{出租仓库(堆场)面积}{仓库(堆场)总面积}$$

2) 整座仓库(整块堆场)、堆存设备长期出租,应扣除的无关支出即为该仓库(堆场)堆存设备的全部支出,将该仓库(堆场)、堆存设备的全部支出直接结转到"其他业务成本"科目。

3) 仓库(堆场)、堆存设备短期出租,应扣除的无关支出可按仓库(堆场)、堆存设备每天的费用与出租天数计算,结转到"其他业务成本"科目。仓库(堆场)、堆存设备短期出租应扣除的无关支出的计算公式如下:

$$仓库(堆场)、堆存设备每天费用=\frac{仓库(堆场)、堆存设备本月全部费用}{30}$$

$$应扣除与堆存无关支出=仓库(堆场)、堆存设备每天费用\times出租天数$$

企业应根据业务部门提供的仓库(堆场)、堆存设备的出租资料,编制"堆存无关支出计算表",据此将无关支出结转到"其他业务成本"科目。

(3) 堆存业务总成本和堆存单位成本

经过归集、分配和扣除无关支出而汇集的全部堆存直接费用和分摊计入堆存成本的营运间接费用,即为企业的堆存总成本。

企业的堆存业务,计算堆存单位成本或收入成本率,计算公式如下:

$$堆存单位成本=\frac{堆存总成本}{堆存吨天}$$

$$堆存收入成本率=\frac{堆存总成本}{堆存总收入}\times100\%$$

【例 13-6】 甲航运公司在上海有一用于装卸、堆存的码头,该码头有两座仓库甲和乙,仓库土建部分的账面价值分别为 120 万元、120 万元,直线折旧,折旧年限皆为 10 年,无残值;其中乙仓库配备智能物流管理设备,价值 24 万元,直线折旧,折旧年限为 5 年,无残值。从事堆存业务人员每个仓库各 5 人,每人税前工资 7 000 元/月,发生的福利费用支出为 500 元/月。

20×1 年 6 月,甲仓库堆存业务量为 1 000 万吨天,其中 A 货物 500 万吨天,B 货物 500 万吨天;甲仓库发生保险费 10 万元。乙仓库堆存业务量为 C 货物 500 万吨天,发生保险费 5 万元。6 月分摊的营运间接费用为 3 万元。乙仓库对外出租 15 天。堆存业务的营运间接费用按照业务量分摊。

核算各个仓库的堆存成本，首先需要分摊营运间接费用至各个堆存业务的仓库。

营运间接费用的分摊比例＝30 000÷(1 000＋500)＝20 元/万吨天

甲仓库分摊的营运间接费用＝20×1 000＝2 万元

乙仓库分摊的营运间接费用＝20×500＝1 万元

结转甲仓库的堆存业务成本。

借：堆存业务成本——甲仓库(折旧费)　　14 000
　　——甲仓库(人工)　　37 500
　　——甲仓库(保险费)　　100 000
　　——甲仓库(营运间接费用)　　20 000
　　贷：累计折旧——仓库　　10 000
　　　　——设备　　4 000
　　应付职工薪酬——工资　　35 000
　　　　——福利费　　2 500
　　银行存款　　100 000
　　营运间接费用　　20 000

甲仓库堆存总成本＝14 000＋37 500＋100 000＋2 000＝171 500 元

堆存单位成本＝堆存总成本/堆存吨天＝171 500÷1 000＝171.5 元/万吨天

A 货物承担的堆存费为 171.5×500＝85 750 元

B 货物承担的堆存费为 171.5×500＝85 750 元

根据自用、出租天数，结转乙仓库的堆存业务成本、其他业务成本。

借：堆存业务成本——乙仓库(折旧费)　　5 000
　　——乙仓库(人工)　　18 750
　　——乙仓库(保险费)　　25 000
　　——乙仓库(营运间接费用)　　5 000
　　其他业务成本——折旧费　　5 000
　　　　——人工　　18 750
　　　　——保险费　　25 000
　　　　——营运间接费用　　5 000
　　贷：累计折旧——仓库　　10 000
　　应付职工薪酬——工资　　35 000
　　　　——福利费　　2 500
　　银行存款　　50 000
　　营运间接费用　　10 000

13.4.5 港务管理业务成本的核算

1. 港务管理业务成本项目

(1) 港务管理直接费用

港务管理直接费用,是指在港务管理过程中发生的直接归属于港务管理业务负担的费用。港务管理直接费用分设以下明细项目,归集有关营运支出。

1) 职工薪酬,是指从事码头管理、航道管理、引航管理、系解缆管理、岸线管理、环境监测等港务管理人员的工资、津贴、奖金、补贴等按有关规定由成本列支的工资性费用、社会保险费,以及职工福利费、住房公积金、工会经费、教育经费、非货币性福利等人工费用。

2) 材料,是指港务管理部门、港务管理设施及港务作业船舶、车辆等耗用的材料、物料及低值易耗品。

3) 燃料,是指港务管理部门、港务管理设施及港务作业船舶、车辆等耗用的燃料。

4) 动力及照明,是指港务管理部门、港务设施耗用的照明费、动力费。

5) 折旧费,是指与港务管理业务相关的码头、浮筒、栈桥,驳岸、护岸、防波堤、防火堤、导流堤、船闸、港区围墙、道路、桥涵、铁路、港务管理专用船舶、车辆、房屋及其他设备等固定资产的折旧费。

6) 修理费,是指与港务管理业务相关的各类修理费用。

7) 租费,是指因经营港务管理业务租用的船舶、车辆、房屋及其他设备所支付的租赁费。

8) 保险费,是指港务管理业务专用船舶、车辆、房屋等资产的保险费。

9) 防台、防汛措施费,是指企业采取防台、防汛措施所发生的费用。

10) 疏浚费,是指港池、锚地、进港航道等的维护性挖泥所发生的费用。航道、泊位、港池、锚地的测量费用也应包括在本项目。

11) 外付劳务费,是指聘用外单位人员从事港务管理业务所支付的劳务费。

12) 劳动保护费,指与港务管理业务相关的劳动安全保护费用。

13) 港务管理费,是指因经营管理需求而支付港口管理单位的港务管理费支出。

14) 港口设施保安费,是指因码头经营需求而支付港口管理相关单位的港口设施保安费支出。

15) 海域使用费,是指因码头经营需求而支付海域权属单位的海域使用费支出。

16) 联检单位费用,是指因联检单位(海关、边防等单位)支持码头业务开展而产生的需要各码头单位承担的费用支出。

17) 港务管理其他直接费用,是指不属于以上项目的港务管理其他直接费用。

(2) 营运间接费用

营运间接费用，是指应由港务管理成本负担的营运间接费用。

2. 港务管理业务成本的计算

企业对于港务管理支出，应设置“港务管理业务成本”总分类账和明细分类账。“港务管理业务成本”明细分类账可按单项管理业务或责任部门设置账页，按规定的港务管理业务成本项目设置专栏。

港务管理成本可采用与装卸成本类同的计算程序。

港务管理业务只核算业务总成本和单项管理业务成本，不计算单位成本。

【例 13-7】 20×1 年 11 月，甲航运公司港务管理相关费用如下。

(1) 该月共发生码头管理、航道管理、引航管理、系解缆管理、岸线管理、环境监测等港务管理人员的工资 50 万元。

借：港务管理业务成本——人工　　500 000

　　贷：应付职工薪酬　　500 000

(2) 计提港务管理部门房屋及其他设备等固定资产的折旧费共计 10 万元；计提港务部门船舶折旧 12 万元，其中，船舶对外出租 10 天。

借：港务管理业务成本——折旧费　　100 000

　　贷：累计折旧——房屋设备等　　100 000

借：港务管理业务成本——折旧费　　80 000

　　其他业务成本——折旧费　　40 000

　　贷：累计折旧——船舶　　120 000

(3) 银行存款支付上级公司港务管理费用 25 000 元。

借：港务管理业务成本——应交上级港务费　　25 000

　　贷：银行存款　　25 000

(4) 由港务管理部门负担的营运间接费用　　80 000 元。

借：港务管理业务成本—营运间接费用　　80 000

　　贷：营运间接费用　　80 000

11 月发生的港务管理业务总成本＝500 000＋100 000＋80 000＋25 000＋80 000＝785 000 元

13.5 代理业务成本的核算

航运代理业务包括船舶代理和货运代理两种，都属于航运辅助业。船舶代理人和货运代理人分别根据承运人或货主的业务需要开展代理服务。这种代理具有如下特点，代理人与被代理人之间的关系属于委托代理关系，代理人一般不以自己名义与第三人签订合同；代理人赚取佣金或代理费作为报酬，代理人通常运用委托人的资金进行业务活动。因此代理业务成本一般仅限于代理公司的运营成本。

13.5.1 代理业务成本的计算对象、计算单位与计算期

1. 成本计算对象

代理业务成本的计算对象按业务范围一般分为以下几类。

（1）船舶代理业务的使费业务，以代理船公司船舶在码头服务发生的各项码头服务业务作为成本计算对象。

（2）船舶代理业务的集装箱业务，以代理船公司的集装箱业务作为成本计算对象。

（3）货运代理业务的海运订舱业务，以代理客户的海运订舱业务为成本计算对象。

2. 成本计算单位

代理业务一般计算总成本，不计算单位成本。

3. 成本计算期

代理业务成本一般以会计核算期作为成本计算期。

13.5.2 账户设置

从成本计算的需要出发，代理业务成本可设置的核算科目如表13-6所示。

表13-6 代理业务营运费用科目一览表

企业类别	代理企业
营运费用	船代营运费用
核算科目	船代箱管代理费用
	货代航运代理费用

1. 船代营运费用

船代营运费用，包括港建费、货物装卸费、场站装卸费、码头作业费、船舶杂费等非原票原转的港口使费。船舶吨税、引水费、拖轮费、停泊费、理货费等通常属于原票原转，由供应商直接向船东开具发票，不列入代理营运费用，在往来中核算。

2. 船代箱管代理费用

随着集装箱业务的发展，集装箱箱务管理成为航运中一项非常重要的工作。船代箱

管代理费用包括集装箱管理费、代理费、堆存费、超期推存费、修箱费、洗箱费、验箱费、检验费、滞期费、铅封施封费、旧箱处理费等。这些费用通常为非原票原转,计入代理成本。

船舶代理业务的使费业务和集装箱箱管业务成本,是指接受船舶所有人、船舶承租人或船舶经营人的委托,以委托人的名义或者自己的名义,为委托人办理船舶进出码头服务、联系安排引航、靠泊、装卸和检验,集装箱堆存、修箱洗箱管理以及船东事项等相关手续的业务活动后,为委托方代付使用费和集装箱费用。

代理企业根据船舶所有人、船舶承租人或船舶经营人的委托,以委托人的名义或者自己的名义向引航费、拖轮费、理货费、装卸代理费等政府规费单位支付费用。

(1) 原票原转业务

对于供应商发票直接开具船东的业务,公司进行代收代付核算,仅在往来中核算,不计入收入和成本。

(2) 非原票原转业务

对于供应商发票开具代理方的业务,公司应在要求对账期内,与船舶靠离港相关的供应商核对应付费用清单并收到供应商发票时,确认船舶使费成本和箱管代理成本,部分单项履约义务完成的业务在会计期末按照实际发生的成本费用确认成本金额。

3. 货代航运代理费用

货运代理业务成本,是指接受客户的委托办理进出口报关、仓储、运输等,以及接受客户订舱委托,并向客户确定运价和舱位,还涵盖接货、报关、报检、装箱、贴签、交运、缮制运输单证、货物跟踪查询、信息咨询、费用结算及与前述业务关联的其他业务后,向船公司和供应商支付的运费和各项杂费。主要包括:货代海运费、多式联运费、保险费、拆装费、质押监管费、仓储费、拼箱费、报关报验费、驳船费、其他费用等。

代理业务成本按客户或代理种类开设成本明细账,设置船代营运费用、船代箱管代理费用、货代航运代理费用三个账户进行核算。

在代理业务中应尽量取得供应商的增值税专用发票,以抵扣增值税进项税,降低代理业务成本。

13.5.3　代理业务成本的计算

代理业务应分别船舶代理业务的使费业务、船舶代理业务的集装箱业务、货运代理业务的海运订舱业务归集所发生的费用,进行成本核算。

1. 船舶代理业务的成本计算

【例 13-8】 甲航运公司委托乙代理公司代理其所属船舶在上海港的船代业务。A 轮本航次在上海港发生引水费 5 000 元,拖轮费 6 000 元,停泊费 9 000 元,其他码头服务费用3 000元，码头服务费小计23 000元；发生货物装卸费420 000元，理货费15 000元，货物Y运输费30 000元，货物费小计465 000元。A轮本航次在上海港发生码头服务使费合计488 000元，均由乙代理公司代为支付后向甲航运公司结算，试计算乙代理公司的船舶代理成本金额并编制相关会计分录。（为便于计算，假设费用发票均为增值税普通发票，不可抵扣进项税）

说明：船舶码头服务费中发生的引水费、拖轮费，以及货物费中的理货费属于原票原转的业务，提供服务的单位出具的发票抬头为甲航运公司，不列入代理业务成本，代收代付后在往来中结算。因此本次列入代理业务成本的费用范围仅为非原票原转业务发生的各项费用。

乙代理公司A轮本航次代理业务成本＝488 000－5 000－6 000－15 000＝462 000(元)

会计分录为，

(1) 借：船代航运代理费用　　462 000
　　贷：应付账款——××码头公司　　462 000

(2) 借：应收账款——甲航运公司　　26 000
　　贷：应付账款——××船务公司　　11 000
　　　　应付账款——××理货公司　　15 000

2. 货运代理业务的成本计算

【例13-9】 某货主委托丙代理公司从上海至厦门运一批货，全程运价50 000元，丙代理公司交由某航运公司的B轮承运，运价30 000元，另发生码头港杂费15 000元，月末前货到目的地。丙代理公司开给货主增值税专用发票50 000元，某航运公司和码头公司分别开给丙代理公司运费增值税专用发票30 000元、港杂费普通发票15 000元。试编制会计分录，并计算各项税费金额。

航运代理及码头服务的增值税税率为6%，并缴纳相应的附加税费，税率分别为：城建税7%、教育费附加3%、地方教育费附加2%。增值税普通发票不可抵扣进项税。

应交增值税销项税：50 000/(1+6%)×6%＝2 830.19元

应抵增值税进项税：30 000/(1+6%)×6%＝1 698.11元

应缴增值税为：2 830.19 － 1 698.11 ＝ 1 132.08元

应交城建税：1 132.08×7%＝79.25元

应交教育费附加：1 132.08×3%＝33.96元

应交地方教育费附加：1 132.08×2%＝22.64元

会计分录为如下。

(1) 借：银行存款(或应收账款)　　50 000
　　贷：应交税费——应交增值税(销项税额)　　2 830.19
　　　　货代代理业务收入　　47 169.81

（2）借：货代航运代理费用　　　　　　　　　　43 301.89
　　　　应交税费——应交增值税（销项税额）　　1 698.11
　　　　贷：银行存款（或应付账款）　　　　　　　　45 000
（3）借：税金及附加　　　　　　　　　　　　　135.85
　　　　贷：应交税费——城建税　　　　　　　　　　79.25
　　　　　　应交税费——教育费附加　　　　　　　　33.96
　　　　　　应交税费——地方教育费附加　　　　　　22.64

13.6 船舶管理业务成本的核算

航运船舶管理分为船东自己管理或委托第三方管理。专业的船舶管理公司接受船东的委托，收取一定金额的船舶管理费。对船东来说，支付的船舶管理费就是其主要的船舶管理成本。而对于船舶管理公司来说，收取的管理费为公司收入，相应发生的管理人员费用支出，则为船舶管理成本，主要是机务、海务等相关人员的人工费用。比如差旅费、差旅补贴等。同时也要看船舶管理合同如何签署，如果是凭发票向船东结算，对管理公司而言，则是代收代付。如果是包干的，对管理公司而言，则是成本项目。另外，为确保船舶生产的正常运行，包干给船舶管理公司的一些办公费用、通讯费、协调费用，也可以作为成本费用核算。

13.6.1 船舶管理业务成本的计算对象、计算单位与计算期

1. 成本计算对象

船舶管理业务成本的计算对象为以下几类。

（1）船员劳务派遣业务，以自有船员的人工费用、其他费用作为成本计算对象。

（2）海事技术服务业务，以提供海事技术服务而发生的各项资产费用和其他费用作为成本计算对象。

（3）第三方船管业务，以管理人员为船舶管理而发生的各项资产费用和直接支出作为成本计算对象。

2. 成本计算单位

船舶管理业务成本一般计算总成本，不计算单位成本。

3. 成本计算期

船舶管理业务成本一般以会计期作为成本计算期。

13.6.2 账户设置及账务处理

从成本计算的需要出发，船舶管理业务成本应设置的科目如表13-7所示。

表13-7 船舶管理营业费用设置科目一览表

企业类别	代理企业
营运费用 核算科目	船员费用 船管资产费用 船管低值易耗品 船管其他费用

1. 船员劳务派遣业务成本

（1）自有船员及劳务船员人工成本是船员劳务派遣的主要业务成本，每月计算船员的薪酬福利时使用“人工费用”先对人工成本进行归集，期末根据发生的成本中心，结转记入“船员费用”科目。

因业务需要代船东或其他相关方垫付的费用不列入业务成本，通过往来核算。代垫费用主要指派遣方代船东或其他相关方垫付，后续将从船东或其他相关方收回的费用，包括但不限船员派员过程中发生的机票款、签证费、办牌费、交通费、船员工伤款、保险费、培训费等。

（2）船管其他费用是指船员派遣服务中人工成本以外的船员办证费等其他成本。其他费用根据发生的成本中心直接记入“其他费用”科目。

2. 海事技术服务业务成本

（1）船管资产费用是指为提供海事技术服务而发生的设备使用费用，期末的资产折旧或租赁摊销额分摊后记入成本，其他资产费用直接记入成本。

（2）船管低值易耗品费用指为提供海事技术服务而发生的低值易耗品摊销。

（3）船管其他费用项目成本是指除上述两项以外为船舶管理提供引航、试航、带教的各种营业直接费用。

3. 第三方船管业务成本

（1）船管资产费用是指为船舶管理而发生的设备使用费用，期末的资产折旧或租赁摊销额分摊后计入成本，其他资产费用直接计入成本。

（2）船管低值易耗品费用指为提供船舶管理服务而发生的低值易耗品摊销。

（3）船管其他费用项目成本是指除上述两项以外的业务人员差旅费等各种营业直接费用。

船员劳务派遣业务、海事技术服务业务以及第三方船管业务成本按客户开设成本明细账，设置船员费用、船管资产费用、船管低值易耗品、船管其他费用等四个成本项目归集费用，进行明细核算。

13.6.3　船舶管理业务成本的核算

1. 船舶管理业务成本的项目

（1）船员费用，自有船员及劳务船员职工薪酬及船员伙食费等。

（2）船管资产费用，包括为提供海事技术服务而发生的资产租赁（短期租赁和低价值资产租赁支付租赁费用）、修理、保险费、使用权资产、固定资产摊销等。

（3）船管低值易耗品，包括为海事技术服务业务和船舶管理而发生的低值易耗品摊销。

（4）船管其他费用，船员派遣服务中发生的其他费用，包括船员办证费、培训费、船员服装费、船员境内差旅费、体检费等非人工成本费用。为船舶管理而发生的其他费用，包括业务人员差旅交通费、办公、通讯、水电、修理、会议、警卫消防、环保等。

2. 船舶管理业务成本的计算

【例13-10】　甲船舶管理公司20×0年12月购入一台旧的ME主机作为轮机部船员教学培训用设备，购入价格为36万元，按五年计提折旧，设备残值率为5%。甲公司20×1年1月为A公司派遣2套船员班子，为B公司派遣3套船员班子，为C公司派遣5套船员班子，全月平均派遣10套船员班子。试计算该设备在20×1年1月船舶管理业务成本的资产费用。

ME主机的设备折旧费应计入主营业务成本，折旧费计算为，

年折旧费：360 000/(1－5%)/5 ＝68 400(元)

月度折旧费：684 000/12 ＝ 5 700(元)

即该设备20×1年1月份计入船舶管理业务成本的资产费用为5 700元，其中，

A公司分摊，5 700/10×2＝1 140(元)

B公司分摊，5 700/10×3＝1 710(元)

C公司分摊，5 700/10×5＝2 850(元)

【例13-11】　乙船舶管理公司安全技术部员工王某20×1年2月10日赴青岛出差，参加集团举办的业务会议，发生差旅费及差旅费补贴等3 500元，其中机票及住宿增值税专用发票包含的增值税为174.21元；2月24日赴广州出差，现场检查停靠在码头的代管D公司船舶“希望号”轮的购入备件质量问题，发生差旅费及差旅费补贴4 820元，其中机票及住宿增值税专用发票包含的增值税为242.96元。就以上业务，试编制相应的会

计分录。

参加会议的出差费用，在管理费用科目归集；赴代管船舶现场的业务检查，在第三方船管业务的其他费用科目归集。

(1) 借：管理费用　　3 325.79
　　　应交税金——应交增值税（进项税额）　　174.21
　　贷：银行存款（或其他应收款）　　3 500

(2) 借：船管其他费用　　4 577.04
　　　应交税金——应交增值税（进项税额）　　242.96
　　贷：银行存款（或其他应收款）　　4 820

13.7 其他业务成本的核算

13.7.1 其他业务的成本项目

其他业务成本核算对象由企业根据其他业务的内容确定。

1. 直接费用

直接费用，是指在提供其他业务过程中发生的直接归属于其他业务负担的费用。由企业根据各直接费用发生的实际情况自行设置，但涉及下列费用的，应单独反映：职工薪酬、燃润料、材料及劳保用品、折旧费、修理费、租费、保险费、税金和其他直接费用。

2. 营运间接费用

营运间接费用，指应由其他业务成本负担的营运间接费用。

对于其他业务，企业应设置“其他业务成本”明细分类账，按其他业务类别设置账页，按相应的成本项目设置专栏进行明细核算。

13.7.2 其他业务成本的计算

1. 其他业务费用的归集

企业经营其他业务所发生的直接费用，应根据有关凭证按业务类别直接记入“其他业务成本”相应成本项目。不能直接计入其他业务成本的，可先在“营运间接费用”“辅助营运费用”等科目核算。月终，将这些费用按规定的分配标准分配计入有关业务成本。

各业务类别汇集的直接费用，与应由该业务类别负担的间接费用之和即为该业务类别的其他业务总成本。

企业经营其他业务所发生的不易单独归集的费用，可按收入扣减流转税后的数额作为其他业务成本。

2. 其他业务收入成本率

其他业务一般不计算单位成本，但可以计算其他业务收入成本率，其计算公式为，

$$某项其他业务收入成本率=\frac{该项其他业务总成本}{该项其他业务总收入}\times 100\%$$

13.8　期间费用的核算

期间费用包括管理费用、销售费用和财务费用。

13.8.1　管理费用核算

管理费用是企业行政管理部门为组织和管理营运活动而发生的费用，包括企业在筹建期间内发生的开办费、董事会和行政管理部门在企业的经营管理中发生的，或者应由企业统一负担的公司经费（包括行政管理部门职工薪酬、折旧费、修理费、物料消耗、办公费和差旅费等）、董事会费（包括董事会成员津贴、会议费和差旅费等）、聘请中介机构费、咨询费（含顾问费）、诉讼费、业务招待费、外宾接待费、研发费用（在利润表中单列项目披露）、技术转让费、无形资产摊销、土地损失补偿费、防洪基金、警卫消防费、环保费、绿化费、定额内的存货损耗与合理的存货盘亏或盘盈（不包括记入营业外支出的存货损失）、上级管理费等。企业行政管理部门发生的不满足有关固定资产确认条件的日常修理费用和大修理费用等固定资产后续支出，也计入管理费用。

企业应设置管理费用科目，同时按照费用项目设置明细账，进行明细核算。

13.8.2　销售费用核算

销售费用是企业在营运过程中为了招揽客户、组织货源、客源而发生的揽货费（包括为揽货专设的揽货机构的职工薪酬、差旅费、办公费、通讯费、水电费、折旧费、修理费、财产保险费、租赁费、业务费等）和代理费，为扩大企业知名度、公告业务信息而发生的广告费和展览费等费用。

企业应设置销售费用科目，同时按按费用项目设置明细账，进行明细核算。

13.8.3　财务费用核算

财务费用是企业在营运期间为筹集资金而发生的各项费用，包括银行手续费、利息

收入和汇兑损益。

企业在筹建期间、建设和生产需要资本化资产期间和清算期间发生的利息支出、汇兑损失、金融机构手续费以及筹资发生的其他支出应计入开办期间管理费用。

为购建或生产满足资本化条件的资产发生的应予资本化借款费用，在“在建工程”等科目核算。

企业应设置财务费用科目，同时按按费用项目设置明细账，进行明细核算。

本章小结

水运企业的营运费用，是水运企业为了获取运输收入、装卸收入、代理收入、船舶管理收入等，在提供运输、装卸和堆存、代理等劳务过程中发生的、会导致所有者权益减少的、与向投资者分配利润无关的经济利益的总流出。

根据费用的发生与业务的关系，营运费用包括经营业务成本和期间费用两大类。经营业务成本是指企业为取得营运业务收入而发生的各种耗费，可分为直接费用、固定费用、非营运期间费用三部分。

航运业务分为班轮与非班轮业务两大类，航运业务的费用按照业务类型和核算方式的不同又可以分为班轮业务费用和非班轮业务费用。非班轮业务费用包括液体散货运输、干散货运输、特种船舶运输等发生的费用，涉及程租、期租等多种经营模式。航运业务成本项目包括：航次运行费用、船舶固定费用、船舶租费、舱(箱)位租费、集装箱固定费用、集装箱空箱调运费用。

码头业务主要有装卸业务、堆存业务和港务管理业务。装卸业务成本项目包括装卸直接费用和营运间接费用；堆存业务成本项目包括堆存直接费用和营运间接费用；港务管理业务成本项目包括港务管理直接费用和营运间接费用。

代理业务包括船舶代理使费业务、船舶代理集装箱业务、货运代理海运订舱业务。按客户或代理种类开设成本明细账，设置船代营运费用、船代箱管代理费用、货代航运代理费用三个账户进行核算。

船舶管理业务包括船员劳务派遣业务、海事技术服务业务和第三方船管业务。设置船员费用、船管资产费用、船管低值易耗品、船管其他费用等账户进行核算。

期间费用包括管理费用、销售费用和财务费用。

思考题

1. 什么是水运企业营运费用？其主要特征是什么？包括哪些内容？
2. 如何对水运企业营运费用进行确认和计量？
3. 航运业务费用与港口业务费用有什么区别？

4. 航运业务成本核算应设置哪些成本项目？

练习题

【练习题 1】 船舶共同费用分摊的核算

20×1 年 5 月，甲航运公司发生部分费用如下：

(1) 1 日，引进船舶专有技术使用权，耗费 480 000 元，使用周期是两年；

(2) 5 日，支付某航海杂志社杂志费 2 000 元

(3) 本月，向通讯公司支付的船舶与岸基管理部门通过电台、卫星、高频电话等通信联络费用 60 000 元。

(4) 本月，A 船营运天数为 29 天，B 船营运天数为 26 天，C 船营运天数为 27 天。

要求：对船舶共同费用进行账务处理。

【练习题 2】 船舶固定费用分摊的核算

20×1 年，甲航运公司发生的船舶固定费用如表 13-8 所示。

表 13-8　甲航运公司发生的船舶固定费用　　单位：人民币元

船　　名		瞭　望　号	希　望　号
日历年度内发生的固定费用	工资	5 635 750	8 183 000
	职工福利费	24 000	23 000
	润料	991 000	1 759 000
	物料	938 000	1 614 000
	船舶折旧费	1 583 000	19 229 000
	船舶修理费	4 099 000	1 411 000
	船舶保险费	806 000	1 625 000
	备品配件	1 352 000	1 021 000
	船员伙食费	615 000	419 000
	船舶非营运期费用		202 000
	其他固定费用	2 616 000	2 724 000
	船舶共同费用分摊	528 000	540 000
	合计	19 187 750	38 750 000
营运天		355	310
对外出租天数		25	20

要求：对船舶固定费用进行账务处理。

【练习题 3】 集装箱固定费用分摊的核算

20×1 年，甲航运公司发生的集装箱固定费用如表 13-9 所示。

表 13-9 甲航运公司发生的集装箱固定费用 单位：人民币元

			合 计	A 码 头	B 码 头
某地区两个码头某月内的集装箱固定费用	共同性集装箱固定费用	集装箱折旧费	5 000 000		
		集装箱修理费	500 000		
		集装箱租费	2 600 000		
		合计	8 100 000		
	不同码头相关费用	集装箱保管费	5 813 000	2 343 000	3 470 000
		其他集装箱固定费用	647 000	302 000	345 000
		底盘车折旧费	141 000	63 000	78 000
		底盘车修理费	8 000	3 000	5 000
		底盘车保险费	40 000	25 000	15 000
		其他底盘车固定费用	86 000	39 000	47 000
		合计	6 735 000	2 775 000	3 960 000
各码头服务在岸箱天			10 100 000	4 500 000	5 600 000
各航次在船箱天			7 900 000		
公司营运箱天合计			18 000 000		
各航次进出箱量			42 000	20 000	22 000
出租箱量			9 000	4 000	5 000
码头营运箱量合计			51 000	24 000	27 000

要求：对集装箱固定费用进行账务处理。

【练习题 4】 船舶租费、舱(箱)位租费的核算

20×1 年 1 月，甲航运公司发生船舶、船位租赁业务如下：

(1) 租用 AA 型船舶一年，一次性支付租金 360 000 元；

(2) 租用 BB 型船舶进行短途运输，1 月运输已完成，租金 25 000 元，暂未支付；

(3) 租用 CC 型箱位 200 位一年，共支付租金 240 000 元。

要求：对船舶租费、舱(箱)位租费用进行账务处理。

【练习题 5】 装卸业务的核算

甲航运公司在上海有一用于装卸、堆存的码头，该码头配备有 3 台起重吊机用于装卸，每台起重吊机账面价值 120 万元，直线折旧，折旧年限为 5 年，无残值；并配备 3 名起重吊机工作人员，每人税前工资 7 000 元/月，发生的福利费用支出为 500 元/月。20×1 年 7 月，共装卸货物 50 万吨，其中 A 货物 20 万吨，B 货物 30 万吨；起重吊机耗用的燃料费 12 万元，期间重吊机发生修理费用共 3 万元；7 月分摊的营运间接费用为 6 万元。7 月份，3 台起重吊机有一台出租给客户使用。

要求：进行账务处理，并核算该码头 20×1 年 7 月发生的装卸费用，并将装卸费在 A、B 货物间进行分配。

【练习题 6】 堆存业务的核算

甲航运公司在上海有一处码头，该码头有两座仓库甲和乙，用于货物堆存。20×1 年 9 月，甲仓库堆存业务量为 A 货物 500 万吨天，对外出租 10 天；乙仓库堆存业务量为 700

万吨天。当月发生的费用如下，

（1）甲仓库的折旧费为 9 000 元，乙仓库的折旧费为 8 000 元；

（2）甲仓库员工工资为 54 000 元，乙仓库员工工资为 22 000 元；甲乙仓库共同员工的工资未 18 000 元。

（3）甲仓库保险费 11 100 元，乙仓库保险费 10 000 元。

（4）9 月分摊的营运间接费用为 27 000 元；

其中，堆存业务的营运间接费用、共同员工工资按照业务量分摊。

要求：进行账务处理，并核算该码头 20×1 年 9 月发生的堆存费用，并计算甲、乙仓库的堆存单位成本。

【练习题 7】 港务管理业务核算

20×1 年 7 月，甲航运公司在上海有一用于装卸、堆存的码头，共发生码头管理、航道管理、引航管理、系解缆管理、岸线管理、环境监测等港务管理人员的工资 100 万元，并发生福利性人工费用 20 万元；另计提港务管理专用船舶、车辆、房屋及其他设备等固定资产的折旧费公积 30 万元；当月，港务管理部门租用某引航船舶一年，年租金 24 万元，以银行存款支付全部租金；外聘工人疏浚港池，银行存款加支付劳务费 2 万元；银行存款支付上级港务管理费用 3 万元；由港务管理部门负担的营运间接费用 10 万元。

要求：进行账务处理，并核算该码头 20×1 年 7 月发生的港务管理业务成本。

第 14 章

利　　润

学习目标

- 熟悉营业利润、利润总额、净利润的计算
- 熟悉利得、损失、政府补助的核算
- 掌握资产负债表债务法下应纳税所得额的计算及所得税的核算
- 掌握利润分配的程序及会计处理
- 熟悉基本每股收益与稀释每股收益的计算方法

14.1　利润的构成

利润是一定会计期间的经营成果。利润通常包括收入减去费用后的净额、直接计入当期利润的利得和损失等。

企业收益的内涵不同，表现为不同的利润指标。

1. 营业利润

营业利润是指企业在一定会计期间从事生产经营活动取得的利润，是企业利润总额的重要组成部分。计算公式如下：

营业利润＝营业收入－营业成本－税金及附加－销售费用－管理费用－
研发费用－财务费用－信用减值损失－资产减值损失＋
公允价值变动收益(－公允价值变动损失)＋投资收益(－投资损失)＋
资产处置收益(－资产处置损失)＋净敞口套期收益(－净敞口套期损失)＋
其他收益

2. 利润总额

利润总额是营业利润与营业外收支净额的合计。计算公式如下：

利润总额＝营业利润＋营业外收入－营业外支出

3. 净利润

净利润是利润总额减去所得税费用后的净额。计算公式如下：

净利润＝利润总额－所得税费用

4. 综合收益总额

综合收益总额是净利润加上其他综合收益各项目分别扣除所得税影响后的净额。计算公式如下：

综合收益总额＝净利润＋其他综合收益各项目分别扣除所得税影响后的净额

14.2　计入当期利润的利得和损失

计入当期利润的利得和损失是指企业发生的与日常活动无关的各项利得和损失，计入“营业外收入”和“营业外支出”。

营业外收入主要包括：非流动资产毁损报废利得、债务重组利得（债务重组中因处置非流动资产产生的利得除外）、与企业日常活动无关的政府补助、罚没利得、盘盈利得、接受捐赠利得、确实无法偿还的应付款项利得等。

营业外支出主要包括：非流动资产毁损报废损失、债务重组损失（债务重组中因处置非流动资产产生的损失除外）、罚款支出、公益性捐赠支出、非常损失、盘亏损失等。

营业外收入和营业外支出应分别进行会计核算，两者之间不能相互抵消。

【例 14-1】　甲企业发生财务困难，与乙企业进行债务重组。双方商定：甲企业用一批商品抵偿应付乙企业货款 40 万元，该批商品账面价值 14 万元，未计提跌价准备，公允价值及计税价格均为 20 万元，增值税税率 16%。乙企业已为该项债权计提 4 万元坏账准备。

债务人甲企业应编制会计分录如下。

科目	借方	贷方
借：应付账款	400 000	
贷：主营业务收入		200 000
应交税费——应交增值税（销项税额）		32 000
营业外收入——债务重组利得		168 000
借：主营业务成本	140 000	
贷：库存商品		140 000

债权人乙企业编制会计分录如下。

科目	借方	贷方
借：库存商品	200 000	
应交税费——应交增值税（进项税额）	32 000	
坏账准备	40 000	
营业外支出——债务重组损失	128 000	
贷：应收账款		400 000

14.3 政府补助

政府补助是指企业从政府无偿取得货币性资产或非货币性资产。

政府补助可以划分为与资产相关的政府补助和与收益相关的政府补助。与资产相关的政府补助，是指企业取得的、用于购建或以其他方式形成长期资产的政府补助。与收益相关的政府补助，是指除与资产相关的政府补助之外的政府补助。

政府补助按其与日常活动之间的关系可以划分为与企业日常活动相关的政府补助和与日常活动无关的政府补助。

与企业日常活动相关的政府补助，应当按照经济业务实质，计入其他收益或冲减相关成本费用、资产账面价值。2019年，武汉开发区汉南港区正式通过国务院审批，升级为国家一类水运口岸。2019年9月，该区制定了《细则》实施办法，明确对港口航线、集装箱装卸作业费、集装箱重箱三个方面给予补贴扶持。该《细则》对港口航线补贴的政策为，开通由武汉开发区港口始发至上海洋山港、外高桥港的点对点直达班轮，中途不停靠其他港口装卸货物，且每周航班量在1班以上(含1班)的航运企业，给予最高不超过10万元/航次的补贴，单个企业年奖励总额最高不超过500万元。开通由武汉开发区港口始发至江苏太仓港、上海洋山港、外高桥港以及宜昌、重庆的非直达班轮，中间可停靠其他港口装卸货物的航运企业，给予最高不超过4万元/航次的补贴，单个企业年奖励总额最高不超过300万元。开通由武汉开发区港口始发至日本、韩国、新加坡及东盟四国等近洋国家(地区)直航航线的航运企业，最高可给予30万元/航次的补贴。《细则》对集装箱装卸作业费补贴政策为，对在武汉开发区从事内外贸集装箱装卸作业的港口企业，按港口集装箱装卸作业量给予50元/标准箱的补贴，单个企业年奖励总额最高不超过300万元。该《细则》对集装箱重箱补贴政策为，对在武汉开发区港口装卸集装箱重箱的货代企业按航线航班订舱量给予100元/标准箱/重箱的补贴，单个企业年奖励总额最高不超过300万元。以上的政府补贴属于与日常活动相关的政府补助。

与企业日常活动无关的政府补助，应当计入营业外收入或冲减营业外支出、资产账面价值。2013年交通运输部、财政部、国家发展改革委、工业和信息化部为加快船舶工业结构转型升级、提高航运企业船舶技术水平、促进节能减排，发布的《老旧运输船舶和单壳油轮提前报废更新实施方案》鼓励具有远洋和沿海经营资格的中国籍老旧运输船舶和单壳油轮提前报废更新。根据不同船舶类型、提前报废年限，中央财政安排专项资金按1 500元/总吨的基准对报废更新的船舶给予补助，补助资金按各50%的比例分别在完成拆船和造船后分两次发放。实施对象自2013年1月1日至2015年12月31日期间拆解完毕的老旧运输船舶和单壳油轮，以及拆解后更新的船舶。这种补贴就属于与日常活动无关的政府补助。

政府补助的会计处理方法有总额法和净额法两种方法，如表14-1所示。

表 14-1　不同类型政府补助采用不同方法的会计处理

方　法	总　额　法		净　额　法	
类型	与资产相关	与收益相关	与资产相关	与收益相关
与日常活动相关	确认递延收益,在资产使用寿命内分期计入其他收益	计入当期或有关期间其他收益	冲减相关资产账面价值	冲减当期或有关期间相关成本费用
与日常活动无关	确认递延收益,在资产使用寿命内分期计入营业外收入	计入当期或有关期间营业外收入	冲减相关资产账面价值	冲减当期或有关期间营业外支出

企业要根据经济业务的实质,判断某一类政府补助事项应当采用总额法还是净额法。对同类成类似政府补助事项通常只能选用一种方法,确定之后不得随意变更。

企业对某些补助只能采用一种方法。例如,对一般纳税人增值税即征即退只能采用总额法进行会计处理。又如,对涉及贴息资金的政府补助,为了较为清晰地反映借款费用及其费用化或资本化的金额,应采用净额法并按如下方法进行会计处理。

如果财政将贴息资金直接拨付给企业,企业应当将对应的贴息冲减相关借款费用。

如果财政将贴息资金拨付给贷款银行,由贷款银行以政策性优惠利率向企业提供贷款的,企业可以选择下列方法之一进行会计处理,①以实际收到的借款金额作为借款的入账价值,按照借款本金和该政策性优惠利率计算相关借款费用。②以借款的公允价值作为借款的入账价值并按照实际利率法计算借款费用,实际收到的金额与借款公允价值之间的差额确认为递延收益。递延收益在借款存续期内采用实际利率法摊销,冲减相关借款费用。

【例 14-2】　20×1 年 12 月,甲航运公司根据老旧船舶拆解补贴相关规定,对三艘船龄 20 年的运输船舶进行拆解,获得补贴 1 500 万元。同时开工建造三艘新船,补贴 1 500 万元。该公司采用总额法列报政府补助。

(1) 船舶拆解取得政府补助时的账务处理。

借:银行存款　　　　15 000 000

　　贷:营业外收入　　　　15 000 000

(2) 取得造新船政府补贴时的账务处理。

借:银行存款　　　　15 000 000

　　贷:递延收益　　　　15 000 000

造新船的政府补贴在船舶投入使用后按使用年限分期计入营业外收入。

14.4　所　得　税

14.4.1　所得税会计方法概述

所得税会计核算方法有应付税款法、递延法、收益表债务法和资产负债表债务法。

我国企业会计准则规定，企业应采用资产负债表债务法进行所得税核算。小企业如果执行小企业会计准则，可以采用应付税款法进行所得税核算。

应付税款法对所得税的确认和计量完全服从税法规定，确认的所得税费用与应缴纳的所得税完全一致。其会计处理如下。

借：所得税费用

　　贷：应交税费——应交所得税

14.4.2 资产负债表债务法的运用

我国企业会计准则规定，企业所得税核算采用资产负债表债务法。采用资产负债表债务法核算所得税时，须确认暂时性差异对未来所得税的影响，并将其金额反映在资产负债表的递延所得税资产或递延所得税负债中。

其会计处理如下。

借：所得税费用

　　递延所得税资产（当期产生的可抵扣暂时性差异对所得税的影响额）

　　递延所得税负债（当期转回的应纳税暂时性差异对所得税的影响额）

　　贷：应交税费——应交所得税

　　　　递延所得税负债（当期产生的应纳税暂时性差异对所得税的影响额）

　　　　递延所得税资产（当期转回的可抵扣暂时性差异对所得税的影响额）

　　　　应交所得税＝应纳税所得额×所得税税率

　　　　应纳税所得额＝税前会计利润＋纳税调整增加额－纳税调整减少额

1. 永久性差异和暂时性差异

应纳税所得额与税前会计利润之间的差异分为永久性差异和暂时性差异两类。

永久性差异是指某一会计期间，由于会计准则和税法在计算收益、费用或损失时的口径不一致所产生的税前会计利润与应税所得之间的差异。主要包括：国库券利息收入；股息、红利等权益性投资收益；超标准的公益性捐赠，以及非公益性捐赠；违法经营罚款和被没收财物的损失，以及各项税收滞纳金等；超标准的业务招待费支出；各种非广告性的赞助支出；超标准的利息支出；超标准的工资支出；不符合独立交易原则的关联方支出。

暂时性差异是指资产或负债的账面价值与其计税基础的差异。可能导致资产账面价值与计税基础产生差异的事项主要有，固定资产折旧；自行研发无形资产；无形资产摊销；以公允价值计量且其变动计入当期损益的金融资产、以公允价值计量且其变动计入其他综合收益的金融资产和以公允价值模式计量的投资性房地产的公允价值变动；预计资产减值损失；预计负债；长期股权投资采用权益法核算等。

暂时性差异的类别如表 14-2 所示。

表 14-2　暂时性差异的类别

项目	账面价值	计税基础	对未来纳税影响	暂时性差异类别	递延所得税性质
资产	较大	较小	增加	应纳税	递延所得税负债
资产	较小	较大	减少	可抵扣	递延所得税资产
负债	较大	较小	减少	可抵扣	递延所得税资产
负债	较小	较大	增加	应纳税	递延所得税负债

2. 递延所得税资产和负债的确认及计量

(1) 递延所得税资产的确认及计量

递延所得税资产是指根据可抵扣暂时性差异和所得税税率计算的未来期间可抵扣所得税金额。递延所得税资产确认原则：在估计未来能取得足够的应纳税所得额以利用可抵扣暂时性差异时，应以未来期间很可能取得用以抵扣可抵扣暂时性差异的应纳税所得额为限，确认递延所得税资产。

估计未来期间是否能够产生足够的应纳税所得额时，包括以下两个方面：一是未来期间的正常生产经营所得；二是应纳税暂时性差异转回(会增加转回当期的应纳税所得额)。

【例 14-3】 甲公司及其子公司适用的所得税税率为 25%。年初递延所得税资产账面余额(借方)10 万元，系应收账款计提坏账准备 40 万元所产生，该企业应收账款账面价值 600 万元，计税基础 640 万元。本年度利润总额为 300 万元，其中，支付违法经营罚款 7 万元，收到到期国债利息收入 5 万元，分得境内子公司现金股利 50 万元，计提坏账准备 10 万元。年末应收账款账面价值 950 万元，计税基础 1 000 万元。该公司所得税会计处理采用资产负债表债务法。预计该企业会持续盈利，能够获得足够的应纳税所得额。

年末递延所得税资产＝(1 000－950)×25%＝12.5(万元)

年初递延所得税资产＝(640－600)×25%＝10(万元)

本年度递延所得税资产增加额＝12.5－10＝2.5(万元)

本年度应交所得税＝(300＋7－5－50＋10)×25%＝65.5(万元)

(注：在计算应纳税所得额时，按照税法规定，违法经营罚款不得税前扣除；国债利息收入和居民企业之间的红利免税；计提坏账准备不允许税前扣除，待应收账款发生实质性损失时，将减少未来期间的应纳税所得额和应交所得税。)

借：所得税费用　　630 000
　　递延所得税资产　　25 000
　　贷：应交税费——应交所得税　　655 000

某些可抵扣项目，如可抵扣亏损、享受税收优惠政策的抵减项目等，允许抵减未来的应纳税所得额或直接抵减未来的应交所得税额，从而形成可抵扣暂时性差异。此类可抵扣暂时性差异的特点是：未确认为资产，但有计税基础。实质上，它们是企业获得的所得税利益，即企业整体所产生的经济利益未来流入时可在税前列支或直接抵减应交所得税的金额，是一项隐性资产。发生此类可抵扣暂时性差异，如果预计未来没有足够的应纳税所得额可供抵扣，则不能确认相关的递延所得税资产，因为该项所得税利益很可能无法实现，否则会导致高估资产和虚减亏损，不符合谨慎性原则的要求。

（2）递延所得税负债的确认及计量

递延所得税负债是指根据应纳税暂时性差异和所得税税率计算的未来期间应交所得税金额。应纳税暂时性差异在转回期间将增加企业的应纳税所得额和应交所得税，导致企业经济利益的流出，构成企业应交付税金的义务，故在其发生当期作为负债确认。递延所得税负债确认原则：基于谨慎性要求，除特殊情况外，对于应纳税暂时性差异均应确认相关的递延所得税负债。

【例 14-4】 乙公司本年度利润总额为 200 万元，除了因使用寿命不确定的无形资产所发生的应纳税暂时性差异 30 万元之外，未发生其他暂时性差异及纳税调整事项。本年年初递延所得税资产及负债均无余额。适用的所得税税率为 25%，应做如下会计处理。

借：所得税费用　　500 000

　贷：递延所得税负债（应纳税暂时性差异 30×25%）　　75 000

　　　应交税费——应交所得税（应纳税所得额 170×25%）

　　　　425 000

3. 所得税费用的计量及会计处理

（1）所得税费用的计量

企业所得税费用（所得税收益）由两部分组成：当期所得税；递延所得税。无论哪一部分所得税的计量，都依赖于有关资产或负债的计量，取决于有关资产或负债的增减变化。

所得税费用＝当期所得税费用＋递延所得税费用

当期所得税费用＝当期应交所得税

当期应交所得税应当根据应纳税所得额和适用的所得税税率计算，而应纳税所得额应当在利润总额的基础上按照税法规定进行调整的结果。

递延所得税费用＝当期递延所得税负债的增加（－减少）－

当期递延所得税资产的增加（＋减少）

（2）所得税费用的会计处理

一般情况下，通过记入“所得税费用”账户而计入当期损益，即调整利润表中的所得税费用；若由直接计入所有者权益的交易或者事项所发生的，则记入相应的“其他综合收益”等所有者权益项目；若产生与非同一控制企业合并中取得资产、负债相关的，递延所得税影响应调整购买日确认的商誉等项目。

1）所得税费用计入当期损益

【例 14-5】 甲公司 20×8 年利润总额 1 200 万元，因确认为其母公司提供贷款担保损失增加预计负债 70 万元（假定税法不允许在所得税前扣除）。所得税税率为 25%，递延所得税资产及负债期初均无余额，预计未来能够产生足够的应纳税所得额。甲公司 20×8 年年末暂时性差异如表 14-3 所示。

表 14-3　甲公司 20×8 年年末暂时性差异　　　单位：万元

有关项目	账面价值	计税基础	暂时性差异	
			应纳税	可抵扣
固定资产（计提减值准备）	240	300		60
预计负债（预计产品保修费）	30	0		30
交易性金融资产（公允价值变动）	1 000	800	200	
合计			200	90

应纳税所得额＝1 200－200＋90＋70＝1 160（万元）

应交所得税＝1 160×25%＝290（万元）

递延所得税资产＝90×25%－0＝22.5（万元）

递延所得税负债＝200×25%－0＝50（万元）

借：所得税费用——当期所得税费用　　2 900 000
　　贷：应交税费——应交所得税　　2 900 000

借：所得税费用——递延所得税费用　　275 000
　　递延所得税资产　　225 000
　　贷：递延所得税负债　　500 000

上述两笔会计分录也可合并如下。

借：所得税费用——当期所得税费用　　2 900 000
　　　　　　　——递延所得税费用　　275 000
　　递延所得税资产　　225 000
　　贷：应交税费——应交所得税　　2 900 000
　　　　递延所得税负债　　500 000

假定甲公司 20×9 年利润总额为 1 000 万元。本年追加计提了固定资产减值准备 40 元，上年预计的产品保修费本年实际使用 20 万元，交易性金融资产本年净下跌 120 万元。无其他纳税调整事项。甲公司 20×9 年年末暂时性差异如表 14-4 所示。

表 14-4　甲公司 20×9 年年末暂时性差异　　单位：万元

有关项目	账面价值	计税基础	暂时性差异	
			应纳税	可抵扣
固定资产(计提减值准备)	280	380		100
预计负债(预计产品保修费)	10	0		10
交易性金融资产(公允价值变动)	900	820	80	
合计			80	110

应纳税所得额＝1 000＋40－20＋120＝1 140(万元)

应交所得税＝1 140×25%＝285(万元)

递延所得税负债本期增减变动计算如下。

期末应纳税暂时性差异 80 万元,期末递延所得税负债为 20 万元(80 万元×25%),期初递延所得税负债 50 万元,本期递延所得税负债减少 30 万元(借方)。

递延所得税资产本期增减变动计算如下。

期末可抵扣暂时性差异 110 万元,期末递延所得税资产 27.5 万元(110 万元×25%),期初递延所得税资产 22.5 万元,本期递延所得税资产增加 5 万元(借方)。

借:所得税费用——当期所得税费用　2 850 000
　　递延所得税资产　50 000
　　递延所得税负债　300 000
　　贷:应交税费——应交所得税　2 850 000
　　　　所得税费用—递延所得税费用　350 000

2) 所得税费用计入所有者权益

【例 14-6】 某公司 20×2 年 12 月初支付价款 400 万元购入某股票,并指定为划分为以公允价值计量且其变动计入其他综合收益的金融资产,假定所得税税率为 25%。

20×2 年年末,该股票公允价值上升 80 万元时,

借:其他权益工具投资——公允价值变动　800 000
　　贷:其他综合收益　800 000

确定相关的递延所得税负债,

借:其他综合收益(800 000×25%)　200 000
　　贷:递延所得税负债　200 000

14.5 每股收益

每股收益是评价公司业绩的重要指标之一,分为基本每股收益和稀释每股收益。基本每股收益是按照归属普通股股东的当期净利润除以发行在外普通股的加权平均数计

算的每股收益。

基本每股收益＝归属于普通股股东的当期净利润/当期发行在外普通股的加权平均数

稀释每股收益是以基本每股收益为基础，假定企业所有发行在外的稀释性潜在普通股均以转换为普通股，从而分别调整归属于普通股股东的当期净利润以及发行在外的普通股加权平均数计算的每股收益。

计算稀释每股收益的目的是，在考虑当期所有发行在外稀释性潜在普通股影响的情况下，对可能影响的损益和股数作相应的调整，以体现公司可能存在的最小每股收益。

计算稀释每股收益基于稀释性潜在普通股于当期期初（或发行日）已经全部转换为普通股的假设。计算稀释性潜在普通股转换为已发行普通股而增加的普通股股数的加权平均数时，以前期间发行的稀释性潜在普通股，应当假设在当期期初转换；当期发行的稀释性潜在普通股，应当假设在发行日转换。每股收益指标的分子（归属于普通股股东的当期净利润）的调整，应当考虑当期已确认为费用的稀释性潜在普通股的利息；稀释性潜在普通股转换时将产生的收益或费用，相关所得税的影响。每股收益指标的分母（当期发行在外普通股的加权平均数）的调整：按照假定稀释性潜在普通股转换为已发行普通股而增加的普通股股份数的加权平均数进行调整。

稀释每股收益＝（归属于普通股股东的当期净利润＋假设转换时增加的净利润）/（当期发行在外普通股加权平均数＋假设转换所增加的普通股股数加权平均数）

影响稀释每股收益的因素主要有，发行可转换公司债券；发行认股权证、股份期权；企业承诺将回购其股份的合同；存在多项潜在普通股等。

基本每股收益仅考虑当期实际发行在外的普通股股份，而稀释每股收益的计算和列报主要是为了避免每股收益虚增可能带来的信息误导。

14.6　利润分配

14.6.1　利润分配的程序

根据我国有关的法律、法规规定，企业本年实现的净利润加上年初未分配利润为本年可供分配的利润。企业的可供分配利润一般按如下程序进行分配。

（1）弥补以前年度亏损；

（2）提取法定盈余公积；

（3）提取任意盈余公积；

（4）向投资者或公司股东分配利润或股利。

在企业弥补亏损、提取法定盈余公积之前，不得向所有者或股东分配利润。

14.6.2 向投资者分配利润的形式

企业向所有者分配利润的主要形式有现金股利和股票股利两种方式。采用不同的股利分配政策会对企业的资产总额、所有者权益总额、股本、货币资金等因素产生影响，从而影响企业的财务指标。

分派现金股利，是用现金形式将企业创造的一部分税后利润支付给所有者或股东，不会增加或减少股本，因而不会影响每股收益。分派现金股利会减少企业的货币资金和所有者权益，而减少所有者权益会导致净资产收益率上升。

分派股票股利，是以公司额外发行股票的形式将企业创造的一部分税后利润分派给所有者或股东，不会影响所有者权益总额，但会引起所有者权益内部结构的调整，减少企业的“未分配利润”而增加“股本”，从而导致每股净资产、每股收益下降。分派股票股利对企业的资产没有任何影响。

14.6.3 利润分配的账务处理

企业应设置“利润分配”账户核算企业利润的分配或亏损的弥补情况。“利润分配”账户应设置“提取法定盈余公积”“提取任意盈余公积”“应付现金股利或利润”“转作股本的股利”“盈余公积补亏”和“未分配利润”等明细账户进行明细核算。

年度终了，企业应将本年实现的净利润，自“本年利润”账户转入“利润分配”账户，借记“本年利润”账户，贷记“利润分配——未分配利润”账户；若发生净亏损编制相反的会计分录。同时，将“利润分配”账户其他明细账户的余额转入“利润分配——未分配利润”明细账户。结转后，“利润分配”账户除“未分配利润”明细账户外，其他明细账户应无余额。“利润分配”账户的年末余额，反映企业的未分配利润(贷方余额)或未弥补亏损(借方余额)。

本章小结

企业收益的内涵不同，表现为营业利润、利润总额、净利润、综合收益总额等不同的利润指标。营业外收入和营业外支出均属于计入当期利润的利得和损失，但计入当期利润的利得和损失并非都计入营业外收入、营业外支出项目。政府补助可以划分为与资产相关的政府补助和与收益相关的政府补助。还可以划分为与企业日常活动相关的政府补助和与日常活动无关的政府补助。

所得税会计核算方法有应付税款法、递延法、收益表债务法和资产负债表债务法。我国企业会计准则规定，企业应采用资产负债表债务法进行所得税核算。采用资产负债表债务法核算所得税时，须确认暂时性差异对未来所得税的影响，并将其金额反映在资产负债表的递延所得税资产或递延所得税负债中。应纳税所得额与税前会计利润之间的差异分为永久性差异和暂时性差异两类。暂时性差异是指资产或负债的账面价值与其计税基础的差异。根据对未来的所得税的影响分为应纳税暂时性差异和可抵扣暂时性差异。小企业如果执行小企业会计准则,可以采用应付税款法进行所得税核算。

每股收益是评价公司业绩的重要指标之一,分为基本每股收益和稀释每股收益。

企业的可供分配利润一般按如下程序进行分配,(1)弥补以前年度亏损;(2)提取法定盈余公积;(3)提取任意盈余公积;(4)向投资者分配利润或股利。

思考题

1. 试比较收入与利得、费用与损失的联系及区别。
2. 对政府补助有哪些不同的会计处理方法?按照我国企业会计准则,对政府补助应如何进行核算?
3. 如何确定暂时性差异?应纳税暂时性差异与可抵扣暂时性差异两者有何区别?
4. 影响企业利润分配的因素有哪些?请说明利润分配的一般程序。
5. 基本每股收益与稀释每股收益有何区别?

练习题

【练习题 1】 练习利润相关指标的计算

某企业 20×8 年末除“所得税费用”账户外的其他损益类账户在结转至“本年利润”账户前的余额如表 14-5 所示。

表 14-5　20×8 年 12 月 31 日结转前损益类账户余额

账　　户	借方余额	贷方余额
主营业务收入		2 798 000
主营业务成本	1 960 000	
税金及附加	183 000	
其他业务收入		76 000
其他业务成本	51 000	
销售费用	152 000	
管理费用	169 000	
财务费用	16 000	
投资收益		156 000
资产减值损失	47 000	
公允价值变动损益	22 000	
营业外收入		50 000
营业外支出	90 000	

假设应交所得税 105 000 元，递延所得税资产年初数 65 000 元，年末数 87 000 元；递延所得税负债年初数 24 000 元，年末数 73 000 元。

要求：

(1) 计算营业收入、营业成本、投资净收益(或净损失)、公允价值变动净收益(或净损失)、营业利润、利润总额、所得税费用和净利润；

(2) 编制确认所得税费用和应交所得税的会计分录；

(3) 编制将各损益类科目余额结转至“本年利润”科目的会计分录。

【练习题 2】 练习资产负债表债务法的运用

A 企业适用的所得税税率是 25%，20×8 年会计利润为 375 000 元，该企业当年会计与税收之间的差异包括以下事项：(1)国债利息收入 25 000 元；(2)税款滞纳金 30 000 元；(3)交易性金融资产公允价值增加 30 000 元；(4)提取存货跌价准备 100 000 元；(5)固定资产会计上采用直线法折旧，应计提折旧为 700 000 元，而税法上要求采用双倍余额递减法进行折旧，应计提折旧 800 000 元；(6)提取无形资产减值准备 100 000 元；(7)因售后服务预计费用 50 000 元。该企业 20×8 年期初递延所得税资产和递延所得税负债的账户没有余额。

要求：

(1) 分别确定当期永久性差异、应纳税暂时性差异和可抵扣暂时性差异。

(2) 计算该企业 20×8 年度的应纳税所得额。

(3) 计算该企业 20×8 年应交的所得税。

(4) 确定递延所得税资产与递延所得税负债的金额。

(5) 计算该企业 20×8 年的所得税费用。

(6) 编制所得税核算的会计分录。

第 15 章

财务报表列报

学习目标

- 掌握财务报告的构成和编报要求
- 掌握资产负债表构成及填列方法
- 掌握利润表构成及填列方法
- 掌握现金流量表构成及填列方法
- 了解所有者权益变动表及报表附注内容

15.1 财务报告构成及编报要求

企业的财务报告,是指企业对外提供的、反映企业某一会计期末的财务状况和这一会计期间的经营成果、现金流量等财务会计信息的汇总文本,包括财务报表和其他应当在财务报告中披露的相关信息和资料。企业的财务报表应当包括:(1)资产负债表;(2)利润表;(3)现金流量表;(4)所有者权益变动表;(5)附注。

按照编报期间分类,财务报表可以分为中期报务报表和年度财务报表;按照编报的主体分类,可以分为个别财务报表和合并财务报表。

企业提供一套完整的财务报表,报表和附注在列报上具有同等的重要程度。对于企业编制财务报表,会计准则有具体的编报要求,企业应当依据各项会计准则确认和计量的结果编制财务报表,编制财务报表时应当对企业持续经营能力进行评估,企业应当按照权责发生制(现金流量表信息除外)编制财务报表,企业财务报表的项目列报应当在各个会计期间保持一致,企业单独列报或汇总列报相关项目时应当遵循重要性原则,企业财务报表项目一般不得以金额抵销后的净额列报,企业应当列报可比会计期间的比较数据等。

15.2 资产负债表

15.2.1 资产负债表的内容及结构

1. 资产负债表的内容

资产负债表是指反映企业在某一特定日期财务状况的报表。它反映企业在某一特定日期所拥有或控制的经济资源、所承担的现时义务和所有者对净资产的要求权。通过资产负债表,可以了解这一特定日期企业关于资产、负债和所有者权益及其相互关系的信息。

2. 资产负债表的结构

资产负债表采用账户式结构,报表分为左右两方,左方列示资产各项目,反映全部资产的分布及存在形态;右方列示负债和所有者权益各项目,反映全部负债和所有者权益的内容及构成情况。为了使使用者通过比较不同时点资产负债表的数据,掌握企业财务状况的变动情况及发展趋势,企业需要提供比较资产负债表,各项目分为"期末余额"和"年初余额"两栏分别填列。资产负债表具体格式如表 15-1 所示。

表 15-1 资产负债表

编制单位: 20×2 年 12 月 31 日 单位:元

资　　产	期末余额	年初余额	负债和所有者权益	期末余额	年初余额
流动资产:			流动负债:		
货币资金			短期借款		
交易性金融资产			交易性金融负债		
衍生金融资产			衍生金融负债		
应收票据			应付票据		
应收账款			应付账款		
应收款项融资			预收款项		
预付款项			合同负债		
其他应收款			应付职工薪酬		
其中:应收利息			应交税费		
应收股利			其他应付款		
存货			其中:应付利息		
合同资产			应付股利		
持有待售资产			持有待售负债		
一年内到期的非流动资产			一年内到期的非流动负债		
其他流动资产			其他流动负债		
流动资产合计			流动负债合计		

续表

资　　产	期末余额	年初余额	负债和所有者权益	期末余额	年初余额
非流动资产：			非流动负债：		
债权投资			长期借款		
其他债权投资			应付债券		
长期应收款			其中：优先股		
长期股权投资			永续债		
其他权益工具投资			租赁负债		
其他非流动金融资产			长期应付款		
投资性房地产			长期应付职工薪酬		
固定资产			预计负债		
在建工程			递延收益		
生产性生物资产			递延所得税负债		
油气资产			其他非流动负债		
使用权资产			非流动负债合计		
无形资产			负债合计		
开发支出			所有者权益：		
商誉			实收资本(股本)		
长期待摊费用			其他权益工具		
递延所得税资产			其中：优先股		
其他非流动资产			永续债		
非流动资产合计			资本公积		
			减：库存股		
			其他综合收益		
			专项储备		
			盈余公积		
			未分配利润		
			所有者权益合计		
资产总计			负债和所有者权益总计		

15.2.2　资产负债表的填报要求

资产负债表应当如实反映企业在资产负债表日的资产、负债以及所有者拥有的权益。

1. 资产的列报

资产满足下列条件之一的，应当归类为流动资产。

(1) 预计在一个正常营业周期中变现、出售或耗用。这主要包括存货、应收票据、应收账款等资产。需要指出的是，变现一般针对应收票据、应收账款等而言，指将资产变为现金；出售一般针对产品等存货而言；耗用一般指将存货(如原材料)转变成另一种形态

(如产成品)。

(2) 主要为交易目的而持有。比如一些满足金融工具确认和计量准则规定的持有目的是交易性的金融资产。但是,并非所有交易性金融资产均为流动资产,比如自资产负债表日起超过12个月到期且预期持有超过12个月的衍生工具应当划分为非流动资产或非流动负债。

(3) 预计在资产负债表日起一年内(含一年,下同)变现。

(4) 自资产负债表日起一年内,交换其他资产或清偿负债的能力不受限制的现金或现金等价物。

流动资产以外的资产应当归类为非流动资产。

2. 负债的列报

负债满足下列条件之一的,应当归类为流动负债。

(1) 预计在一个正常营业周期中清偿。

(2) 主要为交易目的而持有。

(3) 自资产负债表日起一年内到期应予以清偿。

(4) 企业无权自主地将清偿推迟至资产负债表日后一年以上。

需要注意的是,企业正常营业周期中的经营性负债项目即使在资产负债表日后超过一年才予以清偿的,仍应划分为流动负债。经营性负债项目包括应付票据、应付账款、应付职工薪酬等,这些项目属于企业正常营业周期中使用的营运资金的一部分。

企业在资产负债表上对债务流动和非流动的划分,还应当反映在资产负债表日有效的合同安排,考虑在资产负债表日起一年内企业是否必须无条件清偿,而资产负债表日之后(即使是财务报告批准报出日前)的再融资、展期或提供宽限期等行为,与资产负债表日判断负债的流动性状况无关。具体而言。

(1) 对于在资产负债表日起一年内到期的负债,企业有意图且有能力自主地将清偿义务展期至资产负债表日后一年以上的,应当归类为非流动负债;不能自主地将清偿义务展期的,即使在资产负债表日后、财务报告批准报出日前签订了重新安排清偿计划协议,该项负债在资产负债表日仍应当归类为流动负债。

(2) 企业在资产负债表日或之前违反了长期借款协议,导致贷款人可随时要求清偿的负债,应当归类为流动负债。但是,如果贷款人在资产负债表日或之前同意提供在资产负债表日后一年以上的宽限期,在此期限内企业能够改正违约行为,且贷款人不能要求随时清偿的,在资产负债表日的此项负债并不符合流动负债的判断标准,应当归类为非流动负债。企业的其他长期负债存在类似情况的,也比照上述规定处理。

3. 所有者权益(或股东权益)的列报

资产负债表中的所有者权益(或股东权益)是企业资产扣除负债后的剩余权益,一般按照净资产的不同来源和特定用途进行分类，按照实收资本(或股本)、其他权益工具、资本公积、其他综合收益、盈余公积和未分配利润等项目分项列示。

15.2.3 资产负债表的填列方法

企业应当根据资产、负债和所有者权益(或股东权益)科目的期末余额填列资产负债表的“期末余额”栏。不同项目的填列金额，应根据不同情况分别填列。

1. 根据总账科目的余额填列

“其他权益工具投资”“递延所得税资产”“长期待摊费用”“短期借款”“应付票据”“持有待售负债”“交易性金融负债”“租赁负债”“递延收益”“递延所得税负债”“实收资本(或股本)”“其他权益工具”“库存股”“资本公积”“其他综合收益”“专项储备”“盈余公积”等项目，应根据有关总账科目的余额填列。其中，自资产负债表日起一年内到期应予以清偿的租赁负债的期末账面价值，在“一年内到期的非流动负债”项目反映；“长期待摊费用”项目中摊销年限(或期限)只剩一年或不足一年的，或者预计在一年内(含一年)进行摊销的部分，仍在“长期待摊费用”项目中列示，不转入“一年内到期的非流动资产”项目；“递延收益”项目中摊销期限只剩一年或不足一年的，或预计在一年内(含一年)进行摊销的部分，不得归类为流动负债，仍在该项目中填列，不转入“一年内到期的非流动负债”项目。

有些项目则应根据几个总账科目的余额计算填列，如“货币资金”项目，需根据“库存现金”“银行存款”“其他货币资金”三个总账科目余额的合计数填列；“其他应付款”项目，需根据“其他应付款”“应付利息”“应付股利”三个总账科目余额的合计数填列。

2. 根据明细账科目的余额分析计算填列

“开发支出”项目，应根据“研发支出”科目中所属的“资本化支出”明细科目期末余额填列；“应付账款”项目，应根据“应付账款”和“预付账款”科目所属的相关明细科目的期末贷方余额合计数填列；“预收款项”项目，应根据“预收账款”和“应收账款”科目所属各明细科目的期末贷方余额合计数填列；“交易性金融资产”项目，应根据“交易性金融资产”科目的明细科目期末余额分析填列，自资产负债表日起超过一年到期且预期持有超过一年的以公允价值计量且其变动计入当期损益的非流动金融资产，在“其他非流动金融资产”项目中填列；“其他债权投资”项目，应根据“其他债权投资”科目的明细科目余额分析填列，自资产负债表日起一年内到期的长期债权投资，在“一年内到期的非流动资产”项目中填列，购入的以公允价值计量且其变动计入其他综合收益的一年内到期的债权投资，在“其他流动资产”项目中填列；“应收款项融资”项目，应根据“应收票据”“应收账款”科目的明细科目期末余额分析填列；“应交税费”项目，应根据“应交税费”科目的明细科目期末余额分析填列，其中的借方余额，应当根据其流动性在“其他流动资产”或“其他非流动资产”项目中填列；“一年内到期的非流动资产”“一年内到期的非流动负债”项目，应根据有关非流动资产或负债项目的明细科目余额分析填列；“应付职工薪酬”项目，应根据“应付职工薪酬”科目的明细科目期末余额分析填列；“预计负债”项目，应根据“预计负债”科目的明细科目期末余额分析填列；“未分配利润”项目，应根据“利润分配”科目中所属的“未分配利润”明细科目期末余额填列。

【例 15-1】 某货代企业 20×1 年 9 月 30 日有关资料如表 15-2 所示。

表 15-2 某货代企业 20×1 年 9 月 30 日资料 单位：元

总账账户			所属明细科目		
账户	借方	贷方	账户	借方	贷方
应收账款	4 000		甲客户	4 800	
			乙客户		800
预付账款	8 000		丙供应商	9 200	
			丁供应商		1 200
预收账款		2 000	A 客户		2 400
			B 客户	400	

根据上述资料，该公司月末资产负债表中“应收账款”“应付账款”“预收款项”“预付款项”项目的金额，应进行如下计算。

应收账款＝4 800＋400＝5 200(元) 应付账款＝1 200(元)

预收款项＝2 400＋800＝3 200(元) 预付款项＝9 200(元)

3. 根据总账科目和明细账科目的余额分析计算填列

“长期借款”“应付债券”项目，应分别根据“长期借款”“应付债券”总账科目余额扣除“长期借款”“应付债券”科目所属的明细科目中将在资产负债表日起一年内到期，且企业不能自主地将清偿义务展期的部分后的金额计算填列；“其他流动资产”“其他流动负债”项目，应根据有关总账科目及有关科目的明细科目期末余额分析填列；“其他非流动负债”项目，应根据有关科目的期末余额减去将于一年内(含一年)到期偿还数后的金额填列。

4. 根据有关科目余额减去其备抵科目余额后的净额填列

“持有待售资产”“长期股权投资”“商誉”项目，应根据相关科目的期末余额填列，已计提减值准备的，还应扣减相应的减值准备；“在建工程”项目，应根据“在建工程”和“工程物资”科目的期末余额，扣减“在建工程减值准备”和“工程物资减值准备”科目的期末余额后的金额填列；“固定资产”项目，应根据“固定资产”和“固定资产清理”科目的期末余额，减去“累计折旧”和“固定资产减值准备”科目的期末余额后的金额填列；“无形资产”“投资性房地产”“生产性生物资产”“油气资产”项目，根据相关科目的期末余额扣减相关的累计折旧（或摊销、折耗）填列，已计提减值准备的，还应扣减相应的减值准备，折旧（或摊销、折耗）年限（或期限）只剩一年或不足一年的，或者预计在一年内（含一年）进行折旧（或摊销、折耗）的部分，仍在上述项目中列示，不转入“一年内到期的非流动资产”项目，采用公允价值计量的上述资产，应根据相关科目的期末余额填列；“长期应收款”项目，应根据“长期应收款”科目的期末余额，减去相应的“未实现融资收益”科目和“坏账准备”科目所属相关明细科目期末余额后的金额填列；“使用权资产”项目，应根据“使用权资产”科目的期末余额，减去“使用权资产累计折旧”和“使用权资产减值准备”科目的期末余额后的金额填列；“长期应付款”项目，应根据“长期应付款”和“专项应付款”科目的期末余额，减去相应的“未确认融资费用”科目期末余额后的金额填列。

5. 综合运用上述填列方法分析填列

主要包括：“应收票据”项目，应根据“应收票据”科目的期末余额，减去“坏账准备”科目中相关坏账准备期末余额后的金额分析填列；“应收账款”项目，应根据“应收账款”科目的期末余额，减去“坏账准备”科目中相关坏账准备期末余额后的金额分析填列；“其他应收款”项目，应根据“其他应收款”“应收利息”“应收股利”科目的期末余额合计数，减去“坏账准备”科目中相关坏账准备期末余额后的金额填列；“预付款项”项目，应根据“预付账款”和“应付账款”科目所属各明细科目的期末借方余额合计数，减去“坏账准备”科目中相关坏账准备期末余额后的金额填列；“债权投资”项目，应根据“债权投资”科目的相关明细科目的期末余额，减去“债权投资减值准备”科目中相关减值准备的期末余额后的金额分析填列，自资产负债表日起一年内到期的长期债权投资，在“一年内到期的非流动资产”项目中填列，购入的以摊余成本计量的一年内到期的债权投资，在“其他流动资产”项目中填列；“合同资产”和“合同负债”项目，应根据“合同资产”科目和“合同负债”科目的明细科目期末余额分析填列，同一合同下的合同资产和合同负债应当以净额列示，其中净额为借方余额的，应当根据其流动性在“合同资产”或“其他非流动资产”项目中填列，已计提减值准备的，还应减去“合同资产减值准备”科目中相应的期末余额后的金额填列，其中净额为贷方余额的，应当根据其流动性在“合同负债”或“其他非流动负债”项目中填列；“存货”项目，应根据“材料采购”“原材料”等科目的期末余额及“合同履约成本”科目的明细科目中初始确认时摊销期限不超过一年或一个正常营业周期的期末余额合计，减去“存货跌价准备”科目期末余额及“合同履约成本减值准备”科目中相应的期末余额后的金额填列“其他非流动资产”项目，应根据有关科目的期末余额减去将于一年内（含一年）收回数后的金额，及“合同取得成本”科目和“合同履约成本”科目的明细科目中初始确认时摊销期限在一年或一个正常营业周期以上的期末余额，减去“合同取得成本减值准备”科目和“合同履约成本减值准备”科目中相应的期末余额填列。

资产负债表中的“上年年末余额”栏通常根据上年年末有关项目的期末余额填列，且与上年年末资产负债表"期末余额"栏相一致。如果企业发生了会计政策变更、前期差错更正，应当对"上年年末余额"栏中的有关项目进行相应调整。如果企业上年度资产负债表规定的项目名称和内容与本年度不一致，应当对上年年末资产负债表相关项目的名称和金额按照本年度的规定进行调整，填入"上年年末余额"栏。

15.3 利 润 表

15.3.1 利润表的内容及结构

1. 利润表的内容

利润表是反映企业在一定会计期间的经营成果的报表。利润表的列报应当充分反映企业经营业绩的主要来源和构成，有助于使用者判断净利润的质量及其风险，有助于使用者预测净利润的持续性，从而作出正确的决策。

2. 利润表的结构

企业利润表采用的是多步式结构，即通过对当期的收入、费用、支出项目按性质加以归类，按利润形成的主要环节列示一些中间性利润指标，分步计算当期净损益，便于使用者理解企业经营成果的不同来源。企业利润表对于费用列报通常应当按照功能进行分类，即分为从事经营业务发生的成本、管理费用、销售费用、研发费用和财务费用等，有助于使用者了解费用发生的活动领域；与此同时，为了有助于报表使用者预测企业的未来现金流量，对于费用的列报还应当在附注中披露按照性质分类的补充资料，比如分为耗用的原材料、职工薪酬费用、折旧费用、摊销费用等。

利润表具体格式见表 15-3 所示。

表 15-3 利 润 表

编制单位： 年 月 单位：元

项 目	本期金额	上期金额
一、营业收入		
减：营业成本		
税金及附加		
销售费用		
管理费用		
研发费用		
财务费用		
其中：利息费用		
利息收入		

续表

项　　目	本期金额	上期金额
加：其他收益		
投资收益(损失以"－"号填列)		
其中：对联营企业和合营企业的投资收益		
以摊余成本计量的金融资产终止确认收益(损失以"－"号填列)		
净敞口套期收益(损失以"－"号填列)		
公允价值变动收益(损失以"－"号填列)		
信用减值损失(损失以"－"号填列)		
资产减值损失(损失以"－"号填列)		
资产处置收益(损失以"－"号填列)		
二、营业利润(亏损以"－"号填列)		
加：营业外收入		
减：营业外支出		
三、利润总额(亏损总额以"－"号填列)		
减：所得税费用		
四、净利润(净亏损以"－"号填列)		
(一) 持续经营净利润(净亏损以"－"号填列)		
(二) 终止经营净利润(净亏损以"－"号填列)		
五、其他综合收益的税后净额		
(一) 不能重分类进损益的其他综合收益		
1. 重新计量设定受益计划变动额		
2. 权益法下不能转损益的其他综合收益		
3. 其他权益工具投资公允价值变动		
4. 企业自身信用风险公允价值变动		
5. 其他		
(二) 将重分类进损益的其他综合收益		
1. 权益法下可转损益的其他综合收益		
2. 其他债权投资公允价值变动		
3. 金融资产重分类计入其他综合收益的金额		
4. 其他债权投资信用减值准备		
5. 现金流量套期储备		
6. 外币财务报表折算差额		
7. 其他		
六、综合收益总额		
七、每股收益		
(一) 基本每股收益		
(二) 稀释每股收益		

15.3.2 利润表的填报方法

利润表“本期金额”栏一般应根据损益类科目和所有者权益类有关科目的发生额填列。

(1)“营业收入”“营业成本”“税金及附加”“销售费用”“管理费用”“财务费用”“其他收益”“投资收益”“净敞口套期收益”“公允价值变动收益”“信用减值损失”“资产减值损失”“资产处置收益”“营业外收入”“营业外支出”“所得税费用”等项目,应根据有关损益类科目的发生额分析填列。

(2)“研发费用”项目,应根据“管理费用”科目下的“研发费用”明细科目的发生额,以及“管理费用”科目下的“无形资产摊销”明细科目的发生额分析填列。

(3)“其中:利息费用”和“利息收入”项目,应根据“财务费用”科目所属的相关明细科目的发生额分析填列,且这两个项目作为“财务费用”项目的其中项以正数填列。

(4)“其中:对联营企业和合营企业的投资收益”和“以摊余成本计量的金融资产终止确认收益”项目,应根据“投资收益”科目所属的相关明细科目的发生额分析填列。

(5)“其他综合收益的税后净额”项目及其各组成部分,应根据“其他综合收益”科目及其所属明细科目的本期发生额分析填列。

(6)“营业利润”“利润总额”“净利润”“综合收益总额”项目,应根据本表中相关项目计算填列。

(7)“(一)持续经营净利润”和“(二)终止经营净利润”项目,应根据持有待售的非流动资产、处置组和终止经营准则的相关规定分别填列。

利润表中的“上期金额”栏应根据上年同期利润表“本期金额”栏内所列数字填列。

如果上年同期利润表规定的项目名称和内容与本期不一致,应对上年同期利润表各项目的名称和金额按照本期的规定进行调整,填入“上期金额”栏。

15.4 现金流量表

15.4.1 现金流量表的内容及结构

1. 现金流量表的内容

现金流量表,是指反映企业在一定会计期间现金和现金等价物流入和流出的报表。

现金流量表中的“现金”包括现金和现金等价物两部分。

从编制原则上看,现金流量表按照收付实现制原则编制,将权责发生制下的盈利信息调整为收付实现制下的现金流量信息,便于信息使用者了解企业净利润的质量。从内容上看，现金流量表被划分为经营活动、投资活动和筹资活动三个部分，每类活动又分为各具体项目，这些项目从不同角度反映企业业务活动的现金流入与流出，弥补了资产负债表和利润表提供信息的不足。通过现金流量表，报表使用者能够了解现金流量的影响因素，评价企业的支付能力、偿债能力和周转能力，预测企业未来现金流量，为其决策提供有力依据。

2. 现金流量表的结构

在现金流量表中，现金及现金等价物被视为一个整体，企业现金形式的转换不会产生现金的流入和流出。例如，企业从银行提取现金，是企业现金存放形式的转换，并未流出企业，不构成现金流量。同样，现金与现金等价物之间的转换也不属于现金流量，例如，企业用现金购买三个月到期的国库券。根据企业业务活动的性质和现金流量的来源，现金流量表在结构上将企业一定期间产生的现金流量分为三类：经营活动产生的现金流量、投资活动产生的现金流量和筹资活动产生的现金流量。

现金流量表的具体格式表 15-4 所示。

表 15-4　现金流量表

编制单位：　　　　　年　月　　　　　单位：元

项　目	本期金额	上期金额
一、经营活动产生的现金流量：		
销售商品、提供劳务收到的现金		
收到的税费返还		
收到其他与经营活动有关的现金		
经营活动现金流入小计		
购买商品、接受劳务支付的现金		
支付给职工以及为职工支付的现金		
支付的各项税费		
支付其他与经营活动有关的现金		
经营活动现金流出小计		
经营活动产生的现金流量净额		
二、投资活动产生的现金流量：		
收回投资收到的现金		
取得投资收益收到的现金		
处置固定资产、无形资产和其他长期资产收回的现金净额		
处置子公司及其他营业单位收到的现金净额		
收到其他与投资活动有关的现金		
投资活动现金流入小计		
购建固定资产、无形资产和其他长期资产支付的现金		
投资支付的现金		
取得子公司及其他营业单位支付的现金净额		
支付其他与投资活动有关的现金		

续表

项 目	本期金额	上期金额
投资活动现金流出小计		
投资活动产生的现金流量净额		
三、筹资活动产生的现金流量：		
吸收投资收到的现金		
取得借款收到的现金		
收到其他与筹资活动有关的现金		
筹资活动现金流入小计		
偿还债务支付的现金		
分配股利、利润或偿付利息支付的现金		
支付其他与筹资活动有关的现金		
筹资活动现金流出小计		
筹资活动产生的现金流量净额		
四、汇率变动对现金及现金等价物的影响		
五、现金及现金等价物净增加额		
加：期初现金及现金等价物余额		
六、期末现金及现金等价物余额		

附注：

补 充 资 料	本期金额	上期金额
1. 将净利润调节为经营活动现金流量：		
净利润		
加：资产减值准备		
固定资产折旧、油气资产折耗、生产性生物资产折旧		
无形资产摊销		
长期待摊费用摊销		
处置固定资产、无形资产和其他长期资产的损失(收益以“－”号填列)		
固定资产报废损失(收益以“－”号填列)		
公允价值变动损失(收益以“－”号填列)		
财务费用(收益以“－”号填列)		
投资损失(收益以“－”号填列)		
递延所得税资产的减少(增加以“－”号填列)		
递延所得税负债的增加(减少以“－”号填列)		
存货的减少(增加以“－”号填列)		
经营性应收项目的减少(增加以“－”号填列)		
经营性应付项目的增加(减少以“－”号填列)		
其他		
经营性活动产生的现金流量净额		
2. 不涉及现金收支的重大投资和筹资活动：		
债务转为资本		
一年内到期的可转换公司债券		

续表

补 充 资 料	本期金额	上期金额
融资租入固定资产		
3. 现金及现金等价物净变动情况		
现金的期末余额		
减：现金的期初余额		
加：现金等价物的期末余额		
减：现金等价物的期初余额		
现金及现金等价物净增加额		

15.4.2　现金流量表的编制方法

现金流量表的编制，可以根据企业业务量的大小及复杂程度，采用分析填列法、工作底稿法、T 形账户法等。常用的方法是分析填列法。

1. 经营活动现金流量

经营活动现金流量的列报有直接法和间接法两种。

直接法是指通过现金收入和支出的主要类别列示经营活动现金流量的方法。现金流量表主表的项目，应当采用直接法填列。

(1) 经营活动现金流入项目

经营活动现金流入项目有，销售商品、提供劳务收到的现金（包括收到的增值税销项税额）；收到的税费返还；收到的其他与经营活动有关的现金。

(2) 经营活动现金流出项目

经营活动现金流出项目有，购买商品、接受劳务支付的现金（包括支付的增值税进项税额）；支付给职工及为职工支付的现金（其中现金支付的应由在建工程和无形资产负担的职工薪酬属于投资活动）；支付的各项税费；支付的其他与经营活动有关的现金。

【例 15-2】 某港务管理公司本期主营业务成本 300 万元，材料备件等存货账户期初余额 160 万元，本期购入材料备件等物资 200 万元，本期装卸堆存等业务耗用材料备件等 300 万元期末存款余额 60 万元；本期购入材料备件等增值税进项税额 34 万元；应付账款账户期初余额 60 万元，本期应付采购款项增加额 93.6 万元，本期偿还应付款项 140 万元，应付账款期末余额 13.6 万元；预付账款账户期初余额 20 万元，本期预付 50 万元（无其他调整因素）预付账款期末余额 70 万元。

该公司现金流量表中，“购买商品、接受劳务支付的现金”的金额。

① 按照现金收付直接计算，

(2 000 000＋340 000－936 000)＋1 400 000＋500 000＝3 304 000(元)

② 在主营业务成本基础上调整计算，

3 000 000 ＋ 340 000 ＋ (600 000 － 1 600 000) ＋ (700 000 － 200 000) ＋ (600 000 － 136 000) ＝3 304 000(元)

2. 投资活动产生的现金流量

投资活动是指企业长期资产的购建和不包括在现金等价物范围内的投资及其处置活动。长期资产是指固定资产、无形资产、在建工程、其他资产等持有期限在一年或一个营业周期以上的资产。

(1) 投资活动现金流入项目

投资活动现金流入项目有,收回投资所收到的现金(不包括债权投资收到的利息);取得投资收益收到的现金;处置固定资产、无形资产和其他长期资产收回的现金净额;处置子公司及其他营业单位收到的现金净额;收到的其他与投资活动有关的现金。

(2) 投资活动现金流出项目

投资活动现金流出项目有,购建固定资产、无形资产和其他长期资产支付的现金;投资所支付的现金;取得子公司及其他营业单位支付的现金净额;支付的其他与投资活动有关的现金。

3. 筹资活动产生的现金流量

筹资活动是指导致企业资本及债务规模和构成发生变化的活动。这里所说的资本,既包括实收资本(股本),也包括资本溢价(股本溢价);这里所说的债务,指对外举债,包括向银行借款、发行债券以及偿还债务等。此外,对于企业日常活动之外的、不经常发生的特殊项目,如自然灾害损失、保险赔款、捐赠等,应当归并到相关类别中,并单独反映。

(1) 筹资活动现金流入项目

筹资活动现金流入项目有,吸收投资所收到的现金(发行股票筹资时应减除由金融机构支付的佣金、手续费等发行费用);借款所收到的现金(发行债券筹资时应减除由金融机构支付的佣金、手续费等发行费用);收到的其他与筹资活动有关的现金。

企业以发行股票、债券等方式筹集资金时,由金融机构支付的佣金、手续费等发行费用应作为股票、债券发行收入的减项。

(2) 筹资活动现金流出项目

筹资活动现金流出项目有,偿还债务所支付的现金;分配股利、利润或偿付利息所支付的现金;支付其他与筹资活动有关现金(包括企业筹资时支付的审计、咨询等费用)。

4. 汇率变动对现金及现金等价物的影响

汇率变动对现金的影响,指企业外币现金流量及境外子公司的现金流量折算成记账本位币时,所采用的是现金流量发生日的即期汇率或按照系统合理的方法确定的、与现金流量发生日即期汇率近似的汇率,而现金流量表“现金及现金等价物净增加额”项目中外币现金净增加额是按资产负债表日的即期汇率折算的。这两者的差额即为汇率变动对现金的影响。

5. 现金流量表附注(补充资料)披露的内容及填列

(1) 将净利润调节为经营活动的现金流量

将净利润调节为经营活动的现金流量,是采用间接法披露经营活动的现金流量信息。间接法以本期净利润为起算点,调整不涉及现金的收入、费用、营业外收支等有关项目的增减变动,据此计算出经营活动的现金流量。实际上就是将按权责发生制原则确定的净利润调整为现金净流入,并剔除投资活动和筹资活动对现金流量的影响。现金流量表附注中采用间接法披露将净利润调节为经营活动现金流量。

采用间接法计算的经营活动产生的现金流量净额与直接法下计算的经营活动产生的现金流量净额相等。

(2) 不涉及现金收支的重大投资和筹资活动

主要披露,债务转为资本、一年内到期的可转换公司债券、融资租入固定资产的信息。

(3) 现金及现金等价物净变动情况

计算得出的现金及现金等价物净增加额,应当与现金流量表中的"现金及现金等价物净增加额"项目的数额相等。

总结来看,采用直接法编报的现金流量表,便于分析企业经营活动产生的现金流量的来源和用途,预测企业现金流量的未来前景;采用间接法编报的现金流量表,便于将净利润与经营活动产生的现金流量净额进行比较,了解净利润与经营活动产生的现金流量差异的原因,从现金流量的角度分析净利润的质量。所以,我国企业会计准则规定企业应当采用直接法编报现金流量表,同时要求在附注中提供以净利润为基础调节到经营活动现金流量的信息。

15.5 所有者权益变动表

15.5.1 所有者权益变动表的内容及结构

1. 所有者权益变动表的内容

所有者权益变动表是指反映构成所有者权益各组成部分当期增减变动情况的报表。

所有者权益变动表应当全面反映一定时期所有者权益变动的情况,不仅包括所有者权益总量的增减变动,还包括所有者权益增减变动的重要结构性信息,让报表使用者准确理解所有者权益增减变动的根源。

在所有者权益变动表中,综合收益和与所有者(或股东)的资本交易导致的所有者权益的变动,应当分别列示。企业至少应当单独列示反映下列信息的项目:(1)综合收益总额；(2)会计政策变更和前期差错更正的累积影响金额；(3)所有者投入资本和向所有者分配利润等；(4)提取的盈余公积；(5)所有者权益各组成部分的期初和期末余额及其调节情况。

2. 所有者权益变动表的结构

所有者权益变动表通常以矩阵的形式列示，一方面，列示导致所有者权益变动的交易或事项，改变了以往仅仅按照所有者权益的各组成部分反映所有者权益变动情况，而是从所有者权益变动的来源对一定时期所有者权益变动情况进行全面反映；另一方面，按照所有者权益各组成部分(包括实收资本、资本公积、其他综合收益、盈余公积、未分配利润和库存股等)及其总额列示交易或事项对所有者权益的影响。此外，企业还需要提供比较所有者权益变动表，所有者权益变动表还就各项目再分为"本年金额"和"上年金额"两栏分别填列。

15.5.2 所有者权益变动表的填报方法

所有者权益变动表"上年金额"栏内各项数字，应根据上年度所有者权益变动表"本年金额"栏内所列数字填列。如果上年度所有者权益变动表规定的项目的名称和内容与本年度不一致，应对上年度所有者权益变动表各项目的名称和金额按照本年度的规定进行调整，填入所有者权益变动表"上年金额"栏内。

所有者权益变动表"本年金额"栏内各项数字一般应根据"实收资本(或股本)""其他权益工具""资本公积""盈余公积""专项储备""其他综合收益""利润分配""库存股""以前年度损益调整"等科目及其明细科目的发生额分析填列。

15.6 财务报表附注披露

15.6.1 附注概述

附注是对在资产负债表、利润表、现金流量表和所有者权益变动表等报表中列示项目的文字描述或明细资料，以及对未能在这些报表中列示项目的说明等。

附注相关信息应当与资产负债表、利润表、现金流量表和所有者权益变动表等报表中列示的项目相互参照，以有助于使用者联系相关联的信息，并由此从整体上更好地理解财务报表。

企业在披露附注信息时，应当以定量、定性信息相结合，按照一定的结构对附注信息进行系统合理的排列和分类，以便于使用者理解和掌握。

15.6.2　附注的主要内容

附注应当按照如下顺序至少披露下列内容。

1. 企业的基本情况。

(1) 企业注册地、组织形式和总部地址。

(2) 企业的业务性质和主要经营活动。

(3) 母公司以及集团最终母公司的名称。

(4) 财务报告的批准报出者和财务报告批准报出日，或者以签字人及其签字日期为准。

(5) 营业期限有限的企业，还应当披露有关其营业期限的信息。

2. 财务报表的编制基础。

3. 遵循企业会计准则的声明。

4. 重要会计政策和会计估计。

5. 会计政策和会计估计变更以及差错更正的说明。

6. 报表重要项目的说明。

7. 其他需要说明的重要事项。

8. 有助于财务报表使用者评价企业管理资本的目标、政策及程序的信息。

本章小结

资产负债表是反映企业在某一特定日期财务状况的财务报表，资产负债表各项目期末数据的填列方法可以归纳为五种方法。

利润表是反映企业一定会计期间经营成果的财务报表。利润表“本期金额”栏内各项数字一般应根据损益类账户发生额分析填制。

现金流量表是反映企业一定会计期间现金流入与流出情况的财务报表，是按照收付实现制，以现金及现金等价物为基础编制的。现金流量表主表是以直接法编制，分别经营、投资、筹资活动，从现金流入和流出两个方面列报现金收支项目和各类活动产生的现金流量净额。直接法通过现金收入和现金支出的主要类别反映来自企业经营活动的现金流量。采用直接法编制经营活动的现金流量时，一般以利润表中的营业收入为起算点，调整与经营活动有关项目的增减变动，然后计算出经营活动现金流量。

所有者权益变动表是反映企业所有者权益各组成项目在一定会计期间内增减变动情况的财务报表。

思考题

1. 简述资产负债表列报的内容,说明其编制方法。
2. 简述利润表列报的内容,说明其编制方法。
3. 简述现金流量表列报的内容,说明其编制方法。

练习题

【练习题 1】 练习资产负债表的编制方法

甲公司 20×8 年 12 月 31 日全部总账和有关明细账余额如下。

表 15-5 甲公司相关明细账余额 单位:元

总账	明细账户	借方余额	贷方余额	总账	明细账户	借方余额	贷方余额
库存现金		3 000		短期借款			180 000
银行存款		45 000		应付账款			30 000
交易性金融资产		42 000			F 公司		21 000
应收账款		69 000			G 公司	15 000	
	A 公司	30 000			H 公司		24 000
	B 公司		6 000	预收账款			3 000
	C 公司	45 000			J 公司		12 000
预付账款		14 100			K 公司	9 000	
	D 公司	15 000		其他应付款			36 000
	E 公司		900	应付职工薪酬			104 100
其他应收款		30 000		应交税费			180 000
原材料		81 000		应付股利			600 00
生产成本		24 000		长期借款			192 000
库存商品		60 000		股本			840 000
长期股权投资		681 000		盈余公积			66 240
固定资产		1 200 000		利润分配	未分配利润		479 760
累计折旧			180 000				
无形资产		90 000					
长期待摊费用		12 000					

要求:根据相关资料填列资产负债表。

【**练习题 2**】　练习利润表的编制方法

甲公司 20×8 年除“所得税费用”账户外的其他损益类账户在结转至“本年利润”账户前的余额如下。

表 15-6　甲公司相关明细账余额

账　户	借 方 余 额	贷 方 余 额
主营业务收入		2 798 000
主营业务成本	1 960 000	
税金及附加	183 000	
其他业务收入		76 000
其他业务成本	51 000	
销售费用	152 000	
管理费用	169 000	
财务费用	16 000	
投资收益		156 000
资产减值损失	47 000	
公允价值变动损益	22 000	
营业外收入		50 000
营业外支出	90 000	

假设应交所得税 105 000 元，递延所得税资产年初数 65 000 元，年末数 87 000 元；递延所得税负债年初数 24 000 元，年末数 73 000 元。

要求：

(1) 计算营业收入、营业成本、营业利润、利润总额、所得税费用和净利润；

(2) 编制甲公司 20×8 年度的利润表。

【**练习题 3**】　练习直接法下现金流量表的编制

乙公司为增值税一般纳税人，20×8 年 12 月 31 日资产负债表有关项目期末余额和年初余额如表 15-7 所示。

表 15-7　资产负债表有关项目资料表　　单位：元

资　产	期末余额	年初余额	负债和所有者权益	期末余额	年初余额
应收票据	15 000	20 000	应付账款	13 500	21 000
应收账款	285 000	190 000	应付职工薪酬	15 300	2 550
预付款项	7 500	5 000	应交税费	2 350	1 900
存货	32 500	47 500			

该企业本年其他有关资料如下。

(1) 本年主营业务收入 400 000 元，主营业务成本(产品销售成本)225 000 元。

(2) 坏账准备年初余额 10 000 元，本年未发生坏账损失，年末计提应收账款坏账准备 5 000 元。存货跌价准备年初、年末无余额。

(3) 本年发生增值税销项税额 68 000 元,进项税额 35 700 元。

(4) 本年因洪涝灾害造成存货损失 1 000 元,已全部计入当期损益。

(5) 本年发生职工工资 42 500 元已全部支付,其中:企业行政管理人员 17 500 元,车间管理人员及生产工人 25 000 元。本年计提职工养老保险等社会保险费用 12 750 元,其中企业行政管理人员 5 250 元,车间管理人员及生产工人 7 500 元。

本年未发生属于投资、筹资活动的经济业务。

要求:

根据上述资料(不考虑其他因素)计算填列本年现金流量表下列项目的金额。

(1) 销售商品、提供劳务收到的现金

(2) 购买商品、接受劳务支付的现金

(3) 支付给职工及为职工支付的现金

(4) 支付的各项税费

【练习题 4】 练习间接法下现金流量表的编制

甲公司 20×7 年度净利润为 8 650 000 元,在 20×7 年度的有关经济业务如下。

(1) 20×7 年度的折旧费用为 450 000 元;

(2) 20×7 年度计提坏账准备 40 000 元;

(3) 应收账款账户年初余额 500 000 元,年末余额 800 000 元;

(4) 应付账款账户年初余额 380 000 元,年末余额 200 000 元;

(5) 无形资产摊销 15 000 元;

(6) 支付股票股利 200 000 元;

(7) 预计产品质量保证费用 15 000 元;

(8) 固定资产报废损失 4 500 元;

(9) 存货年初余额 460 000 元,年末余额 350 000 元。

要求:采用间接法编制现金流量表(将净利润调节为经营活动现金流量)。

附录

练习题参考答案

参考文献

[1] 邓志铮.水运会计学[M].大连：大连海运学院出版社,1992.

[2] 邵瑞庆.水运企业财务会计学[M].北京：人民交通出版社,1998.

[3] 邵瑞庆.关于制定交通运输业会计核算规程的若干问题[J].上海会计,2003,(03)：13-16.

[4] 邵瑞庆.《水运企业会计核算办法》关于固定资产的核算问题[J].交通财会,2005,216(07)：52-59.

[5] 邵瑞庆.《水运企业会计核算办法》关于营运结算款项的核算问题[J].交通财会,2005,215(06)：52-55.

[6] 邵瑞庆.《水运企业会计核算办法》关于营运收入的核算问题[J].交通财会,2005,213(04)：4-8.

[7] 邵瑞庆.《水运企业会计核算办法》关于营运成本、费用的核算问题[J].交通财会,2005,(05)：47-55.

[8] 邵瑞庆.关于加强行业会计研究的思考[J].会计之友,2007,(11)：4-6.

[9] 邵瑞庆.交通运输企业固定资产会计的若干问题[J].上海海事大学学报,2006,27(01).

[10] 杨矛甄.港口企业装卸实务[M]北京：中国物资出版社,2009.

[11] 真虹.港口管理[M].北京：人民交通出版社,2009.

[12] 胡美芬、王义源.远洋运输业务(第四版)[M].北京：人民交通出版社,2006.

[13] 董力为.运输企业会计[M].北京：中国财政经济出版社,2012.

[14] 中国注册会计师协会组织编写.2021年注册会计师全国统一考试辅导教材(会计).北京：中国财政经济出版社,2021.

[15] 张维宾.中级财务会计学 [M].6版.上海：立信会计出版社,2018.

[16] 胡顺义、许学梅、李海洋.中级财务会计[M] 2版.南京：南京大学出版社,2018.

[17] 吴学斌.中级财务会计[M].4版.北京：人民邮电出版社,2019.

[18] 刘永泽、陈立军.中级财务会计[M].大连：东北财经大学出版社,2018.

[19] 陈立军.中级财务会计[M].3版.北京：中国人民大学出版社,2017.

[20] 路国平、黄中生.中级财务会计[M].3版.北京：高等教育出版社,2018.

[21] 郑卫茂、郭志英、章雁.中级财务会计实训教程[M].北京：清华大学出版社,2020.

[22] 赵盟、付艳、王欣、孙家能.会计学[M].北京：清华大学出版社,2018.

教师服务

感谢您选用清华大学出版社的教材！为了更好地服务教学，我们为授课教师提供本书的教学辅助资源，以及本学科重点教材信息。请您扫码获取。

教辅获取

本书教辅资源，授课教师扫码获取

样书赠送

会计学类重点教材，教师扫码获取样书

清华大学出版社

E-mail: tupfuwu@163.com

电话：010-83470332 / 83470142

地址：北京市海淀区双清路学研大厦 B 座 509

网址：http://www.tup.com.cn/

传真：8610-83470107

邮编：100084